期货与金融衍生品系列丛书

中国原油期货市场研究

高 辉 ◎ 著

RESEARCH ON
CHINA'S CRUDE OIL
FUTURES MARKET

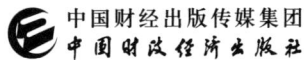

中国财经出版传媒集团
中国财政经济出版社

·北京·

图书在版编目（CIP）数据

中国原油期货市场研究／高辉著． ——北京：中国财政经济出版社，2024.8

（上海期货交易所期货与金融衍生品系列丛书）

ISBN 978-7-5223-3149-2

Ⅰ.①中… Ⅱ.①高… Ⅲ.①原油-期货市场-研究-中国 Ⅳ.①F426.22

中国国家版本馆CIP数据核字（2024）第094244号

责任编辑：张　莹　　　　　　责任校对：胡永立
封面设计：陈宇琰　　　　　　责任印制：党　辉

中国原油期货市场研究
ZHONGGUO YUANYOU QIHUO SHICHANG YANJIU

中国财政经济出版社 出版

URL：http://www.cfeph.cn
E-mail：tianmh@cfeph.cn

（版权所有　翻印必究）

社址：北京市海淀区阜成路甲28号　邮政编码：100142
营销中心电话：010-88191522　编辑部门电话：010-88190957
天猫网店：中国财政经济出版社旗舰店
网址：https://zgczjjcbs.tmall.com
中煤（北京）印务有限公司印刷　各地新华书店经销
成品尺寸：170mm×240mm　16开　19印张　292 000字
2024年8月第1版　2024年8月北京第1次印刷
定价：68.00元
ISBN 978-7-5223-3149-2
（图书出现印装问题，本社负责调换，电话：010-88190548）
本社质量投诉电话：010-88190744
打击盗版举报热线：010-88191661　QQ：2242791300

序

2023年11月28日下午，习近平总书记考察上海期货交易所时强调，上海建设国际金融中心目标正确、步伐稳健、前景光明，上海期货交易所要加快建成世界一流交易所，为探索中国特色期货监管制度和业务模式、建设国际金融中心作出更大贡献。

近年来，上海期货交易所（以下简称上期所）努力践行"稳健、进取、诚信、专业"的价值观，持续打造高质量产品体系、高能级服务平台、高效率机制创新、高水平对外开放、高赋能信息技术系统、高标准绿色理念、高效能自律监管七大战略，市场韧性和抗风险能力增强，产业客户参与度持续提升，服务实体功能进一步凸显，"上海价格"影响力不断扩大。据世界期货业协会（FIA）统计，上期所场内商品衍生品成交规模多年来位居世界前列。

2024年是中华人民共和国成立75周年，是实现"十四五"规划目标任务的关键一年，更是上期所贯彻落实习近平总书记重要指示精神的开局之年。当前，我国经济发展仍然面临一些困难和挑战，从大宗商品市场来看，地缘冲突、美欧货币政策变化、中国经济复苏情况等仍是影响价格波动的重要因素。上期所的品种中，既有镍、铜等对外依存度较高的品种，也有黄金、白银等对国际利率较敏感的品种，更有航运、原油等易受地缘冲击影响的品种，我们应该主动把握内外部环境的深刻变化，增强忧患意识，树牢底线思维，努力在顺应宏观环境变化中趋利避害、攻坚克难，为落实进一步全面深化改革，建设上海国际金融中心，服务实体经济高质量发展贡献期货力量。

习近平总书记指出，"理论强，才能方向明、人心齐、底气足。"在以"开放合作、变革创新"为鲜明特点的全球化背景下，建设富有国际竞争力的中国特色期货市场，必然需要坚实的理论基础和丰富的科研成果作为支撑。上期所始终高度重视期货市场研究工作，在历任交易所主要领导主持下，坚持问题导向，汇聚社会各界专家力量，积极开展期货市场的基础性、前瞻性、实践性问题的研究，多方面、多维度分析总结期货市场建设和发展的规律，形成了丰富的研究成果，并成功出版"期货与金融衍生品系列丛书"（以下简称丛书）。2002—2023 年，丛书已出版 39 本，内容涵盖期货市场发展、制度建设、品种开发、期货与衍生品市场国际比较等方面，以及多本国际知名期货衍生品图书的中译本，在业内取得广泛好评，为我国期货与衍生品研究积累了宝贵的文献资料，更为我国期货市场的发展提供了坚实的理论支撑。未来，上期所将继续推进和完善基础研究工作，立足本土，放眼全球，继续为行业和市场提供智力支持。

千川汇海阔，风正好扬帆。面对新形势新任务新要求，上期所将强化主体责任，加强对重大问题的研究推动，把凝聚了各种思路办法举措的"好钢"用在高质量发展的"刀刃"上，努力营造干事创业的浓厚氛围，以排头兵的姿态和先行者的担当，攻坚克难、善作善成，拿出更多具有突破性的创新、创造、创举，形成更多实打实的成果，把加快建成世界一流交易所"施工图"高质量地转化为"实景画"，把习近平总书记的殷切期望和深切嘱托转化为助力上海国际金融中心建设、服务国家发展大局的实绩。

上海期货交易所党委书记、理事长

田向阳

2024 年 6 月

 前　言

作为国内第一个国际化的商品期货品种，原油期货的上市有力地推动了国内期货市场国际化发展。深入研究原油期货市场的运行规律及作用对我国期货市场走向国际化具有重要的理论及现实意义。

本书构建了影响原油期货价格因素的宏观、中观及微观三个维度的研究框架，采用协整及相关理论和多种计量经济模型实证研究了原油期货的定价能力及国际影响力、原油期货市场运行规律、原油期货与人民币金融指标的关系、原油期货对中国股市的影响以及原油期权的推出对原油期货市场的影响等，构建出原油期货的定价模型，发现了原油期货的波动及风险传导的规律、原油期货对人民币金融指标的作用，以及原油期货对中国股市的非线性作用及影响，论证了原油期权的推出对原油期货市场波动非对称性影响。

本书采用大量公开数据，通过多种计量模型（线性及非线

性）和专业的统计分析软件，对原油市场的运行规律、相关作用及影响进行了分析和研究，并为国内期货市场建设提供了相关建议。希望本书关于原油期货品种的研究，能够为丰富拓展商品期货的实证研究方法、探索期货行业研究新领域尽绵薄之力。

高辉

2024年6月

目 录

第一章 原油期货价格的影响因素分析 …………………………………（1）
    第一节 宏观经济层面的主要影响因素分析 …………………………（2）
    第二节 中观基本面影响因素分析 ……………………………………（19）
    第三节 微观市场层面影响因素分析 …………………………………（27）
    第四节 其他影响因素 …………………………………………………（39）

第二章 原油期货价格影响因素及定价模型研究 ………………………（49）
    第一节 相关文献综述 …………………………………………………（50）
    第二节 协整及相关理论 ………………………………………………（55）
    第三节 原油期货价格影响因素及定价模型实证 ……………………（65）
    第四节 结论与建议 ……………………………………………………（93）

第三章 国内原油期货价格波动及风险传导实证研究 …………………（99）
    第一节 文献综述与相关研究进展 ……………………………………（100）
    第二节 变量的选择与数据说明 ………………………………………（105）
    第三节 研究模型的设定与选择 ………………………………………（111）
    第四节 国内外原油期货协整相关检验及 ECM 模型实证 …………（115）
    第五节 国内外原油期货市场 GARCH 模型族实证分析 ……………（120）

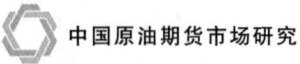

　　第六节　结论与建议 …………………………………………（129）

第四章　原油等国际化期货与人民币金融指标关系的实证研究 ……（132）
　　第一节　相关文献研究进展 …………………………………（133）
　　第二节　变量的选择与数据的处理 …………………………（135）
　　第三节　相关检验及模型实证估计 …………………………（144）
　　第四节　结论与建议 …………………………………………（174）

第五章　国内原油期货对股市非线性影响研究 ……………………（178）
　　第一节　相关文献研究进展 …………………………………（179）
　　第二节　原油市场与中国股市 ………………………………（184）
　　第三节　研究变量的选取与数据说明 ………………………（187）
　　第四节　模型的选择与说明 …………………………………（191）
　　第五节　原油与股市间协整及相关实证检验 ………………（195）
　　第六节　原油期货价格收益率对股市收益率影响的 STR 模型实证
　　　　　　…………………………………………………………（199）
　　第七节　结论与建议 …………………………………………（209）

第六章　原油期权对原油市场波动非对称性影响研究 ……………（213）
　　第一节　相关研究文献综述 …………………………………（215）
　　第二节　研究模型的设定 ……………………………………（218）
　　第三节　变量选择与数据描述性统计分析 …………………（221）
　　第四节　实证相关检验 ………………………………………（225）
　　第五节　全样本下原油期权推出对原油期货变量波动率影响的
　　　　　　实证分析 ……………………………………………（227）
　　第六节　考虑新冠疫情影响的原油期货变量波动率分析 …（231）
　　第七节　原油期权推出前后原油期货变量非对称性 EGARCH
　　　　　　模型估计 ……………………………………………（236）
　　第八节　结论与建议 …………………………………………（244）

附表 ··· （248）
    附表1　国内原油期货价格影响因素及定价模型实证研究数据
        ··· （248）
    附表2　原油等国际化期货与人民币金融指标关系的实证数据
        ··· （268）
参考文献 ··· （276）
后　　记 ··· （292）

第一章
原油期货价格的影响因素分析

原油期货（Crude Oil Futures）作为最重要的石油期货品种，目前也是商品期货领域成交量最大的龙头品种，其价格的大幅波动对全球期货及衍生品市场有巨大的影响，同时也对全球经济有较大的冲击，深入研究原油期货价格的影响因素具有一定的理论与现实意义。

影响原油期货价格的因素有很多，从宏观经济层面来说，经济增长因素、通货膨胀因素、金融货币因素及相关资本市场波动因素等对原油期货价格均会产生一定的影响；从中观基本面来说，原油的生产与供给及库存因素决定了原油期货价格波动方向；从微观市场来说，原油的现货价格、国际原油期货价格、原油期货市场交易情况等对原油期货价格的走势均具有一定的影响作用。另外，影响原油价格的其他方面因素还有地缘政治冲突及战争、异常气候比如飓风、海啸、地震等因素。

因此，从宏观、中观、微观及地缘政治、异常气候几个方面分析影响原油期货价格的因素，可以比较全面地了解原油期货价格的运行规律。为了便于研究各方面因素对原油期货的影响，我们针对每一个方面的影响，选取具体的影响因素：宏观层面的影响因素选择经济增长、货币供应量、通胀指数、汇率、利率、股票指数及美元指数；中观基本面方面的影响因素选择原油生产量、消费量、进口量及库存；微观市场方面影响因素选择：原油期货成交量、持仓量及国内外原油现货价格和期货价格；其他方面因素选取地缘政治冲突及异常气候。本章第一节分析了宏观经济金融影响层面的因素对原油价格的具体影响；第二节分析了中观基本面影响因素对原油价格的具体影响；第三节分析了微观市场面的影响因素对原油价格的具体影响情况；第四节分析了地缘政治及异常天气对原油价格的具体影响情况。

第一节　宏观经济层面的主要影响因素分析

一、经济增长

经济增长（Economic Growth）一般指一国或地区实际经济产品和劳务总量的增长。多以国内生产总值（GNP）增长率、国内生产总值（GDP）增长率、人均 GNP 增长率、人均 GDP 增长率作为衡量指标。由于原油不仅自身具有重要的应用价值，而且由其炼化产生的其他相关的衍生产品，如燃料油、沥青及相关的化工产品等，均是社会经济发展中必不可少的原材料。因此，经济增长，一般会带动原油需求，需求增加一般会推动原油价格的上涨。一般情况下，经济增长与原油价格存在着正相关关系。

从以下国内 GDP 增长率与国内原油期货价格时间序列走势图①（见图 1-1）可以看到，从原油期货 2018 年 3 月推出后到 2021 年第一季度，国内原油期货价格与 GDP 增长率基本呈现出正相关关系，之后因新冠疫情及 2022 年初开始的俄乌冲突，以美国为首的西方国家对俄罗斯实施经济制裁，导致国际原油一段时间出现供需缺口，市场上原油供不应求，国际原油价格不断上涨，这段时间原油期货价格与经济增长率出现负相关关系。

---

① 数据选择：GDP 增长率选取一般采用比较多的季度 GDP 同比（不变价），国内原油期货价格选择每个季度最后一个交易日活跃合约的收盘价格数据，样本采用 2018 年 3 月至 2024 年 3 月的数据。

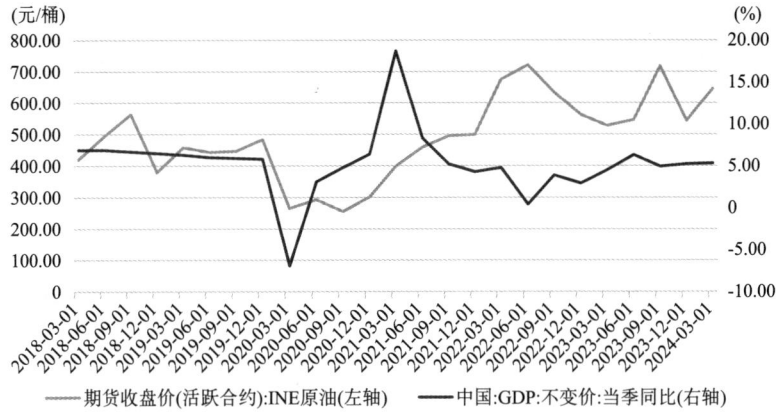

图 1－1　国内 GDP 增长率与国内原油期货价格时间序列走势图

数据来源：上海国际能源交易中心、国家统计局。

二、货币供应量

货币供应量（Money Supply）也称货币存量、货币供应，指某一时点流通中的现金量和存款量之和。货币供应量是各国中央银行编制和公布的主要经济统计指标之一。货币供应量的现实水平是各国货币政策调节的对象。预测货币供应量的变动情况则是各国制定货币政策的依据。由于各国经济、金融发展和现实情况不同，以及经济学家对货币定义解释不同，各国中央银行公布的货币供应量指标也不尽相同。一般有狭义货币供应量（流通中的现金和商业银行活期存款的总和）和广义货币供应量（狭义货币供应量再加商业银行定期存款的总和）之分。

货币供应量是影响原油价格的主要金融因素。一般来说，货币供应量与原油期货价格呈同向变动关系，货币供应量增加，物价水平总体呈上升趋势，在原油产能达到需求极限的情况下，将会推动原油现货价格上涨，从而推动原油期货价格上涨；另一方面，当货币供应量持续大幅增加，货币供应量会有部分流入金融市场，当原油市场出现供需失衡预期时，进入金融投资市场的资本就会参与原油期货投机，引起原油期货价格的大幅波动。在国际市场上，美元货币供应量变动对国际原油价格波动影响较大。在国内市场，国内货币供应量的变动对国内原油价格有较大的影响。

以下我们作出国内货币供应量 M0、M1、M2 与国内原油期货价格走势的时间序列图①（见图1-2、图1-3、图1-4）。从货币供应量的三种形式与原油期货价格走势图可以看到，货币供应量与原油期货价格基本呈现出正向相关关系，仅在2019年底到2021年初这段时间，两者的关系呈现出明显的负向相关关系。由于2019年底全球出现新冠疫情，疫情出现的初期，全球经济受到重创，从发达国家到发展中国家均受到较大的影响，原油需求出现短期严重过剩，导致原油价格出现暴跌，国际油价出现历史上第一次负值，价格被极度扭曲，因此原油期货价格与其他宏观经济变量相关关系出现短期的背离。

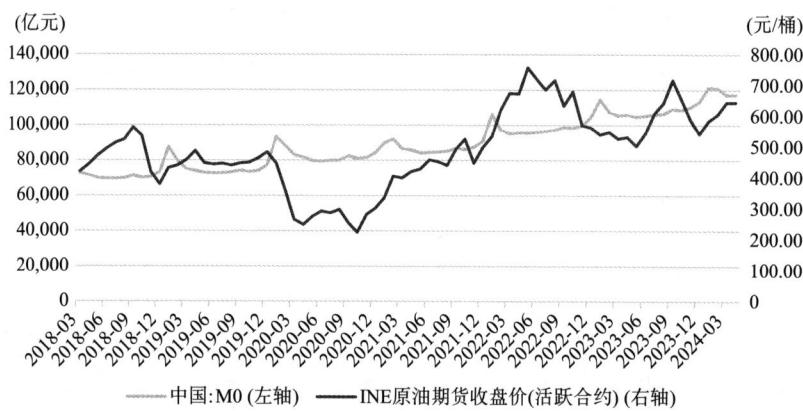

图1-2　国内货币供应量M0与国内原油期货价格时间序列走势图
数据来源：上海国际能源交易中心、中国人民银行。

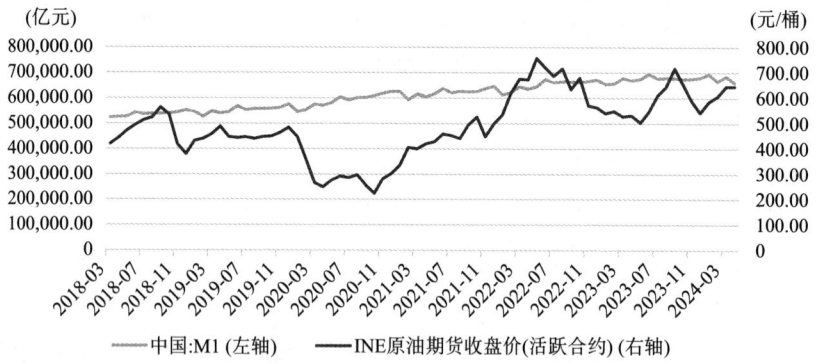

图1-3　国内货币供应量M1与国内原油期货价格时间序列走势图
数据来源：上海国际能源交易中心、中国人民银行。

---

①　数据选择：M0、M1、M2数据选择月度数据，原油期货价格数据选取每个月末交易日最后一天原油期货活跃合约收盘价，样本采用2018年3月至2024年3月的数据。

第一章　原油期货价格的影响因素分析

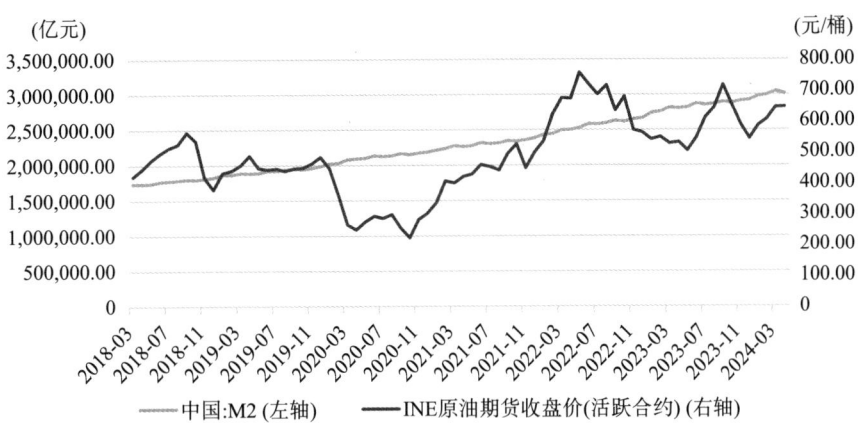

图 1-4　国内货币供应量 M2 与国内原油期货价格时间序列走势图

数据来源：上海国际能源交易中心、中国人民银行。

三、汇率

汇率（Exchange Rate）即两种货币之间兑换的比率，也可看作一个国家的货币对另一种货币的价值。汇率又是各个国家为了达到其政治目的的金融手段。汇率会因为利率，通货膨胀，国家的政治和经济情况等因素而变动。汇率由外汇市场决定，外汇市场中不同类型的买家和卖家进行连续的货币交易（一般外汇市场除周末外，每天 24 小时进行外汇交易），不断形成交易价格，因此汇率不断波动。

一般来说，一国外汇汇率的涨跌，将会影响进出口贸易、经济结构及生产布局等方面。汇率上涨，能起到抑制出口、促进进口的作用；汇率下降，能起到促进出口、抑制进口的作用。汇率波动通过商品进出口的变化影响商品价格，汇率贬值，有利于国内商品出口，随着商品出口的增加，国内商品的供应相应减少，商品价格趋于上涨；汇率升值，有利于商品进口，随着商品进口的增加，国内商品供应相应增加，一般商品价格趋于下跌。

国际商品期货市场的主要价格基准都是以美元计价的期货品种。对原油期货来说，美联储货币政策和美元价值的变化（一般采用美元指数计量），对国际上主要的原油期货布伦特（Brent）、纽约商业交易所（NY-MEX）的西得克萨斯中质原油（WTI）和其他原油期货价格波动产生较大的影响。一般来说，美元升值，原油期货价格下跌；美元贬值，原油期货

5

价格上涨。

由于美元指数对应的是国际一篮子货币，除了美元以外，国际上比较有影响的货币还有欧元，最近两年随着中国国际地位的提升，人民币在国际上的影响力也越来越大。在国际原油期货体系中，与布伦特原油、WTI 原油和迪拜、阿曼原油期货相比，中国原油期货以人民币计价结算。因此，中国货币政策和人民币币值的变化对中国原油期货的价格会产生较大的影响。

以下分别作出美元指数、欧元汇率、人民币汇率与国外布伦特（Brent）、NYMEX 原油（WTI）期货价格时间序列走势图①，从图 1-5 至图 1-7 中可以看到从 1994 年 1 月至 2024 年 5 月，美元指数与欧元汇率与布伦特、NYMEX 原油期货价格相关性强于人民币汇率与两者的相关关系，因为人民币一直以来采取的是盯住美元的汇率政策，虽然在经过几次汇改以后，人民币汇率有了一定区间的波动，但是从更长时间来看，人民币波动相对稳定，因此，表现出对国际油价的影响相对有限。美元指数包含了一篮子货币，因此也包含了欧元的影响因素。虽然欧元汇率对国际油价有一定的影响，但是从近几年来看，受欧债危机的影响，欧元区经济整体下滑，欧元对美元不断贬值，其国际影响力日益衰退，相比来说，美元相对强势，从长期来看，美元指数与国际油价存在负的相关关系。

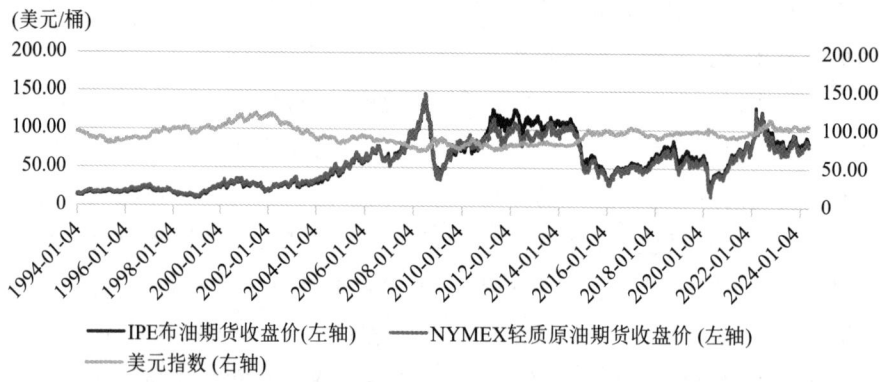

图 1-5　美元指数与国外布伦特及 NYMEX 原油期货价格时间序列走势图
数据来源：IPE、NYMEX、美联储。

---

① 数据选择：各个变量选择日数据，两个原油期货价格均选择活跃合约每日收盘价格，样本采用 1994 年 1 月 4 日至 2024 年 5 月 14 日的数据。

第一章 原油期货价格的影响因素分析

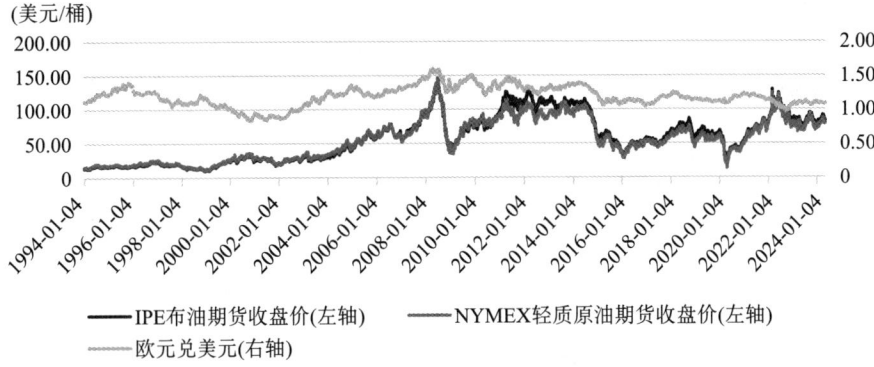

图 1-6 欧元汇率与国外布伦特及 NYMEX 原油期货价格时间序列走势图

数据来源：IPE、NYMEX、美联储。

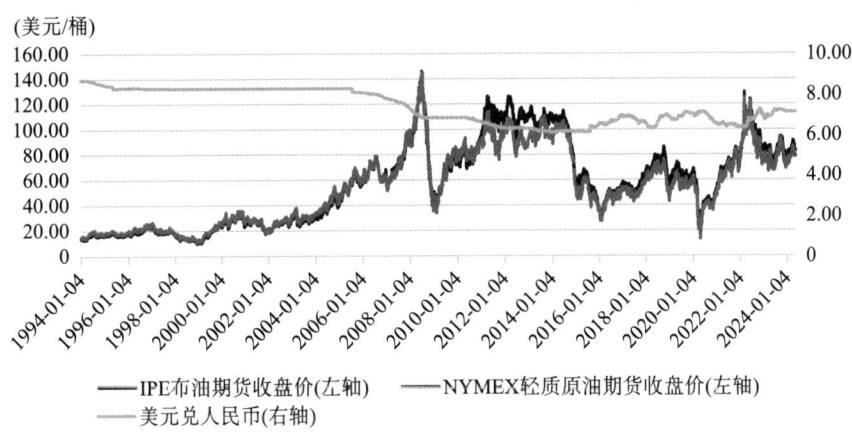

图 1-7 人民币汇率与国外布伦特及 NYMEX 原油期货价格时间序列走势图

数据来源：IPE、NYMEX、美联储。

以下分别作出美元指数、欧元汇率、人民币汇率与国内原油期货价格时间序列走势图①，从图 1-8 至图 1-10 中可以看到，从相关性角度来说，2018 年 3 月至 2024 年 5 月，欧元汇率与国内原油期货价格相关性最低，美元指数与人民币汇率与国内原油期货价格均表现出比较强的负相关性，但是人民币汇率相关性强于美元指数。

---

① 数据选择：各个变量选择日数据，国内原油期货价格均选择活跃合约每日收盘价格，样本采用 2018 年 3 月 26 日至 2024 年 5 月 14 日的数据。

图 1-8　美元指数与国内原油期货价格时间序列走势图

数据来源：上海国际能源交易中心、美联储。

图 1-9　欧元汇率与国内原油期货价格时间序列走势图

数据来源：上海国际能源交易中心、美联储。

图 1-10　人民币汇率与国内原油期货价格时间序列走势图

数据来源：上海国际能源交易中心、美联储。

四、利率

利率（Interest Rate）是指一定时期内利息额与借贷本金的比率。利率也是借款人需向其所借金额支付的代价，亦是放款人延迟其消费，借给借款人所获得的回报。利率是单位货币在单位时间内的利息水平，表明利息的多少。利率是决定企业资金成本高低的主要因素，同时也是企业筹资、投资的决定性因素。现代经济中，利率作为资金的价格，受到经济社会中许多因素的制约，而且利率的变动对整个经济产生重大的影响，国际上所有国家都把利率作为宏观经济调控的重要工具之一，在萧条时期，降低利息率，扩大货币供应，刺激经济发展；在膨胀时期，提高利息率，减少货币供应，抑制经济的恶性发展。利率通常由国家的中央银行控制，在美国由联邦储备委员会管理，在中国由人民银行管理。国内外利率有着不同的内涵。在国内利率通常是指银行利率，即中国人民银行规定的存贷款基准利率。在美国主要指的是债券市场利率，所谓美联储调整的基准利率，也并不是具有强制性的行政性的基准利率，而是通过公开市场操作后确定的银行间隔夜拆借利率，由于美联储的市场化程度高，每一次的联邦基准利率调整均为公开市场操作后得到的市场结果。

我们研究利率对原油期货价格的影响，主要采用市场化利率。基准利率是金融市场上具有普遍参照作用的利率，基准利率是利率市场化的重要前提之一，也是利率市场化机制形成的核心，中国从1996年放开同业拆借利率开始不断进行市场利率改革：2013年7月20日，全面放开金融机构贷款利率管制；2015年5月11日，调整金融机构存款利率浮动区间的上限，由存款基准利率的1.3倍调整为1.5倍；2015年8月26日，放开一年期以上（不含一年期）定期存款的利率浮动上限；2015年10月24日，对商业银行和农村合作金融机构等不再设置存款利率浮动上限。经过多年的利率市场化改革，国内银行间拆借市场规模不断扩大，同业拆借利率影响不断扩大，国内债券市场虽然有所发展，但是国债利率的影响还是比银行间拆借利率的影响要小，因此，我们选择银行间拆借利率作为市场化利率作为分析标的。

从利率与商品价格的关系来说，利率上涨，增加企业成本，本币相对升值，商品价格下跌。因此，一般来说，利率与商品及商品期货价格呈现出负的相关关系。比如,每一次美联储加息,对商品期货均产生较大的冲击影响。

以下我们选择美国有代表性的三种利率:美国联邦基金利率,美国国债利率(3月期)与美元 Libor(1周)及中国市场化利率银行间同业拆借加权利率(7天期)分别与国际 Brent 原油期货及 WTI 原油期货价格时间序列作走势图①,具体图形如图 1-11 至图 1-14 所示:

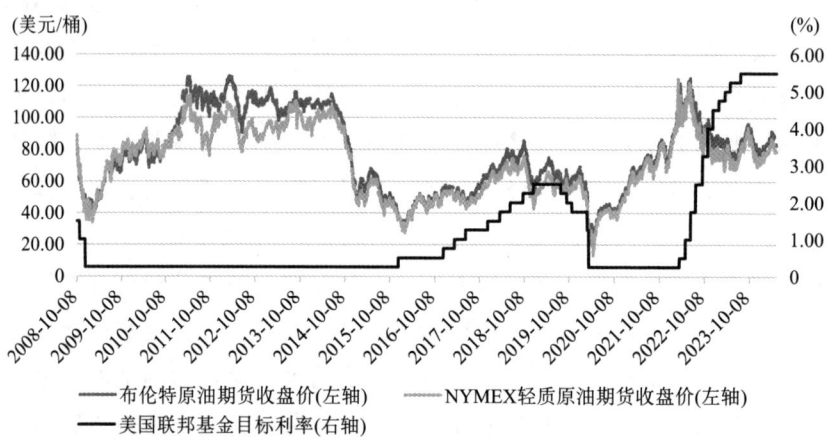

图 1-11 美国联邦基金利率与布伦特及 NYMEX 原油期货价格走势图

数据来源:IPE、NYMEX、美联储。

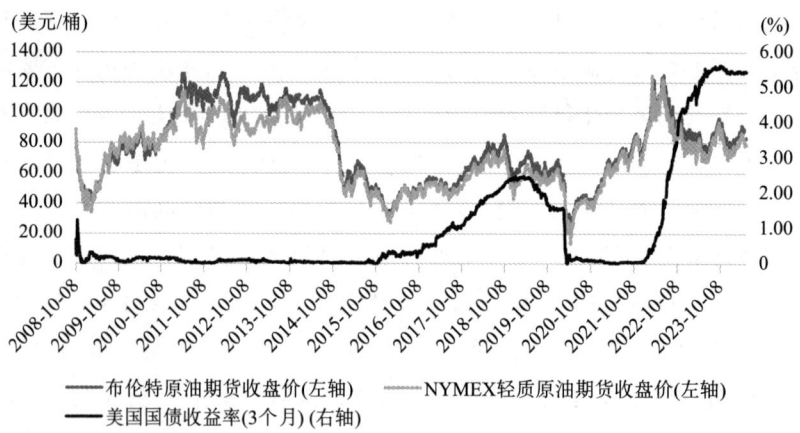

图 1-12 美国国债收益率与布伦特及 NYMEX 原油期货价格走势图

数据来源:IPE、NYMEX、美联储。

---

① 数据选择:各个变量选择日数据,样本采用 2018 年 10 月 8 日至 2024 年 5 月 15 日的数据。

第一章　原油期货价格的影响因素分析

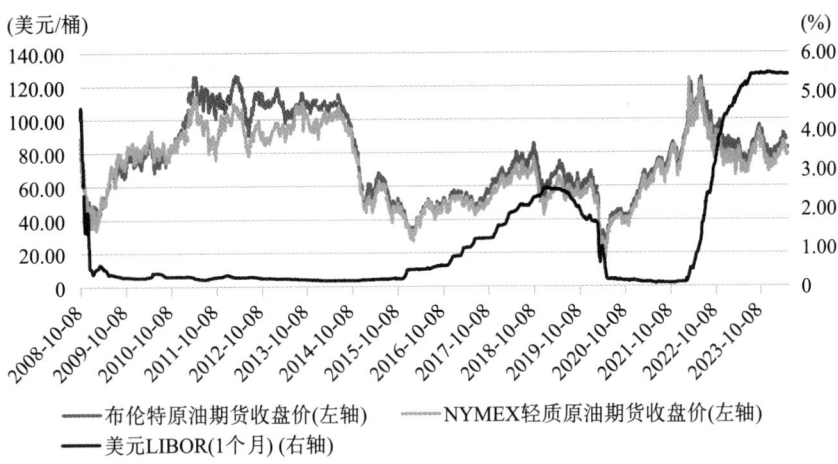

图 1-13　LIBOR 美元利率与布伦特及 NYMEX 原油期货价格走势图
数据来源：IPE、NYMEX、美联储。

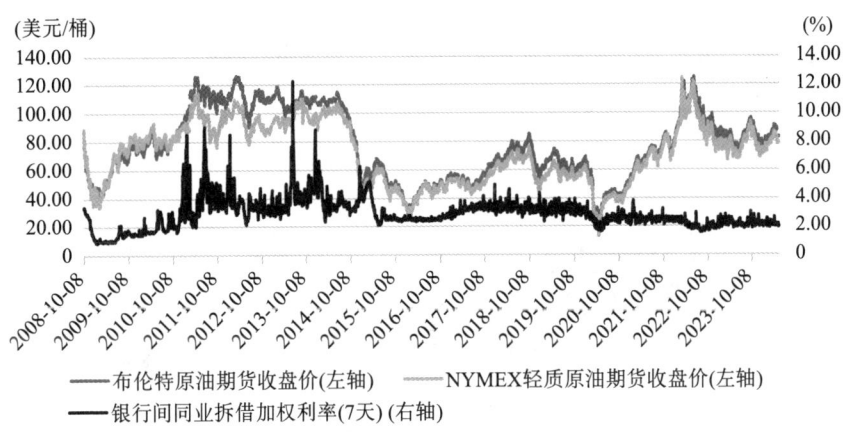

图 1-14　中国银行间同业拆借加权利率与布伦特及 NYMEX 原油期货价格走势图
数据来源：中国人民银行、IPE、NYMEX。

由图 1-11 至图 1-14 可以看到，美国三种利率与布伦特及 NYMEX 原油期货价格走势具有较强的负向相关关系，而且三种利率的表现基本一致；中国的市场化利率——银行间同业拆借利率与布伦特及 NYMEX 原油期货价格相关关系较弱，这也说明国内利率市场化改革时间短，国内的市场化利率仅能代表国内的利率情况，还不能够对国际原油产生较大的影响，相反，美国的利率市场化比较成熟，形成的市场化利率能够对国际原油产生较大的影响。

11

以下分别作出美国有代表性的三种利率：美国联邦基金利率，美国国债利率（3月期）与美元Libor（1月）及中国市场化利率银行间同业拆借加权利率（7天期）分别与国内原油期货价格时间序列作走势图①（见图1-15、图1-16）。

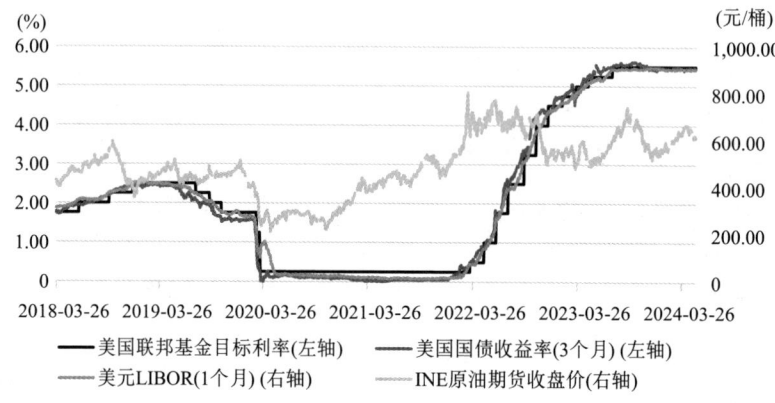

图1-15　美国三种利率与国内 INE 原油期货价格走势图
数据来源：中国人民银行、美联储、上海国际能源交易中心。

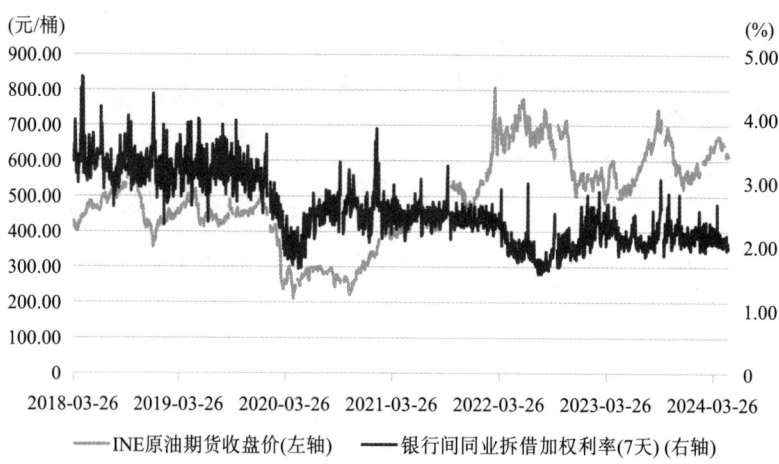

图1-16　中国银行间同业拆借加权利率与国内 INE 原油期货价格走势图
数据来源：中国人民银行，上海国际能源交易中心。

由图1-15、图1-16可以看到，美国三种利率与国内 INE 原油期货价格走势具有一定的负向相关关系，而且三种利率的表现基本一致；中国

---

① 样本数据区间：2018年3月26日至2024年5月15日。

的市场化利率——银行间同业拆借利率与国内 INE 原油期货价格表现出较强的负向相关关系,尤其是近两年来,国内市场化利率与国内原油期货价格的相关性更强,远强于美国三种利率的影响,说明国内近两年利率市场化成效突显,市场化利率对经济金融的影响日益扩大。

五、通货膨胀率

通货膨胀率(Inflation Rate)也称为物价变化率,指一般物价总水平在一定时期内的上涨率,是货币超发部分与实际需要的货币量之比,反映通货膨胀、货币贬值的程度。通常用价格指数的上升和货币购买力的下降来表现。通货膨胀率通常用价格指数增长率表示,如果价格指数增长率 > 0,说明存在通货膨胀;如果价格指数增长率 < 0,说明存在通货紧缩。通货膨胀率是重要的宏观经济指标,通货膨胀率的大幅变动会引起收入和财富的再分配,扭曲商品相对价格,降低资源配置效率,促发泡沫经济乃至损害一国的经济基础和政权基础。

一般情况下,需要选择一种价格指数测定通货膨胀率,通常可供选择的价格指数主要有:生产者价格指数(Producer Price Index,PPI)、消费者价格指数(Consumer Price Index,CPI)及商品零售价格指数(Retail Price Index,RPI)等。生产者价格指数是衡量生产者出售商品的价格指数。它主要反映生产资料的价格变化状况,用于衡量各种商品在不同生产阶段的成本价格变化情况。消费者价格指数是市场上的货物价格增长百分比,也是对一个固定的消费品篮子价格的衡量,主要反映消费者支付商品和劳务的价格变化情况,是反映与居民生活有关的产品及劳务价格统计出来的物价变动指标,通常作为通货膨胀率的替代指标。零售物价指数是指以现金或信用卡形式支付的零售商品的价格指数。目前作为衡量通货膨胀指标的消费者价格指数在实践中应用最为广泛,由于消费者价格是反映商品经过流通各环节形成的最终价格,它全面地反映了商品流通对货币的需要量。因此,消费者价格指数是最能充分、全面反映通货膨胀率的价格指数。国家可以根据居民消费价格指数的变化来制定宏观经济金融政策,实现宏观调控的目标。

通货膨胀率与原油价格密切相关,对 CPI 通胀率来说,从 CPI 构成来看,居住、能源和交通占据了 CPI 数据较大的权重,原油价格上涨成为

CPI增长的一个重要来源。因为国内外原油价格具有一定的联动关系，国际原油价格上涨会直接影响国内原油价格水平，原油价格上涨会增加原油加工企业的生产成本，使下游企业面临较大的涨价压力。另外，原油价格上涨还将带动煤炭等替代能源价格上涨，引起更大范围的物价上涨，原油价格的上涨，也会导致相关其他方面商品的价格上涨，从而引起通货膨胀率的上升。从通货膨胀率角度来看，通货膨胀率与原油价格存在双向的影响逻辑，由其他因素导致的通货膨胀率上升，货币贬值，会逐步会引起社会全面的物价上涨，从而推动原油等大宗商品的价格上涨。

我们选取美国通胀率指标：美国CPI当月同比；中国通胀率指标：中国CPI当月同比①，作出通胀率与原油期货价格的时序图（见图1-17至图1-19）。

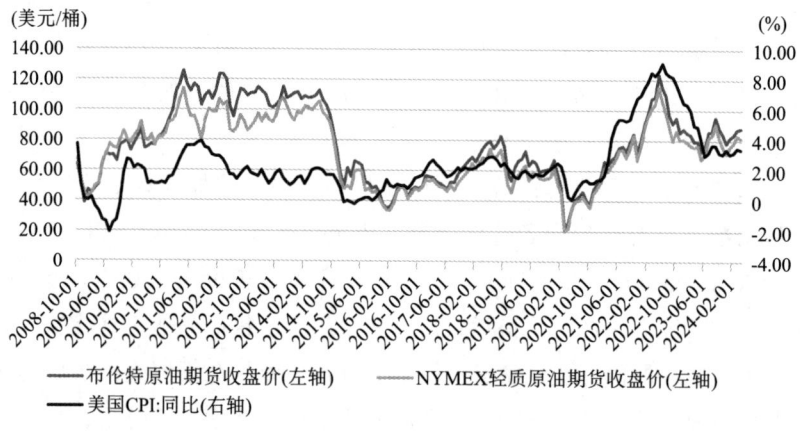

图1-17 美国CPI与布伦特原油及NYMEX原油期货价格走势图
数据来源：IPE、NYMEX、美国劳工部。

从图1-17和图1-18可以看到，美国通胀率与布伦特原油期货价格及NYMEX原油期货价格表现出较强的正向相关关系，而中国通胀率与布伦特原油期货价格及NYMEX原油期货价格相关关系相对比较弱，因此国际原油期货价格受美国通胀率影响比较强。

从图1-19可以看到中美两国通胀率指标与国内INE原油期货价格均

---

① 数据选择：考虑到数据的匹配性，通胀率指标选择2018年10月到2024年5月的月度数据，布伦特原油期货与NYMEX原油期货价格数据选择同样的时间段，国内原油期货价格选择从2018年4月到2024年5月的月度数据。

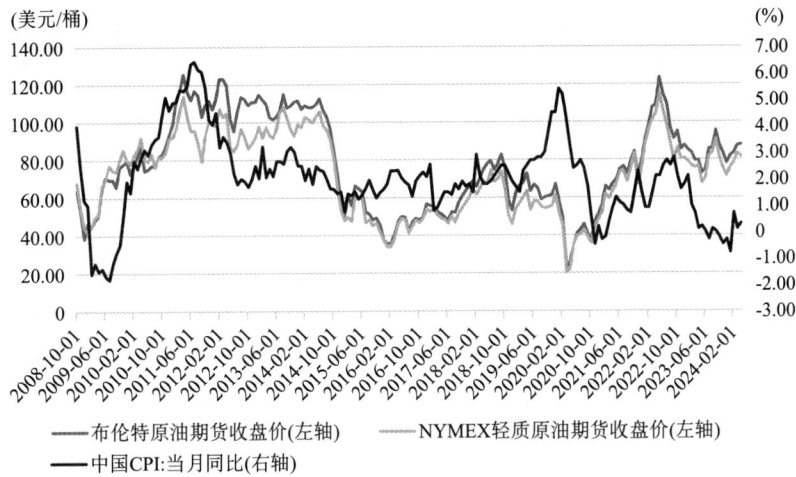

图 1-18　中国 CPI 与布伦特原油及 NYMEX 原油期货价格走势图

数据来源：国家统计局、IPE、NYMEX。

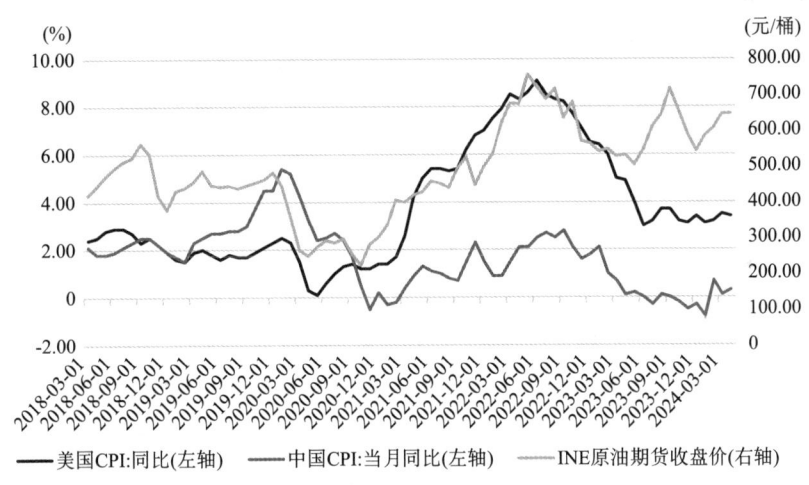

图 1-19　中美两国 CPI 与国内 INE 原油期货价格走势图

数据来源：国家统计局、上海国际能源交易中心、美国劳工部。

表现出比较强的正向相关关系，两者相比较而言，从 2021 年初以来，美国通胀率高企，国际原油价格暴涨，国内原油期货价格跟随国际原油期货价格快速上涨，美国通胀率表现出与国际原油及国内原油期货更强的相关性，主要原因可能是美国的高通胀在国际大宗商品价格上的传导比较快，作为大宗商品的龙头品种的国际原油期货价格受到的影响比较大，还有国内原油期货近两年更加国际化，表现出和国际原油期货相似的市场特征，因而美国通胀率与国内原油期货价格表现出较强的正向相关关系。另外，美国的高通胀传导到国内速度比较慢，中国的通胀率相对稳定，因而2021年以后，我国通胀率表现出与国内原油期货价格的相关性偏弱。

六、股价指数

股票价格指数（Stock Price Index）为度量和反映股票市场总体价格水平及其变动趋势而编制的股价统计相对数，简称股票指数。通常是报告期的股票平均价格或股票市值与选定的股票平均价格或股票市值相比，并将两者的比值乘以基期的指数值，即为该报告期的股票价格指数。它是由证券交易所或金融服务机构编制的表明股票行情变动的一种供参考的指示数字。当股票价格指数上升时，表明股票的平均价格水平上涨；当股票价格指数下降时，表明股票的平均价格水平下降。股价指数一般是反映市场所在国（或地区）社会、政治、经济变化状况的晴雨表。

编制股票指数，通常以某年某月为基础，以这个基期的股票价格作为100，用以后各时期的股票价格和基期价格比较，计算出百分比就是该时期的股票指数。投资者根据指数的涨跌，可以判断出股票价格的变动趋势，并且为了能实时地向投资者反映股市的动向，所有的股市几乎都是在股价变化的同时即时公布股票价格指数。

国际证券市场上有很多股票指数，境外比较知名的有道琼斯指数、标准普尔股票指数、日经225指数、英国富时100指数、金融时报指数、德国DAX指数、香港恒生指数等；国内比较知名的股票指数有上证综指、深证成指、沪深300指数等。研究股价指数与原油价格的关系，我们选择国际上最有影响的道琼斯股票指数（Dow Jones Indices）与标准普尔股票价格指数，国内股票指数选择上证综指与深证成指。道琼斯股票指数是世界上历史最为悠久的股票指数，为股票价格平均数，它是在1884年由道琼斯公司的创始人查理斯·道编制的，通常人们所说的道琼斯指数一般是指道琼斯指数四组中的第一组道琼斯工业平均指数（Dow Jones Industrial Average）。标准普尔股票指数在美国也很有影响力，它是美国最大的证券研究机构即标准普尔公司编制的股票价格指数，该公司于1923年开始编制发布股票价格指数。上海证券综合指数简称上证指数或上证综指（Shanghai

Securities Composite Index），其样本股是在上海证券交易所全部上市股票，包括 A 股和 B 股，反映了上海证券交易所上市股票价格的变动情况，其中新上市的股票在挂牌的第二天纳入股票指数的计算范围。上证综合指数是最早发布的指数，以发行量为权数的加权综合股价指数，这一指数自 1991 年 7 月 15 日起开始实时发布，基日定为 1990 年 12 月 19 日，基日指数定为 100 点。深证成份指数，简称深证成指（SZSE Component Index）是深圳证券交易所的主要股指，它是按一定标准选出 500 家有代表性的上市公司作为样本股，用样本股的自由流通股数作为权数，采用派氏加权法编制而成的股价指标，以 1994 年 7 月 20 日为基期，基点为 1,000 点。上证综指主要反映大盘蓝筹股的表现，深证成指体现深圳证券市场运行特点，反映资本市场中的中小企业、创新型企业和新兴产业的发展，因此，国内主要股指类似于美国市场道琼斯指数、标普 500 指数和纳斯达克指数构成的多标尺指数体系。

一般来说，原油价格波动与股指具有复杂的关系，一方面，原油价格的上涨会增加企业的成本，这些成本包括原材料，物流运输等，会对企业的业绩造成负面影响，引起股价的下跌。另一方面，当原油价格不断上涨时，其他大宗商品与原油的比价关系会发生变化，相关股票指数会上涨，同时国际股市会有良好表现，国际股市会带动国内股市。经济过热之前，原油适度涨价有利于经济发展，但是随着对成本上升，通货膨胀对企业业绩的影响将逐渐显露，股指会下跌。股指对原油价格也具有间接的影响作用，当股市不断下跌，基本体现出经济形势不好，经济形势不好会导致对原油需求量的减少，原油需求量的减少会造成一定时间的原油供大于求，原油价格下跌；相反当股市不断上涨，体现出经济形势趋好，经济形势的好转会带来对原油需求量的上升，原油需求量的增加，会造成原油在一定时间的供不应求，原油价格上升，总体上来说，股市与原油价格呈现正向相关的关系。

我们选取具有代表性的国际股价指数美国道琼斯工业平均指数，美国标准普尔指数，国内有代表性的上证综指及深圳成指指标，原油价格选取布伦特原油期货价格，NYMEX 原油期货价格，国内 INE 原油期货价格（以上均选择日数据）①。分别作出国内外股价指数与国内外原油期货价格

---

① 样本数据：美国道琼斯工业平均指数、美国标准普尔指数、布伦特原油期货价格、NYMEX 原油期货价格数据区间为 1988 年 6 月 23 日至 2024 年 5 月 16 日；上证综指、深圳成指及国内 INE 原油期货价格数据区间为 2018 年 3 月 26 日至 2024 年 5 月 16 日。

时间序列走势图。从图 1-20 至图 1-23 可以看到,美国道琼斯工业平均指数,美国标准普尔指数与布伦特原油期货价格,NYMEX 原油期货价格表现出较强的相似的正向相关关系;上证综指及深圳成指与国内 INE 原油期货价格也表现出部分正向与负向的相关关系,如 2020 年初至 2022 年初,股指与原油期货价格呈现负相关关系,其他时间段表现出相对的正向相关关系。

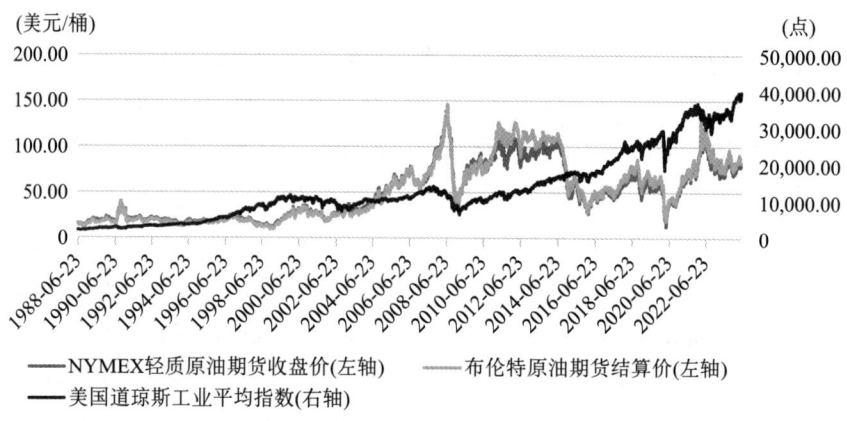

图 1-20　美国道琼斯工业平均指数与布伦特原油及 NYMEX 原油期货价格走势图

数据来源:IPE、NYMEX、美国道琼斯公司。

图 1-21　美国标准普尔 500 指数与布伦特原油及 NYMEX 原油期货价格走势图

数据来源:IPE、NYMEX、美国标准普尔公司。

图 1-22 上证综指与国内 INE 原油期货价格走势图

数据来源：上海国际能源交易中心、上海证券交易所。

图 1-23 深圳成指与国内 INE 原油期货价格走势图

数据来源：上海国际能源交易中心、深圳证券交易所。

第二节 中观基本面影响因素分析

影响原油价格的中观因素是原油基本面因素，从原油商品属性的角度来说，其基本面影响因素一般是指原油供需关系影响因素。供需关系是影响任何一种商品市场定价的根本因素。随着全球经济的发展，全球对原油的需求也快速增长，原油供给与原油需求的相对强弱程度，对全球油价的形成起到了根本作用。另外，库存是介于供需之间的因素，因此，在市场分析中，原油的库存水平也是影响原油价格因素的重要方面。从全球的角度来看，原油生产主要集中在中东、北美和欧洲及欧亚地区，原油产量位居前列的国家有美国、沙特阿拉伯等中东国家、俄罗斯和中国等。而原油消费主要集中在亚太、北美和欧洲及欧亚地区，消费量位居前列的国家有美国、中国、日本等。目前，我国原油生产主要集中在东北、西北、华北、山东和渤海湾等地区，消费主要集中在环渤海、长江三角洲及珠江三角洲等地区。

一、原油供给

供给（Supply）是商品供求关系中一个重要的方面，从供给角度来说，原油的供给因素主要有原油储量、原油产能、原油产量、原油进出口、原油生产开工率等基本因素，全球原油的生产主要来自 OPEC 国家和非 OPEC 国家，为了维护各自的国家利益，成员国会不定期执行增产或减产的政策，以此来影响国际油价的走势。一般来说，原油的供给增加，对原油价格会产生利空影响，推动原油价格下跌；原油的供给减少，对原油价格会产生利多影响，推动原油价格上涨。

原油生产量、进出口量是原油重要的供给因素。从全球角度来说，全球原油的生产量及进出口量对国际原油价格波动有较大的影响。以下我们选择全球原油总产量指标——世界原油总产量，国际原油进出口量指标——美国原油净进口总量，分别作出与布伦特原油期货、NYMEX 原油期货价格走势图[①]（以上数据均选择月度数据），从图 1-24 和图 1-25 中可以看到：全球原油总产量与国际原油期货价格（布伦特原油期货、NYMEX 原油期货）总体表现出负相关关系，总体上来说，样本期内看，全球原油生产保持相对稳定，较小的波动均会给国际原油价格造成较大的影响；美国原油净进口量与国际原油期货价格（布伦特原油期货、NYMEX 原油期货）表现出较强的负相关关系，可见美国原油净进口因素也是影响

---

① 样本数据：世界原油总产量、布伦特原油期货、NYMEX 原油期货价格数据区间为 1993 年 1 月至 2024 年 4 月；美国原油净进口总量数据区间为 2005 年 11 月至 2024 年 4 月。

国际原油价格波动的重要因素。

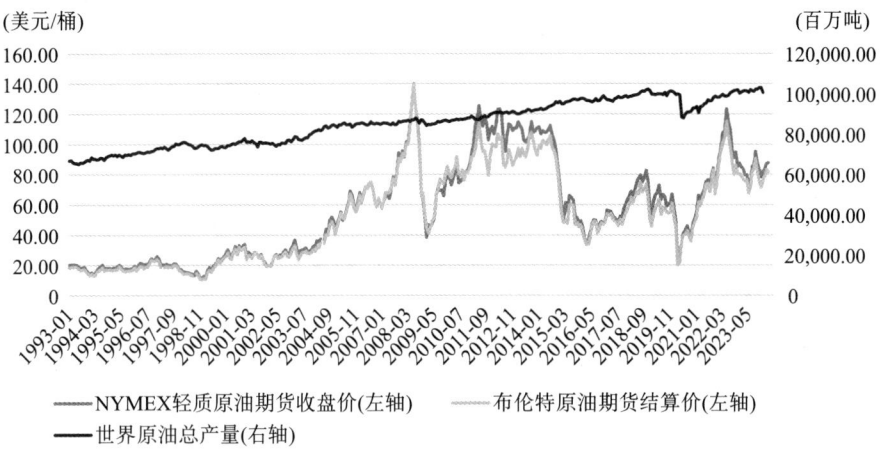

图 1-24　世界原油总产量与布伦特原油及 NYMEX 原油期货价格走势图

数据来源：NYMEX、IPE、BP。

图 1-25　美国原油净进口量与布伦特原油及 NYMEX 原油期货价格走势图

数据来源：美国 EIA、NYMEX、IPE。

从国内角度来看，中国原油生产量仅占到国内总供给量的一小部分，其中大部分需要从国外进口，近几年来，进口量占总供给超 60%，国内原油生产量与进出口对国内原油价格产生一定的影响，以下选择国内原油生产总量及净进口总量指标与国内原油期货价格作时间序列走势图①（上述数据均选取月度数据），从图1-26和图1-27中可以看到：中国原油总产量与国内原油期货价格表现出弱的负相关关系；中国原油净进口总量与国内原油期货价格表现出较强的负相关关系，由于中国原油产量占比较低，超过60%需要进口，因此净进口量对国内原油价格的影响比较大。

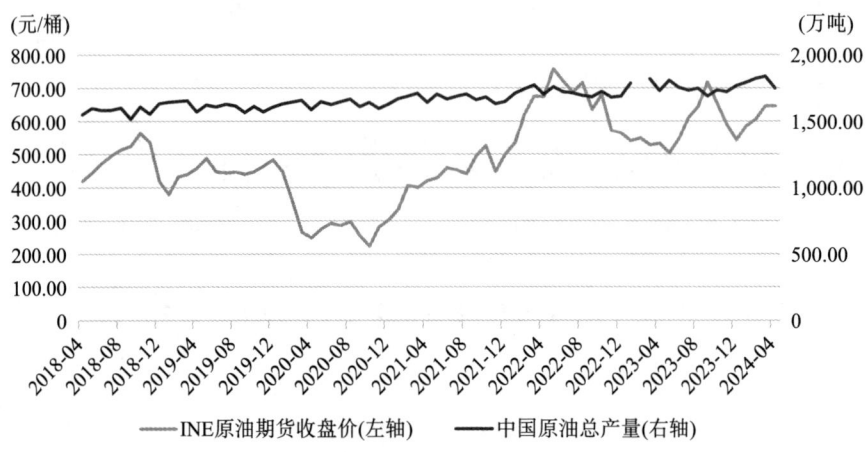

图1-26　中国原油总产量与国内INE原油期货价格走势图

数据来源：国家统计局、上海国际能源交易中心。

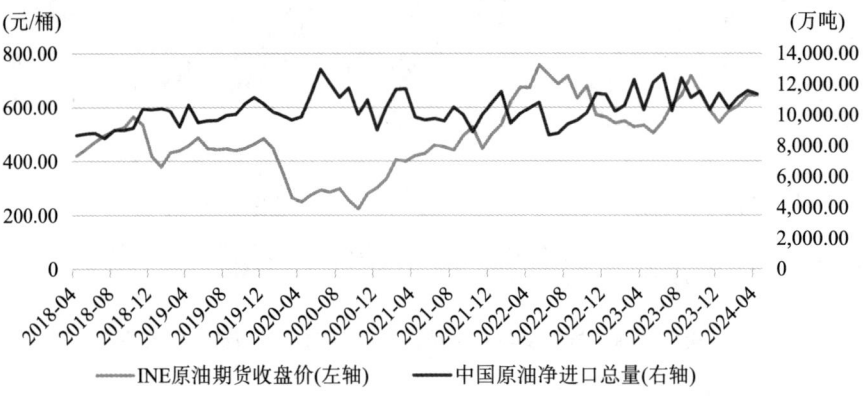

图1-27　中国原油净进口总量与国内INE原油期货价格走势图

数据来源：国家统计局、上海国际能源交易中心。

---

① 样本数据区间：2018年3月至2024年4月。

第一章　原油期货价格的影响因素分析

最近两年，受新冠疫情的影响，中国对国际原油期货价格影响也越来越大，新冠疫情初期由于中国成功的防疫措施，中国经济先于全球发达国家复苏，中国原油进口需求成为原油期货重要的影响因素。以下我们作出中国原油净进口总量与国际原油价格（布伦特原油期货、NYMEX 原油期货）时间序列走势图①，从图 1 – 28 中可以看到，中国原油净进口总量与国际原油价格（布伦特原油期货、NYMEX 原油期货）表现出强的负相关关系。

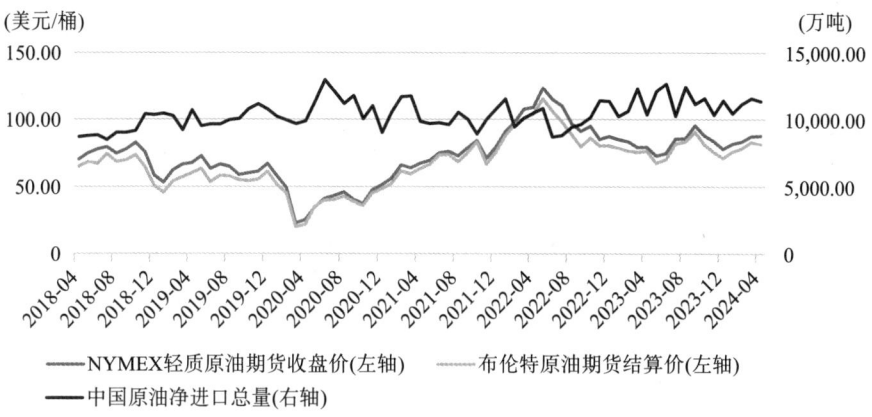

图 1 – 28　中国原油净进口总量与布伦特原油及 NYMEX 原油期货价格走势图

数据来源：国家统计局、NYMEX、IPE。

二、原油需求

需求（demand）是供求关系中重要方面，从供求关系的角度来说，商品的需求增加，会推升商品的价格，商品价格的上涨会刺激商品生产供给的扩大。因此，从需求上看，全球石油需求量与全球经济增长速度明显正相关，全球经济增长将导致石油需求量增加，从而导致国际石油市场价格出现上涨。以中国、印度为代表的发展中国家经济强劲增长也使石油的需求量急剧增加，导致原油价格震荡走高，反过来，过高的原油价格会阻碍世界经济的发展，全球经济增长速度放缓又会影响原油需求的增加。

以下我们选取全球原油需求指标——世界石油需求量合计，国内原油

---

① 数据选取：均为月度数据，样本数据区间为 2018 年 3 月至 2024 年 4 月。

需求指标——中国石油需求量与国际原油期货价格（布伦特原油期货、NYMEX原油期货）及国内原油期货价格（INE原油期货）分别作时间序列走势图①。从图1-29至图1-31中可以看到全球原油需求量与国内外原油期货价格均表现一定的正向相关关系，国内原油需求量与国内原油期货价格表现出较强的正向相关关系。

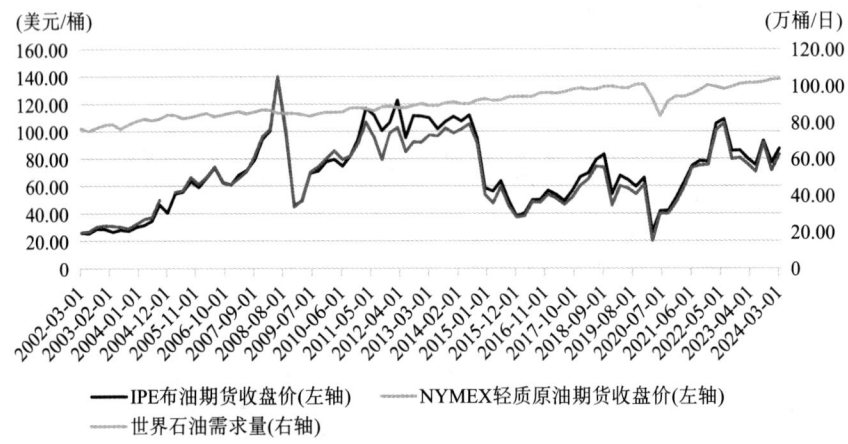

图1-29 全球原油需求量与布伦特原油及NYMEX原油期货价格走势图

数据来源：IPE、NYMEX、OPEC。

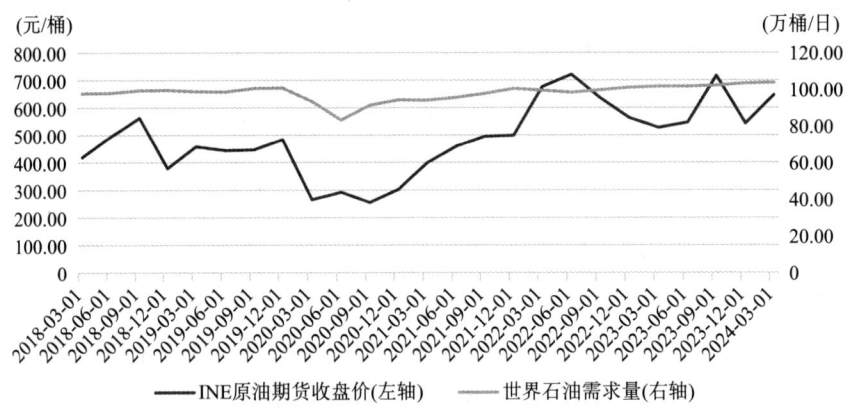

图1-30 全球原油需求量与INE原油期货价格走势图

数据来源：上海国际能源交易中心、OPEC。

---

① 数据选取：均为季度数据；世界石油需求量、布伦特原油期货价格、NYMEX原油期货价格数据区间为2002年第一季度至2024年第一季度；中国石油需求量、INE原油期货价格数据区间为2018年第一季度至2024年第一季度。

第一章 原油期货价格的影响因素分析

图1-31 中国原油需求量与INE原油期货价格走势图

数据来源：上海国际能源交易中心、国家统计局。

三、原油库存

库存（Storage）是研究商品价格波动的一个重要因素，可以说商品库存是商品供给与需求之间的一个缓冲，对调节商品价格具有较好作用。对原油来说，原油库存由一般性商业库存和国家战略储备构成。商业库存的主要目的是保证在原油需求出现季节性波动情况下企业能够高效运行，防止潜在的原油供给不足；国家的战略储备的主要目的是应对原油危机。各个国家的原油库存在国际原油市场中起到调节供需平衡作用，其数量的变化直接关系到国际原油市场供求差额的变化。国际原油市场上，美国原油协会（API）、美国能源部信息署（EIA）、OPPEC等国际组织定期公布原油库存和需求数据，已经成为影响国际原油价格的重要因素。

原油库存对原油价格的影响比较复杂，当期货价格远高于现货价格时，企业倾向于增加商业库存，减少市场供给，从而推动现货价格上涨，减少期货现货间的价差；当期货价格低于原油现货价格时，企业倾向于减少商业库存，增加当前供给，从而推动现货价格下跌，形成合理的期现价差。另外从国家角度来说，当原油期货价格涨跌过度情况下，国家通过原油战略储备对价格进行调节，比如自2022年以来，由于俄乌冲突，导致国际原油价格不断上涨，原油储备丰富的国家比如美国，不断释放国家战略库存，在一定时间内对原油价格起到调控作用。

以下我们选取国际原油库存有代表性的指标美国原油期末库存量及美

国原油库存总量变化量，国内原油库存代表性指标 INE 原油库存量与国内外原油期货价格作时间序列走势图①。从图 1-32 至图 1-34 可以看到：美国原油期末库存量与国际原油期货价格（布伦特原油期货、NYMEX 原油期货）存在一定的负向相关性，美国原油库存总量变化量与国际原油期货价格存在较强的负向相关关系，说明美国原油库存因素是影响国际原油期货价格变化的重要因素之一，并且库存变化对价格的影响更强。从国内

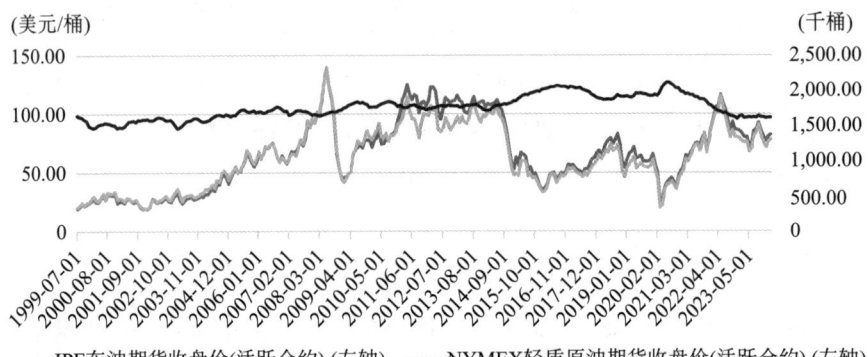

图 1-32　美国原油库存量与布伦特原油及 NYMEX 原油期货价格走势图

数据来源：IPE、NYMEX、美国能源部。

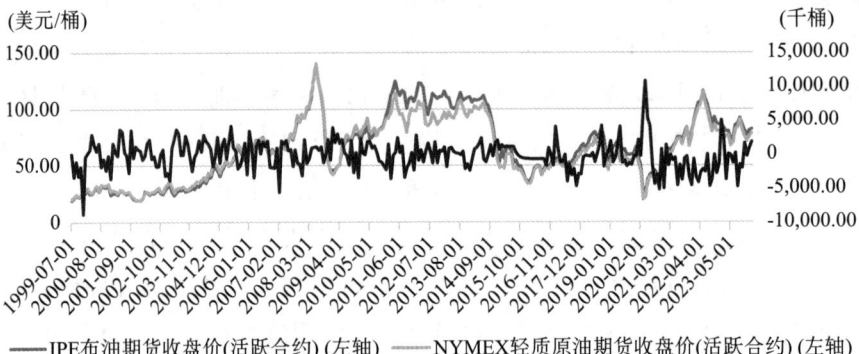

图 1-33　美国原油库存总量变化量与布伦特原油及 NYMEX 原油期货价格走势图

数据来源：IPE、NYMEX、美国能源部。

---

① 数据选取：数据分别选取月度及日数据；美国原油期末库存量及美国原油库存总量变化量及国外原油数据区间为 1999 年 7 月至 2024 年 2 月；INE 原油库存量及期货价格数据区间为 2018 年 3 月 26 日至 2024 年 5 月 21 日。

第一章 原油期货价格的影响因素分析

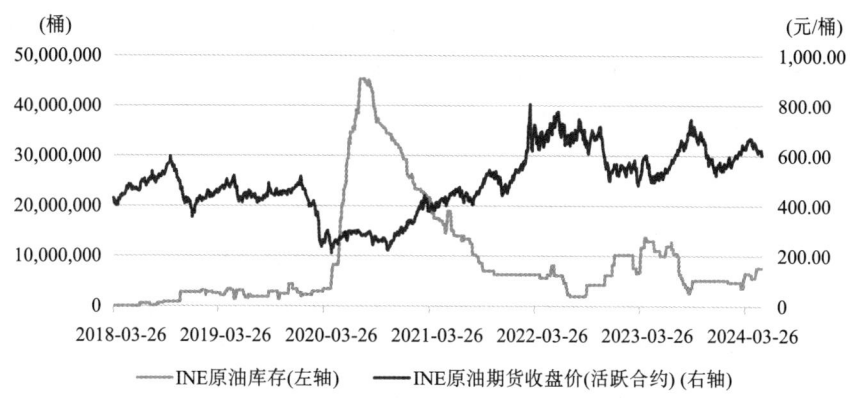

图1-34 国内 INE 原油库存量与 INE 原油期货价格走势图

数据来源：上海国际能源交易中心。

原油库存与国内原油期货价格走势图可以看到，INE 原油库存量与 INE 原油期货价格呈现出一定的负向相关关系，尤其从 2020 年以来相关性逐步增强。

第三节 微观市场层面影响因素分析

从影响原油期货价格的微观市场层面来看，国际原油期货现货价格，国内原油现货价格以及原油期货市场交易的成交量、持仓量等市场技术层面的因素均对原油期货价格产生不同的影响。原油微观市场层面的影响因素的变化，一般情况下对原油价格的短期波动影响较大。

一、国际原油期货价格

20 世纪 70 年代初发生的石油危机，给世界石油市场带来巨大冲击，石油价格剧烈波动，直接导致了原油期货的产生。原油期货诞生以后，其交易量一直呈现快速增长之势，已经超过金属期货，成为国际期货市场的重要组成部分。

目前，全球有较大影响力的原油期货品种有：纽约商业交易所

27

（NYMEX）的轻质低硫原油即 WTI（西得克萨斯中质油）期货，伦敦国际石油交易所（IPE）的北海布伦特原油（BRENT）期货，迪拜商品交易所（DME）的高硫原油期货阿曼原油。

NYMEX 于 1983 年推出轻质低硫原油期货 WTI，以美国原油产量最大的西得克萨斯运输到俄克拉何马州库的低质低硫原油为交易标的。所有在美国生产或销往美国的原油，在计价时都以轻质低硫的 WTI 作为基准油。美国作为长期居于世界第一的原油消费国，加上 NYMEX 在全球的影响力，以 WTI 为基准油的原油期货交易，就成为全球商品期货品种中成交量的龙头。

伦敦国际石油交易所（IPE）于 1988 年 6 月 23 日推出国际三种基准原油之一的布伦特原油期货合约。相对于 WTI 原油期货，布伦特原油期货应该是北海产量最大的原油，其主要通过海上贸易运输到全球各地，能够更真实地反映出美国以外，全世界原油的供给情况。IPE 推出布伦特原油期货合约，包括西北欧、北海、地中海、非洲以及也门等国家和地区，均以此为基准，由于这一期货合约满足了石油工业的需求，成为国际原油价格的三大基准之一。

迪拜商品交易所于 2007 年 6 月 1 日正式开业，是中东首家能源期货交易所。2007 年，DME 推出了阿曼原油期货作为海湾地区的定价基准。阿曼原油期货合约是中东地区唯一实物交割的能源期货合约，也是全球最大的实物交割原油期货合约。阿曼原油产量大，交割量大于布伦特原油，阿曼原油期货合约价格也是亚洲原油基准价的重要参考。中东是全球石油产量最大的基地，阿曼原油交易情况往往可以反映亚洲对原油的需求状况。

2018 年 3 月 26 日，上海期货交易所上海国际能源交易中心（INE）正式挂牌上市原油期货交易。近几年来，INE 原油期货期货交易量不断扩大，在地缘冲突加剧，人民币国际化不断推进过程中，INE 原油期货影响力逐步扩大。

国际三大原油期货对国内 INE 原油期货均有较强的影响，以下我们选取国际三大基准原油期货：布伦特原油期货、NYMEX 原油期货、阿曼原油期货价格，分别与 INE 原油期货价格作出时间序列走势图①。从走势图 1-35 至图 1-37 可以看到，三大原油期货价格与 INE 原油期货价格均表

---

① 数据选取：均为日数据，样本数据区间为 2018 年 3 月 26 日至 2024 年 5 月 20 日。

第一章 原油期货价格的影响因素分析

现出较强的正向相关性；其中布伦特原油期货价格、NYMEX 原油期货价格与 INE 原油期货价格相关性较强；2020 年至 2022 年阿曼原油期货价格与 INE 原油期货价格的相关性要强于其他时间段。因此，虽然国际三大原油期货价格对国内 INE 原油期货价格均有较强的影响，但是相比而言，布伦特原油期货价格、NYMEX 原油期货价格对 INE 原油期货价格的影响要强于阿曼原油期货价格。

图 1-35　布伦特原油期货价格与 INE 原油期货价格走势图

数据来源：IPE、上海国际能源交易中心。

图 1-36　NYMEX 原油期货价格与 INE 原油期货价格走势图

数据来源：NYMEX、上海国际能源交易中心。

图1-37 阿曼原油期货价格与INE原油期货价格走势图

数据来源：DME、上海国际能源交易中心。

二、原油的现货价格

商品的现货价格（Spot Price）是买卖实际商品的交易双方按公平的原则达成的商品具体成交价格。它是商品买卖双方通过一对一谈判达成的交易价格。一般，由于现货交易的封闭或半封闭性，现货价格是一种区域性价格。商品期货价格是指在商品期货市场上通过公开竞价方式形成的商品期货合约的价格。从理论上讲，商品期货价格与商品现货价格的数量关系可以表示为：期货价格＝现货价格＋持有成本。其中，持有成本是指在正常的供求关系条件下，厂商持有某种商品所付出的仓储费、利息等费用。商品期货价格与商品现货价格既有联系又有区别，两者的联系在于两者都受同一种商品供求因素的影响，到了交割月份商品期货价格收敛于商品现货价格。对于原油来说，原油现货价格与期货价格具有较强的相关性。从全球的角度来说，不同地区现货市场的原油均有不同代表性的现货价格，全球进行原油现货交易的主要市场如下：

其一，北美原油现货市场，主要是美国原油现货市场，美国既是全球原油消费大国也是全球原油生产大国，虽然美国原油产量全球领先，但是每年仍然需要进口大量原油，因此在大西洋的纽约港和波特兰港以及墨西哥湾的休斯敦地区形成了巨大的现货原油市场。

其二，欧洲原油现货市场，主要包含西北欧原油现货市场和伦敦原油现货市场，两者相比西北欧原油现货市场要大得多。西北欧市场主要为法

第一章　原油期货价格的影响因素分析

国、德国、英国、荷兰服务，其主要以鹿特丹为核心，集中了西欧重要的炼油厂及油港码头，现货原油主要来自独联体国家，其次是以北海油田原油和鹿特丹为核心地区独立炼油厂的油品。

其三，亚洲市场，其中新加坡市场发展最为迅速，目前已成为东南亚和南亚的原油交易中心。原油及油品来自中东和当地的炼油厂。由于日本的石脑油消费量很大，所以石脑油和燃料油在该市场占有很大份额。新加坡市场地处波斯湾至日本航线的中间，所以该市场在原油交易中特别重要。

其四，地中海及加勒比海原油现货市场，地中海市场主要是指分布在意大利的地中海沿岸，油品供应主要来自沿海岸岛屿的独立炼油厂，还有部分来自独联体国家的原油；加勒比海市场是较小的现货市场，该市场的原油及油品主要流入美国市场，如果欧美两地价差大，就会流入欧洲市场，特别是柴油和燃料油，因此它对美国和欧洲的供需平衡起着重要的调节作用。

以下我们选取全球主要地区有代表性的原油现货价格指标：美国得克萨斯中级轻质原油现货价格、英国布伦特原油现货价格、阿联酋迪拜原油现货价格，以及 OPEC 一揽子主要原油现货价格指标：BCF17 原油价格、沙特阿拉伯原油现货价格、厄瓜多尔澳瑞特原油现货价格、伊拉克巴士拉轻质原油现货价格、尼日利亚的博尼轻质原油现货价格、安哥拉吉拉索原油现货价格、卡塔尔原油现货价格、科威特原油现货价格、阿联酋穆尔班原油现货价格、阿尔及利亚撒哈纳原油现货价格、利比亚锡德尔原油现货价格、伊朗重质原油现货价格，针对选取指标作出时间序列走势图①，从图1-38中可以看到，全球主要地区有代表性原油现货价格之间存在比较强的正向相关关系。

以下我们再选取全球原油现货主要地区原油现货价格指标：美国得克萨斯中级轻质原油现货价格、英国布伦特原油现货价格、阿联酋迪拜原油现货价格、阿曼原油现货价格、马来西亚塔皮斯原油现货价格、印尼杜里原油现货价格以及国内有代表性的大庆与胜利原油现货价格②，作出国际主要地区原油现货价格与国内原油现货价格时间序列走势图，从图1-39中

---

① 数据选取：月度数据，时间段为2007年11月至2024年4月。
② 数据选取：日数据，时间段为2002年11月25日至2024年5月20日。

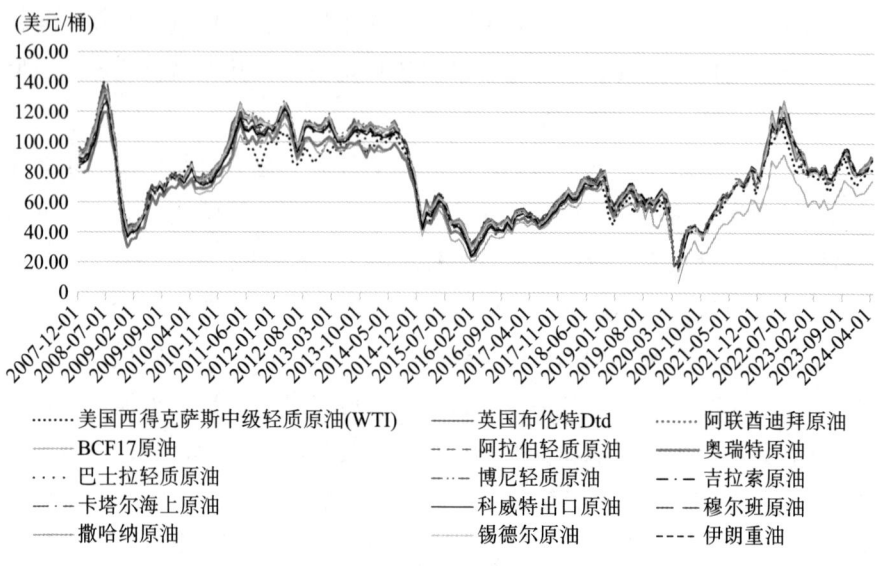

图1-38　全球主要地区的有代表性原油现货价格走势图

数据来源：NYMEX、IPE、DME、OPEC。

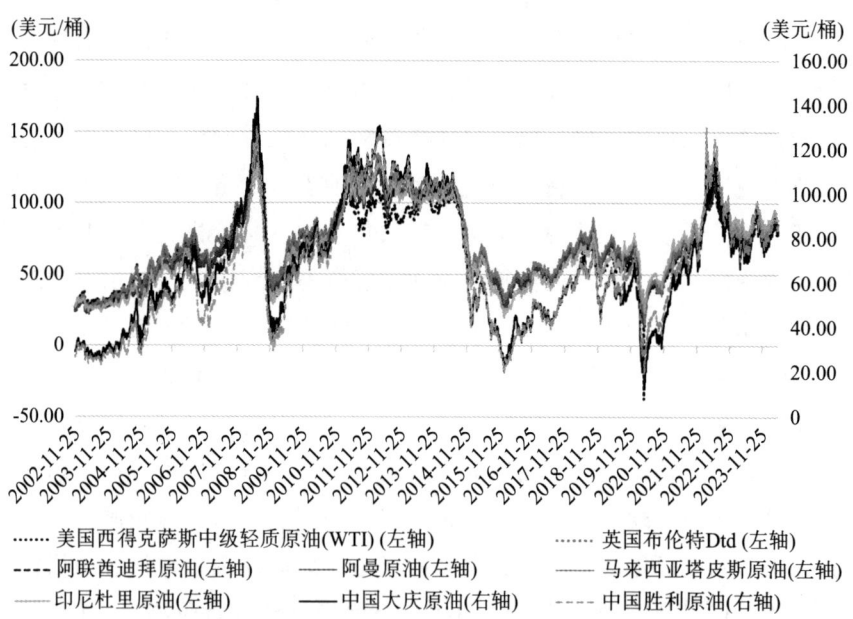

图1-39　全球主要地区的原油现货价格与国内原油现货价格走势图

数据来源：美国EIA、国际货币基金组织、OPPEC、Wind资讯。

可以看到，全球原油现货主要地区原油现货价格与国内原油现货价格之间有较强的相关性，但是相关性强度弱于全球原油现货主要地区原油现货价格之间的相关性。

以下我们再选取全球原油现货主要地区原油现货价格指标及国内原油现货价格指标分别与国内 INE 原油期货价格作出时间序列走势图①，从走势图 1-40 和图 1-41 可以看到国内外现货原油价格与国内 INE 原油期货价格均存在一定的正向相关性，但是相关性的强弱存在差异，总体上来看，国内原油现货价格（大庆原油，胜利原油）与国内 INE 原油期货价格相关性强于全球原油现货主要地区原油现货价格。

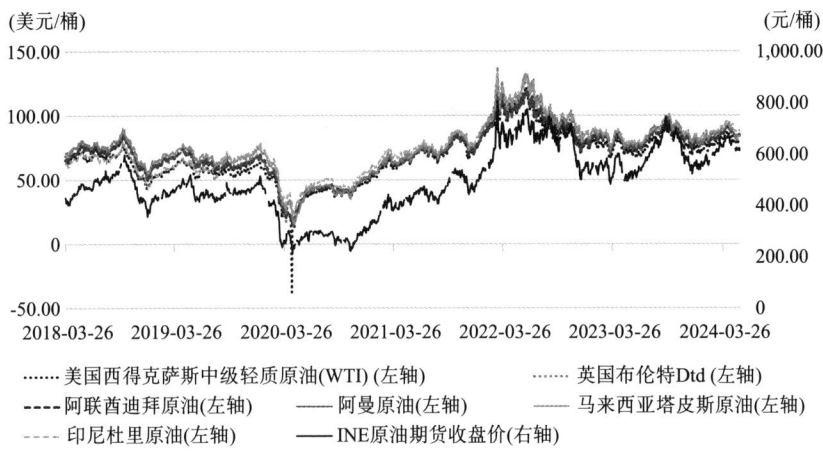

图 1-40　全球主要地区的有代表性原油现货价格与 INE 期货价格走势图

数据来源：美国 EIA、国际货币基金组织、OPPEC、上海国际能源交易中心、Wind 资讯。

图 1-41　国内原油现货价格（大庆、胜利）与 INE 期货价格走势图

数据来源：上海国际能源交易中心，Wind 资讯。

---

① 数据选取：日数据，时间段为 2018 年 3 月 26 日至 2024 年 5 月 21 日。

三、原油期货成交量与持仓量

期货成交量（Futures Trading Volume）是指某一期货合约在一定时间成交合约的累计数量，计量单位为手。商品期货中同一品种的不同月份合约分别计算成交量，加总后就是这个品种的成交量，一般有日成交量、周成交量、月成交量等。期货持仓量（Futures Open Interest）也称控盘量或未平仓合约量，期货市场中，持仓量指的是买入（或卖出）的头寸在未了结平仓前的总和，一般指的是买卖方向未平合约的总和，也叫订货量，未平仓合约的买方和卖方是相等的，一般都是偶数。从2020年1月1日起，国内期货市场数据统计口径统一调整为单边，在这之前都是双边统计的。国外期货市场的持仓量是指所有交易商到当日收盘为止累计的未平仓合约的总数，是买盘或卖盘的单边总和，并不是双边之和，所以持仓量是奇数和偶数都有。

在分析期货价格影响的微观市场因素中持仓量有非常重要的作用，通过分析持仓量的变化可以分析市场多空力量的大小、变化以及多空力量更新状况。分析持仓量的变化可推测资金在期货市场的流向，持仓量增加，表明资金流入期货市场；反之，则说明资金正流出期货市场。持仓量与价格的关系主要体现在：在上升趋势中，持仓量增加是稳健的上升趋势信号，持仓量减少则意味着其后价格可能转为震荡甚至下跌；在下降趋势中，持仓量只要不出现明显下降，都是看跌信号。实际上，持仓量代表着市场情绪，价格波动达到一定幅度后，市场趋势逐渐明朗，亏损或者盈利方离场趋势行情结束；如果在市场横向整理期间持仓量增加明显，那么一旦发生向上或向下的价格突破，随后而来的价格运动将十分剧烈。

在期货技术分析中，一般情况下是将期货持仓量与成交量结合在一起进行分析，通过成交量和持仓量变化的关系分析，可以更准确地把握期货价格波动的情况。成交量和持仓量对价格的影响，常见如下几种情况：成交量增加，持仓量增加，价格上涨，多头强于空头，价格延续概率较大；成交量增加，持仓量增加，价格下跌，空头强于多头，价格继续下跌；成交量减少，持仓量较少，价格下跌，多头平仓，空头持仓，价格继续下跌；成交量较少，持仓量减少，价格上涨，空头平仓，多头持仓，价格上涨；成交量增加，持仓量减少，价格上涨，多空都在平仓，价格随时可能下跌；

第一章　原油期货价格的影响因素分析

成交量增加，持仓量减少，价格下跌多空都在平仓，价格随时可能上涨。

因此，对于原油期货来说，原油期货的成交量、持仓量与原油期货价格之间存在较强的相关关系，下面具体分析原油成交量，持仓量分别对原油期货价格的影响情况。我们选取国外 NYMEX 原油期货、布伦特原油期货与国内 INE 原油期货价格、成交量及持仓量指标分别作出成交量、持仓量与价格的时间序列走势图[①]。

从国内外原油期货成交量与价格的走势图 1-42 至图 1-44 可以看到，成交量与价格均表现出复杂的相关关系。从 NYMEX 原油期货成交量与价格的关系图 1-42 可以看到，成交量大幅波动的过程中均伴随期货价格的大幅波动，比如在 2006 年 9 月 5 日之后原油期货成交量逐步增长，直到 2008 年 7 月 14 日成交量达到阶段高点，NYMEX 原油期货价格达到 140.97 美元/桶，而后成交量一路下滑，到 2009 年后成交量下跌到长期低点，NYMEX 原油期货价格暴跌到 34.93 美元/桶；从 2016 年初开始，NYMEX 原油期货成交量一路增长，直到 2018 年 10 月成交量达到阶段新高，NYMEX 原油期货价格从 29.43 美元/桶一路上涨到 75.04 美元/桶，在 2020 年 4 月前后 NYMEX 原油期货价格暴跌，NYMEX 原油期货成交量在这段时间创历史新高，期货价格甚至出现历史上第一次负油价。

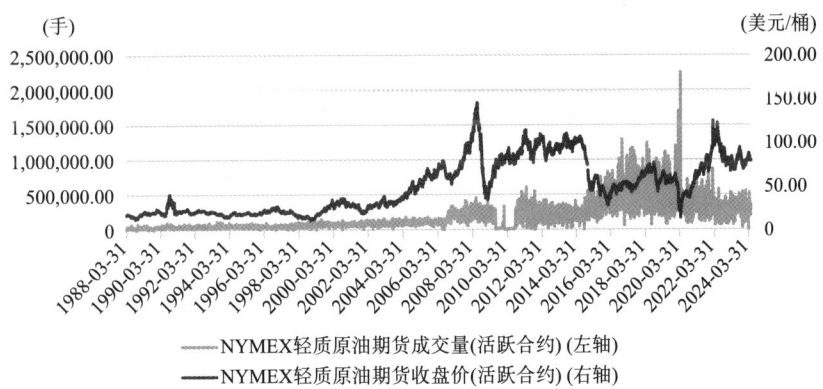

图 1-42　NYMEX 原油期货成交量与价格走势图

数据来源：NYMEX。

---

① 数据选取：国外原油期货选取周数据，国内原油期货选取日数据，NYMEX 原油期货指标选取时间段为 1988 年 3 月 31 日至 2024 年 5 月 21 日，布伦特原油期货持仓指标数据选取时间段为 2011 年 1 月 11 日至 2024 年 5 月 14 日，国内原油期货指标数据选取时间段为 2018 年 3 月 26 日至 2024 年 5 月 21 日。

从布伦特原油期货成交量与价格的关系图 1-43 可以看到，成交量大幅波动的过程中均伴随期货价格的大幅波动，成交量与期货价格表现出复杂的相关关系，比如在 2012 年 6 月 5 日、2015 年 1 月 13 日、2016 年 1 月 19 日、2020 年 3 月 10 日、2021 年 11 月 3 日，布伦特原油期货成交量均大幅增加，期货价格则是大幅下跌，表现出负向的相关关系，在其他的一些时间段成交量与期货价格表现正向的相关关系，比如在 2018 年 12 月 24 日成交量大幅下跌，期货价格跌到阶段低点；2022 年 2 月 3 日，日成交量大幅上涨，期货价格上涨到高点。

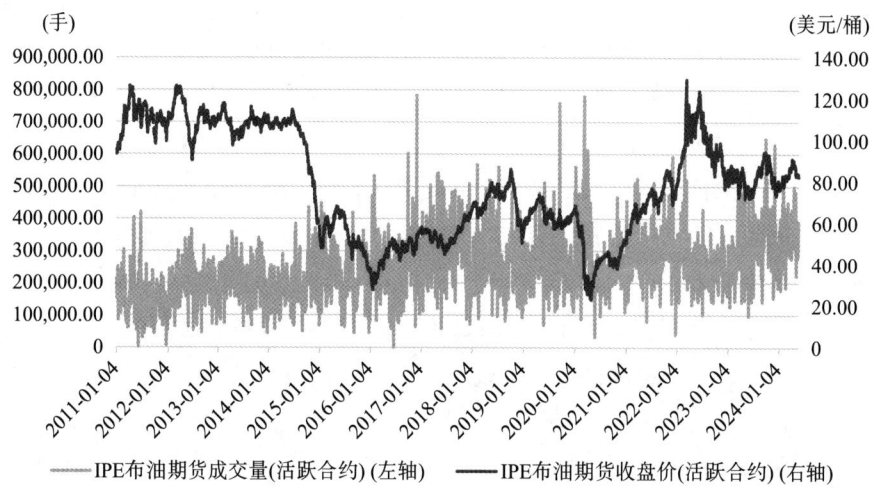

图 1-43　布伦特原油期货成交量与价格走势图

数据来源：IPE。

从国内 INE 原油期货成交量与价格走势图 1-44 可以看到，成交量与价格也表现出复杂的相关关系，比如在 2018 年 12 月 28 日、2020 年 10 月 29 日、2021 年 12 月 2 日、2022 年 7 月 6 日，INE 原油期货成交量均有大幅增长，期间对应的期货价格均有大幅下跌，期货成交量与价格表现出负向相关关系，当然在其他的一些时间段，也有表现出正向相关关系，比如 2021 年 2 月 10 日至 2021 年 3 月 10 日期货成交量不断上升，期货价格不断上涨；2022 年 2 月 8 日至 2022 年 3 月 7 日期货成交量不断上升，期货价格不断上涨，价格从 558 元/桶上涨到 785 元/桶，达到新高。

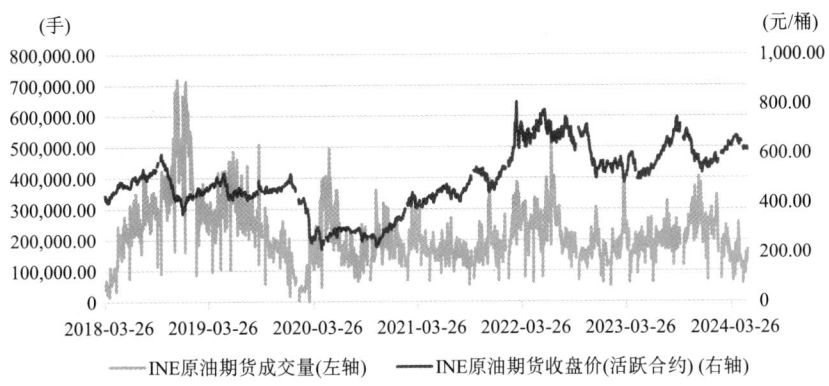

图1-44 国内INE原油期货成交量与价格走势图

数据来源：上海国际能源交易中心。

从图1-45至图1-47可以看到，国内外原油期货持仓量与原油期货价格具有复杂的相关关系。从NYMEX原油期货持仓量与价格关系走势图1-45可以看到，NYMEX原油期货持仓量与期货价格在部分时间段表现出比较强的正向相关关系，比如，从2015年12月29日至2018年5月15日及2020年7月15日至2021年3月2日期间，NYMEX原油期货持仓量不断增加，原油期货价格不断上涨；另外，NYMEX原油期货持仓量与期货价格在部分时间段表现出比较强的负向相关关系，比如，2022年12月20日至2023年6月13日，NYMEX原油期货持仓量不断增加，原油期货价格不断下跌；2021年6月15日至2022年6月12日，NYMEX原油期货持仓量不断减少，原油期货价格不断上涨。

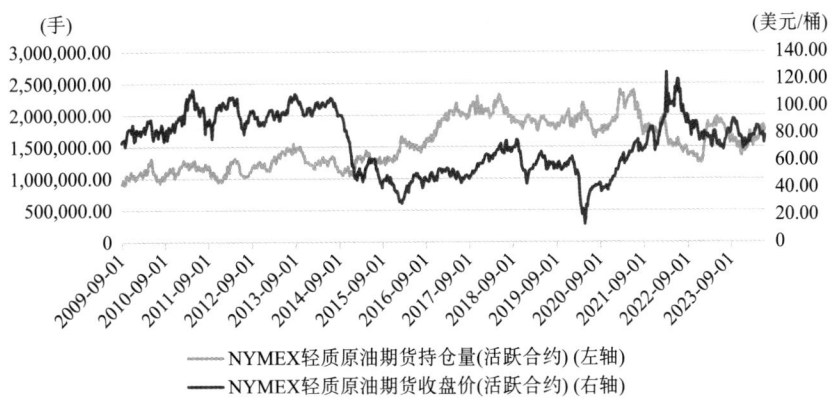

图1-45 NYMEX原油期货持仓量与价格走势图

数据来源：NYMEX。

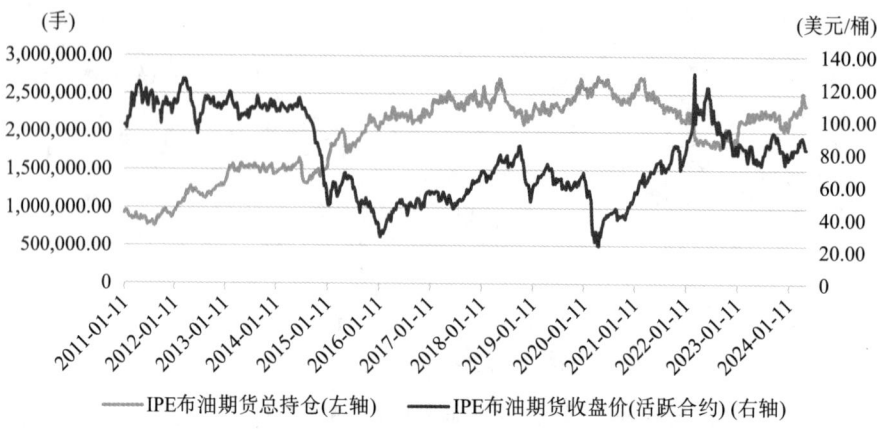

图 1-46 布伦特原油期货持仓量与价格走势图

数据来源：IPE。

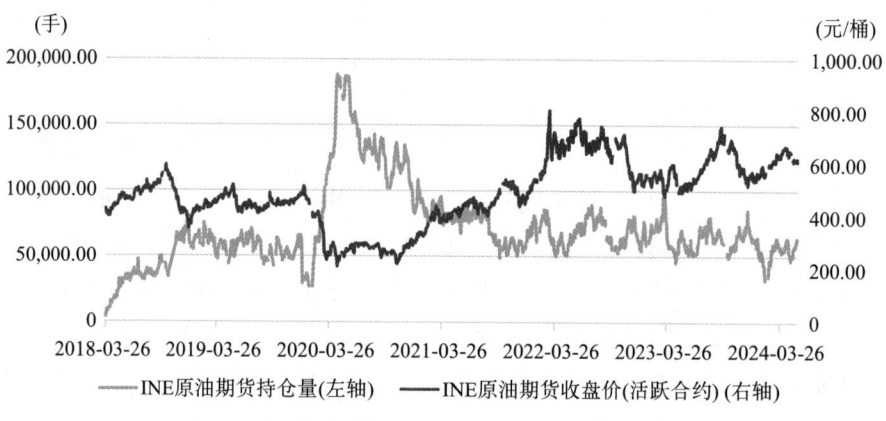

图 1-47 国内 INE 原油期货持仓量与价格走势图

数据来源：上海国际能源交易中心。

从布伦特原油期货持仓量与期货价格关系走势图 1-46 可以看到，布伦特原油期货持仓量与期货价格也表现出复杂的相关关系，在不同时间段分别表现出比较强的正向或者负向相关关系，比如，从 2016 年 2 月 9 日至 2018 年 5 月 15 日，布伦特原油期货持仓量不断增加，期货价格不断上涨，从 30.81 美元/桶上涨到 78.13 美元/桶，两者表现出正向相关关系；从 2021 年 2 月 23 日至 2022 年 3 月 8 日，布伦特原油期货持仓量不断减少，期货价格却不断上涨，从 64.2 美元/桶上涨到 129.47 美元/桶，两者表现出负向相关关系。

从国内 INE 原油期货持仓量与期货价格的走势图 1-47 可以看到,期货持仓量与期货价格表现出复杂的相关关系,在不同时间段 INE 原油期货持仓量与期货价格分别呈现出正向相关与负向相关关系,比如,从 2018 年 8 月 8 日至 2018 年 9 月 26 日,持仓量不断增加,期货价格不断上涨,两者表现出正向相关关系;在 2020 年 2 月 3 日至 2020 年 4 月 23 日,持仓量不断减少,期货价格却不断上涨,两者表现出负向相关关系。从总体来看,持仓量短期变化比较大,在部分时间段相关关系表现比较弱,主要原因可能是国内原因期货推出时间比较短,市场散户占比高,短线交易多,表现出持仓不够稳定,变化较大。

第四节 其他影响因素

通过上述分析可以看到,宏观经济金融、中观基本面及微观市场面三个层面的影响因素对原油期货价格均产生影响,除此之外,还有一些其他因素,比如地缘政治、突发事件及异常气候等因素也影响原油的价格走势。一般来说,异常天气即由不可抗力因素会对石油输出国产油造成一定影响,比如及飓风、沙尘暴等自然灾害以及油气设备故障、输油管道破坏或者炼油厂爆炸等突发事件;在经济全球化发展趋势的影响下,地缘政治冲突等争夺原油资源的事件成为原油市场动荡的重要原因,一般来说,地缘政治冲突及战争易引起原油价格暴涨暴跌。

一、地缘政治及重大突发事件因素

原油除了一般商品属性外,还具有战略物资的属性,近年来,随着政治多极化、经济全球化、生产国际化的发展,争夺石油资源和控制石油市场,成为油市动荡的一个重要原因。地缘政治及重大突发状况对全球原油期货价格有重要的影响,地缘政治因素及重大突发状况会严重危害原油产出地的经济状况和政局,与原油生产有关的工业设施会遭受损害,进而使原油供应量发生变动影响原油价格。另外,还会影响投资者的心理期望,进而影响全球原油期货价格。地缘政治因素对原油价格的影响一般是消极的，重大突发事件对油价的影响是快速的，通常使油价在短时间内大幅波动。

从历史上看，原油价格大幅波动，主要由产油国之间的竞争或因消费国针对产油国的地缘政治冲突而引发，特别是各国利用国家权力提升其能源公司在竞购资源方面的竞争优势，原油消费国通过外交手段与原油供应国签订能源合同、改善其能源供应状况，而原油生产国通过外交手段增加进入国际消费市场或石油储备的机会，这些情况往往会导致产油国所在地区的地缘关系紧张，产生各种冲突，甚至引发战争。近30年来，发生的地缘政治冲突及突发重大事件有很多，比如：1985年美苏地缘政治冲突、1991年1月第一次海湾战争、1997—1998年亚洲金融危机、2001年9月11日发生在美国纽约世界贸易中心"9·11"事件、2003年伊拉克战争、2008年开始的国际金融危机、2008年8月8日俄罗斯格鲁吉亚爆发的冲突、2013—2016年的利比亚冲突、2014年3月21日克里米亚事件、2018年5月美国宣布退出伊朗核协议和制裁伊朗、2018年4月后开始的中美贸易摩擦、2019年9月14日也门胡赛武装组织对沙特石油基础设施发动袭击、2020年初以来全球突发的新冠疫情、2022年初爆发的俄乌冲突等。以下我们作出历年来主要的地缘政治冲突及重大突发事件对国际原油期货价格影响图[①]（见图1-48）。

从图1-48中可以看到，地缘政治冲突均对国际原油期货价格有较大的影响，比如，1991年1月开始第一次海湾战争导致国际原油期货价格从高位回落，基本腰斩；2003年3月20日开始的伊拉克战争，导致国际原油期货价格出现大幅下跌；2008年8月8日爆发的俄格战争，当时伴随全球金融危机，导致国际原油期货价格出现暴跌；2014年初的克里米亚冲突事件后，以美国为首的西方国家对俄罗斯实施制裁，美国选择增加原油产量来压低全球油价从而来压制俄罗斯，受此影响，全球金融市场和原油投机资本出现震荡，并带动国际石油价格出现波动；2022年2月24日，俄乌冲突开始，俄乌冲突以后以美国为首的西方国家开展

---

① 数据选取：布伦特及NYMEX原油期货价格选取日数据，样本区间为1988年3月31日至2022年7月29日。

第一章 原油期货价格的影响因素分析

图 1-48 地缘政治冲突与重大突发事件对国际原油价格影响

数据来源：IPE、NYMEX。

对俄罗斯全面经济金融制裁，国际原油期货价格因为短期原油供给出现较大缺口，国际原油期货价格大幅上涨，布伦特原油一度上涨到 139 美元/桶。

其他重大突发事件对国际原油期货价格也产生了较大的影响，比如 1997—1998 年亚洲金融危机及 2008—2009 年全球金融危机，均导致国际原油期货价格大幅下跌，尤其在全球金融危机期间，国际原油期货价格以布伦特为例，从 2008 年初 147.5 美元/桶，暴跌至 36.2 美元/桶；2001 年美国发生的 "9·11" 恐怖袭击事件也对国际原油期货价格产生一定的冲击影响，造成当时原油期货价格出现较大的波动风险；2018 年开始，美国以对华存在巨额贸易逆差，强制要求外资企业技术转移，知识产权侵权等为由对中国挑起贸易战，随着 2018 年 4 月美方宣布对 500 亿美元中国进口商品加征关税以来，中美贸易摩擦成为影响全球原油价格的重要地缘政治因素，其间国际原油期货价格波动较大；2020 年初以来的新冠疫情全球暴发，受新冠疫情影响，全球经济增速大幅下降，全球原油需求增长预期悲观，进而导致国际原油价格巨幅下跌，NYMEX 原油期货价格曾一度跌至负值，疫情冲击影响巨大。

综上所述，1991 年油价下跌主要突出了原油作为战略商品的政治属性；1998 年和 2008 年的国际油价下跌的主要触发因素是两次金融危机，原油价格下跌突出了原油金融属性；2014 年的国际油价暴跌则是地缘政治冲突、美元升值、供应增加、需求下滑、中东沙特相关政策、中国经济增长、气候变化等多种因素共同推动的结果；而 2020 年的油价震荡是疫情突发、中美贸易战、美伊冲突等各种政治及经济因素叠加的产物，因此属性更为复杂。

可见，国际油价大幅波动有很多原因，既受到疫情影响，又受到俄乌战争影响，还有 OPEC 政策影响、金融资本投机卖空的影响及全球经济下行和供需分离趋势的影响。美国、俄罗斯、沙特等都将油气资源作为地缘政治博弈的工具，"OPEC +" 国家、美国、欧盟和中国在能源上的竞争日趋激烈，以期提升各自在规则制定中的影响力。亚洲已成为全球能源格局的重心，且随着未来全球石油需求中心持续向亚洲转移，原来由生产国主导的价格交易机制逐渐转移到国际金融市场和国际大宗商品市场，能源安全、大国油气战略和全球金融相互交叉。同时，低油价可以降低中国等发展中国家的能源成本，为疫情后的经济复苏提供支持，但低油价同时也会冲击石油产业、影响中东等地区的稳定，带来其他风险和危机。

对国内原油期货来说，原油期货价格与国际原油期货价格走势，具有较强的相关性，因此，地缘政治冲突及重大突发事件也会对国内原油期货价格产生较大的影响。由于国内原油期货推出时间短，因此选取部分地缘政治冲突及重大突发事件，研究对国内原油期货价格波动的影响，具体情况参见图 1 - 49。

从图 1 - 49 中可以看到，2018 年 4 月，发生中美贸易冲突，国内原油期货价格开始一路上涨；2019 年 9 月 14 日，也门胡赛武装组织对沙特石油基础设施发动袭击的冲突事件，短期造成国内原油期货价格上涨；2020 年初，新冠疫情导致国内原油期货价格从高位暴跌，一度跌到 210 元/桶的低点；2022 年 2 月，俄乌冲突同样对国内原油期货价格影响较大，短期一度推升期货价格达到 806.6 元/桶。

第一章 原油期货价格的影响因素分析

图 1-49 地缘政治冲突与重大突发事件对国内 INE 原油期货价格影响

数据来源：上海国际能源交易中心。

二、气候异常因素

自然界的气候等异常变化，比如地震、高温、洪灾、飓风、极端天气变化等都会扰乱原油供应端，对原油价格都会产生较大的影响。地震会对流经某一地区管道的石油造成破坏，埋在地下的钢管对地质冲击相当有弹性，主要的风险是土壤液化引起的滑坡等横向蔓延，与其他风险相比，地震对原油价格产生重大影响的能力相对较小。高温等极端天气对原油价格也会产生一定的影响，有研究发现极端高温天气会对人类的情绪产生负面影响，导致生产效率低下甚至会出现认知障碍，例如在炼油厂的工作环境中，工人容易出现认知错误，可能会导致设备损坏甚至人员伤亡等。从地理位置来看，波斯湾沿岸的海岸线最容易受到极端温度的影响，全球最大的三家炼油厂也位于该海域附近，高温极端天气会增加冲突上升的可能性，这也是造成这一地区经常出现地缘政治冲突的一个原因。随着全球气候变暖，气候波动加剧，气候变化也成为影响油价的一个关键因素。欧美许多国家用石油作为取暖的燃料，因此，当气候变化异常时，会引起燃料油需求的短期变动，从而带动原油和其他油品的价格变化。另外，异常的天气可能会对石油生产设施造成破坏,导致供给中断,从而影响油价。气候模式的剧烈波动可能会威胁到桥梁和道路的结构完整性,而桥梁和道路是用来运输石油产品的关键设施,因此会对油价造成影响。飓风天气可能导致当地原油开采设备和当地交通设施受损,而无法开采和运输石油,造成原油减产,从而影响原油价格。自海上运输的石油可能会面临飓风的威胁,而飓风也会导致沿海主要港口的关闭,2005 年的"卡特里娜"飓风和 2012 年的"桑迪"飓风分别对新奥尔良和纽约的主要原油进口港造成了重大破坏就是比较明显的案例。

近几年,全球气候变暖、异常气候出现的概率越来越大,在异常气候中飓风是最有代表性的。由于气温的大幅波动,飓风发生越来越频繁,飓风的发生对原油价格产生的影响越来越大,因此,我们选择飓风作为异常气候的典型代表,研究飓风对原油价格的影响。国际原油期货价格与飓风影响见图 1-50。

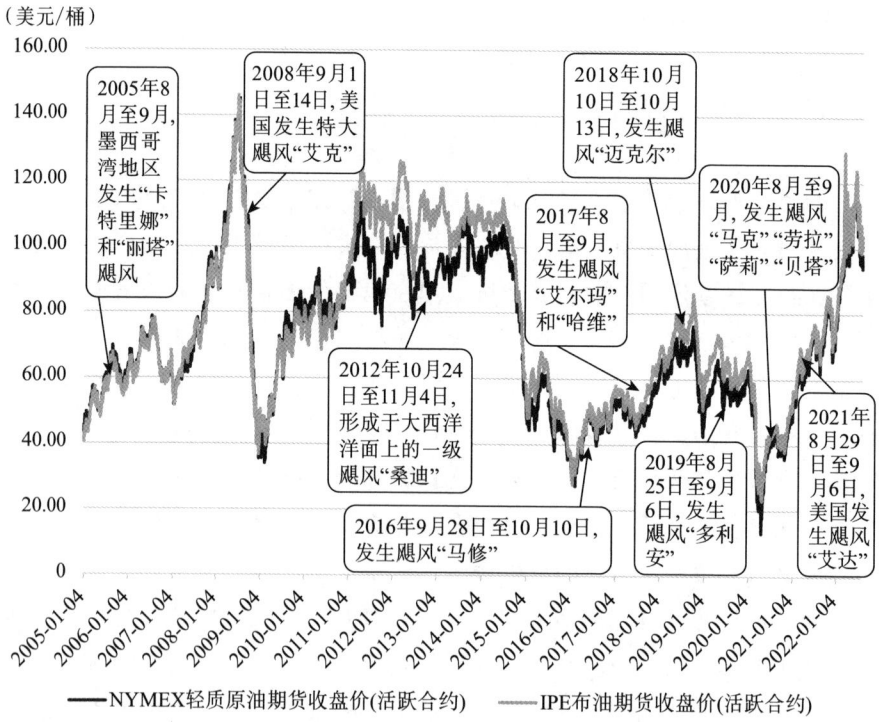

图 1-50　飓风对国际布伦特及 WTI 原油期货价格影响

数据来源:IPE、NYMEX。

从以上飓风对国际原油期货价格影响图 1-50 可以看到，从总体上来说，飓风等气候变化对原油价格有正向的影响，短期易引起原油价格的上涨。以下结合具体的飓风情况作具体分析：

2005 年 8 月下旬至 9 月，墨西哥湾地区发生"卡特里娜"和"丽塔"飓风，据美国矿产资源管理服务局公布的数字表明，遭受飓风袭击前，墨西哥湾地区的原油日产量约为 140 万桶，天然气日产量约为 2.832 亿立方米。2005 年 8 月 29 日"卡特里娜"袭击路易斯安那州，造成损失的原油产量达 1.62 亿桶，天然气产量损失约为 222.146 亿立方米。统计还显示，"卡特里娜"和"丽塔"飓风共摧毁了墨西哥湾地区 113 处生产平台，破坏了 457 条输送管道。"卡特里娜"和"丽塔"飓风造成 2005 年国际原油价连续上涨，以 WTI 原油期货为例，8 月底的价格约 64 美元/桶，到 9 月初上涨突破 70 美元/桶。

2008 年 9 月 1 日至 9 月 14 日发生特大飓风"艾克"。飓风掠过巴哈马的大伊那瓜岛以及英属大特克岛，造成岛上 80% 的建筑被破坏或完全被毁。"艾克"造成海地 74 人死亡，多米尼加共和国 1 人死亡。"艾克"横穿古巴岛后再度进入加勒比海，造成古巴 7 人死亡，它扩大环流进入墨西哥湾后在美国得克萨斯州加尔维斯顿岛登陆，"艾克"进入美国后，造成美国 96 人死亡和 270 亿美元的经济损失，是继"卡特里娜"和"安德鲁"之后美国破坏力排名第三的飓风。飓风对国际原油期货价格也产生了一定的影响，以 WTI 原油期货为例，在"艾克"飓风后一周价格从 90 美元/桶快速反弹到 110 美元/桶，短期影响比较明显。

2012 年 10 月 24 日至 11 月 4 日大西洋洋面上发生一级飓风"桑迪"。飓风"桑迪"先后袭击了古巴、多米尼加、牙买加、巴哈马、海地、美国等地，造成大量财产损失和人员伤亡。当时飓风"桑迪"导致美国 113 人死亡，联合国总部受损。据美联储发布报告，美国 2022 年 10 月工业产出意外较 9 月出现下滑，下降 0.4%，预期为上升 0.2%，主要因飓风"桑迪"的影响令东北方地区的电力出现中断。桑迪飓风对美国 2022 年 10 月工业产出造成近 1% 的冲击。另外，数据还显示，美国 2022 年 10 月产能利用率为 77.8%，创 2011 年 11 月来新低，预期为 78.3%。国际原油期货价格受飓风影响，WTI 原油由飓风最后一天 83 美元/桶，到结束后第二天价格上涨到 89 美元/桶。

2016年9月28日至10月10日发生的飓风"马修"。据有关报告数据,10月,飓风"马修"对东加勒比地区和美国东南部地区造成了巨大破坏,经济损失达到80亿美元。飓风"马修"是本飓风季中风力最强的,也是2016年全球最致命的自然灾害,共造成多达733人丧生,特别是在海地。2016年飓风"马修"重创海地、古巴和大巴哈马岛,共有585人丧生,是10多年来最致命的飓风,在海地,共有500多人丧生。飓风"马修"对国际原油期货市场也产生一定的影响,WTI原油期货从飓风发生到结束的一周多的时间价格从44美元/桶,上涨到52美元/桶。

2017年飓风等极端气候变化,我们选取8月至9月发生的两次飓风"哈维"和"艾尔玛"来看,8月25日至9月3日发生的飓风"哈维",影响墨西哥湾沿岸地区,迫使该地区炼油厂停产,航道和港口关闭。飓风发生的一周时间,美国墨西哥湾沿岸炼油厂的总投入比前一周减少34%,该地区炼油厂每周利用率从96%降至63%,国际油价后续不断上涨。9月5日至9月8日发生飓风"艾尔玛",美国当周石油钻井数下降3口,国际原油期货WTI价格由8月底约45美元/桶,到飓风结束一周内上涨超过50美元/桶。

2018年飓风等极端气候变化,我们选取2018年10月6日至10月13日发生的飓风"迈克尔"来看,"迈克尔"于2018年10月6日在西加勒比地区形成,随后稳步向北移动,扫过古巴西部,然后飓风"迈克尔"在佛罗里达州滨海小城墨西哥海滩附近登陆,直到10月13日,飓风"迈克尔"消失,"迈克尔"在佛罗里达州等地造成至少26人死亡。飓风干扰生产,对国际原油期货价格产生影响,飓风结束一周内WTI原油期货价格从突破71美元/桶微跌到69美元/桶。

2019年飓风等极端气候变化,我们选取2019年8月25日至9月6日发生飓风"多利安"来看,"多里安"于2019年8月25日由美国国家飓风中心命名,于9月1日登陆巴哈马群岛北部的埃尔博岛,随后"多里安"转向偏北方向移动,于9月6日在美国北卡罗来纳州外海岸的哈特拉斯角再次登陆。"多里安"造成至少50多人死亡,造成至少110亿美元的损失。飓风"多利安"对国际原油价格产生一定影响,影响国际原油期货价格小幅上涨,WTI原油期货在一周内由52美元/桶上涨到59美元/桶。

2020年发生多次飓风等极端气候变化,我们选取2020年8月至9月发生的飓风"马克""劳拉""萨莉""贝塔"来看，2020年8月22日至8月26日发生的飓风"马克"，从飓风开始就造成石油钻井平台停产，并导致运营商减少了15天的产量。2020年8月22日至8月26日发生的飓风"劳拉"，据BSEE估计，由于人员撤离，GOM原油生产中约有84%在高峰时关闭。2020年9月17日至9月22日发生的飓风"萨莉"，导致墨西哥湾四分之一的石油生产被迫关停，直接导致508,000桶石油和8.05亿立方英尺的天然气停产。2020年9月21日至9月26日发生的飓风"贝塔"，在美国得克萨斯州登陆，伴随而来的强降雨导致休斯敦及周边多地遭受洪灾。几次飓风对国际原油期货市场产生一定的冲击，飓风期间WTI原油期货一度从约36美元/桶上涨到约41美元/桶，而后回落到36美元/桶左右，飓风结束后一周内价格又上涨到约41美元/桶。

2021年发生多次飓风等极端气候变化，我们选取产生严重影响的发生在2021年8月29日至9月6日的飓风"艾达"，据世界气象组织数据，8月29日飓风"艾达"袭击美国路易斯安那州时，其每小时240公里的风速达到了该州有记录以来的最强登陆风速。"艾达"飓风是北大西洋季风季最严重的飓风，风暴潮造成重大风灾和洪水。飓风在美国造成了约750亿美元的经济损失，并在美国和委内瑞拉造成115人死亡。飓风"艾达"对国际原油市场也产生比较大的影响，WTI原油期货在飓风过后一周时间价格从约68美元/桶上涨到约73美元/桶。

从以上分析来看，几乎每次国际油价大幅波动都与地缘政治冲突及战争有着直接的关系。异常天气等自然因素对国际油价影响表现基本是短期影响，相对来说地缘政治冲突及战争的影响比较大，影响相对较长时间。第一次油价暴涨是OPEC产油国想夺回西方国家的石油标价权主动提高油价造成的冲突导致的中东战争，第二次油价暴涨起因是伊朗革命和两伊战争，第三次暴涨源于2001年的"9·11"事件、2003年的伊拉克战争和2005年的伊朗核争端等，它们都导致油价较长时间的大幅波动。因此，争夺石油资源的地缘政治冲突导致战争不断，不断冲击国际油价，造成国际油价大幅波动。

总之，以上通过四节内容分别分析了影响原油期货价格的宏观经济金融、中观基本面及微观市场面的影响因素以及地缘政治及异常天气等其他影响因素，从每一个影响因素来看，原油期货价格均在一定的时间段受到

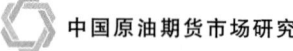

影响，但是从实践来看，原油价格在一定时间段会受到多重因素的影响，价格的形成是由多重因素共同作用的结果，比如 2022 年以来原油价格的巨幅波动不仅受到新冠疫情的影响，还受到俄乌冲突、全球经济放缓、原油供需缺口、OPEC 政策及投机基金大规模介入等复杂因素的共同作用。当然从不同的分析样本周期来看，每个时间段各个影响因素起到的作用是不同的，短期来说，地缘政治冲突、战争、飓风等极端气候和投机基金短期大幅介入及微观市场因素等影响比较大，从长期来看，宏观经济及中观基本面供需等因素的影响比较大。因此，在具体分析原油价格的影响因素时需要根据多种影响因素结合具体的分析周期作具体的分析，才能准确把握原油价格的波动规律。

第二章

原油期货价格影响因素及定价模型研究

为了规避原油价格的波动风险，1993年我国曾在上海推出石油期货交易。由于当时期货市场发展不成熟，期货市场投机过热，造成期货价格大幅波动，影响了整个市场物价的稳定，干扰了国民经济发展的正常秩序，在1995年国家停止了原油、成品油的期货交易。后来，期货市场经过近十年的发展，直到2004年上海期货交易所重新挂牌了燃料油期货，这是我国能源期货市场重新启动的重要标志。燃料油期货合约在2004年挂牌后早期运作较为成功，但2010年后，由于交割标准改变、手续费调整等多个因素影响，市场成交量大幅萎缩，直到2017年几乎停止运转，现有的燃料油期货是2018年重新推出的不同交割标的的品种。由于国际油价波动的剧烈，市场需要有可以规避原油价格波动风险的工具。因此，上海期货交易所积极开发原油期货品种，并于2012年5月，交易所公布了原油期货标准合约草案。2013年11月22日，上期所子公司上海国际能源交易中心股份有限公司挂牌成立，并于2014年得到中国证监会批准开展原油期货交易，在经过相关前期准备工作后于2018年3月26日正式挂牌了原油期货合约。原油期货作为国内第一个国际化期货品种推出意义重大。

近年来，国际原油价格的大幅波动日趋频繁，国际原油价格的暴涨暴跌也给国内宏观经济及期货市场带来较大的冲击影响，从而给国民经济的健康稳健运行带来一定的风险。如何规避原油价格波动风险，确保国内宏观经济及期货市场的健康运行显得极为迫切。本章试图采用协整及相关理论方法探求对国内原油期货价格的影响因素进行定量分析，研究其价格发现功能、价格的形成机制、国际定价影响力，通过建立长短期定价模型，以期对生产及消费提供理论及实践的指导。本章第一节对相关文献进展作综述；第二节对实证研究中需要的理论作介绍；第三节对影响国内原油期货价格影响因素作定量模型分析，研究原油期货的价格影响力及国际定价能力，建立原油期货的定价模型；最后第四节得出相关结论，给出相关政策建议。

第一节　相关文献综述

国内外学术界对能源市场的研究成果很多，近年来，学者们从定性及定量的角度对原油期货进行研究，取得了不少成果。

国内早期的相关文献主要是对国外原油期货运行规律及其影响因素和国内原油现货及影响因素，以及国外原油期货与国内原油现货之间的关系等相关的市场规律的研究，其中大多采用定性与定量的研究方法。诸如：李优树（2000）在考察国际石油价格波动的历史阶段基础上，从理论上分析了国际石油价格波动的内在规律，提出了影响国际石油价格波动的六个不确定性因素并对国际石油价格的走势作出了判断。杨志华（2003）对高油价对我国的经济增长、国际收支、总体价格水平以及主要行业的影响作了分析。杜慧滨等（2003）分析了国际石油市场供求关系、政治因素、欧佩克国家之间的博弈以及世界环境保护对二氧化碳排放的限制等因素对国际石油价格的影响，采用定性与定量相结合的自组织石油价格预测方法预测了2005—2050年国际石油价格的波动趋势。余炜彬等（2004）利用单位根检验和协整关系检验验证了 Brent 原油期货市场的有效范围，发现其在5个月内是有效的。在市场有效范围内，对现货价格和期货价格建立了向量误差修正模型，同时发现该期货市场某时刻价格的影响可以持续2个月。韩冬炎等（2004）从石油价格的历史波动中寻找到其内在的规律，运用分形法对石油价格进行预测,以避免对影响因素估计不准确而影响预测结果。高辉(2005)采用协整及相关理论研究国际原油等因素对国内燃料油价格的影响,发现国际原油及新加坡180燃料油现货价格、美元汇率对国内燃料油价格有明显影响。

近几年来,国内研究原油市场规律的学者多采用多种时间序列及多种计量模型进行研究,比如,在研究国内外原油现货价格与宏观因素之间关系时,于天娇(2015)采用向量自回归模型(VAR),通过脉冲响应图及方差分解表来反映油价冲击对进、出口贸易额的效应。田洪志(2016)采用波动因素时点分解方法,选择国际原油市场的供给、需求等指标,对2014—2015年与2008—2009年国际油价的下跌因素进行月度分析,研究发现世界经济增速放缓是2014—2015年油价持续下跌的主因;OPEC的原油不减产决定、国际金融市场的预期逆转共同导致油价在2015年进一步下跌。2008—2009年油价的短暂下跌主要是由投机基金的撤离、发达经济体遭受全球金融危机后原油需求减少所导致的。

部分学者对国内外原油市场与金融市场关系进行了研究,张志敏和周工(2016)建立了一个简易的宏观经济分析框架,实证检验主要国内外冲击因素对能源价格波动的冲击效应。认为货币供应量是影响国内能源价格的最重要因素,国内能源产量、经济增长水平、利率水平以及我国实际有效汇率对能源价格影响不显著。李建峰等(2018)基于人民币汇率和国际原油市场数据,在VAR – BEKK – MGARCH模型基础上引入中外利差、央行公开市场操作以及利率和准备金率调整等货币政策变量,实证分析了人民币汇率市场和国际原油市场之间的溢出效应,结果发现,五个人民币汇率与国际原油之间存在不同的均值和波动溢出关系,货币政策、人民币汇率和国际原油市场间的互动关系明显。

部分学者采用时间序列模型研究国内外原油期现货价格关系,比如贾晓亮(2016)基于时间序列的关联网络模型,分别针对全球不同区域原油市场之间,原油期现货市场之间以及国际原油市场与中国原油市场之间这三种主要联动关系进行研究,发现了原油市场不同发展阶段中"非洲—欧美","中东—亚洲"两组显著供需关系表现出来的相对稳定的价格关联集团化结构;发现了原油价格震荡阶段中以季度周期为跨市场策略风险断点;发现了Brent比WTI原油期货价格更具有参考价值的依据,揭示了亚洲地区亟须具有代表性定价基准的现状。崔良媚（2017）通过对国际原油期货价格、国内原油现货价格、国内生产价格指数等常规变量以及国际原油现货价格、国内原油表观消费量和国际能源指数等新变量进行研究，分析国际原油期现货市场与现行中国原油现货市场之间的关联性，以及考察国内原油市场价格变化的经济影响力。通过进行协整分析、Granger因果检验、脉冲相应分析和方差分解分析发现，国内原油市场与国际原油市场关系十分密切，中国原油现货市场价格变动受国际原油期货市场价格变动影响非常明显，但前者对后者影响力甚微；中国原油价格单方面的紧随国际原油价格的变动，对国际原油市场价格变动缺乏影响力；现阶段中国国内原油现货市场价格不能反映国内原油市场的实际供需情况，脱离了国内原油市场发展，不利于原油资源的有效配置。

部分学者采用多种计量方法对原油价格影响因素进行分析与预测，比如詹旭（2016）通过理论分析了影响国际油价波动的五大因素，发现市场的供求仍然是导致油价波动的最基本原因，同时美元价格的变化、原油期货市场上投资者的不同表现、地缘政治的博弈以及能源革命的重大影响均从外部的不同方面影响当前的油价；其发现世界GDP、美元指数、OECD消费量、OPEC原油产量、原油期货非商业净多头和地缘政治关系与国际原油价格波动关系显著；采用VAR方法分析发现OPEC原油产量，OECD消费量对国际油价的影响最为深刻。张庆豪（2016）选择投机资本增速（非商业持仓增长率）作为门限变量，把原油价格和其主要的金融影响因素作为内生变量建立TVAR模型，通过广义脉冲响应研究在不同投机增速环境下，各种金融因素冲击对原油价格波动的影响。结果表明，期货价格在低投机增速环境下对金融因素冲击的反应更强烈，持续时间更长，现货价格在高投机增速环境下对金融因素冲击的反应更强烈，持续时间更长。张支南（2017）从货币供给因素，金融市场投机因素和汇率因素等角度明确金融因素对国际油价的一般性影响机理，研究发现自2000年以来，以投机冲击、美元指数和国际货币流动性等为代表的金融市场因素是导致国际原油价格波动的重要原因；金融危机前，中国股票市场和人民币即期汇率尚未对国际石油价格产生作用，但人民币汇率预期的变化作用显著，金融危机后，中国金融市场因素的影响力明显增强；1990年以后，原油价格和美元指数之间的相关性呈现出明显的时变性特征。程方正（2018）采用计

第二章 原油期货价格影响因素及定价模型研究

量经济学、金融物理学、神经网络、深度学习、文本挖掘、事件研究和统计检验等理论与方法，分别从石油价格短期预测，石油价格拐点预测和新闻事件驱动的石油价格预测三个问题进行研究，分别提出了石油价格短期预测的 VEC - NAR 方法；石油价格拐点预测的 LPPL - MPGA 方法；新闻事件驱动的石油价格预测方法。马郑玮等（2019）选取 2003—2018 年具有代表性的原油期货价格和各因素的日数据，利用单位根检验、协整检验、格兰杰因果检验以及脉冲响应分析，研究了原油期货价格与原油现货价格、美元汇率、原油期货持仓量、原油库存、原油供需的相互关系，发现除供需因素外，以上四个因素均对原油期货价格有显著影响，其波动与期货价格变动存在相关性，各因素对原油期货价格的影响时间和程度存在较大差异。

由于国内原油期货推出时间比较短，针对国内原油期货的研究文献相对比较少，主要有：王金成（2019）选取我国原油期货上市后的日数据，建立三元 VAR - GARCH - BEKK 模型，研究我国原油在国际市场和亚太市场的均值溢出效应和方差溢出效应。闻少博（2019）采用小波相干模型、GARCH - BEKK 模型研究边际基本面与原油价格的传导关系。曹剑涛（2019）对中国上海和美国纽约原油期货、美元汇率、人民币汇率之间的关系变化进行了计量分析。卜林等（2020）对上海原油期货与阿曼原油期货和 WTI、Brent 原油期货进行国际比较，采用长期弱外生检验等模型对原油期货的价格引领关系以及价格发现作了实证检验。

国外关于油价运行规律的研究由来已久，最早可追溯到 Hotelling（1930）提出了可耗竭资源模型。沿着 Hotelling 的研究思路后来的许多文献通过设定石油市场不同结构和参与石油市场的行为主体的不同行为，建立各类理论模型，引进各类相关参数来分析油价波动的原因和未来趋势，如后来的 Pindyck（1978）等。现在除了仍有相当多文献采用上述类似的研究思路和方法外，新的研究方法不断出现，如目前使用较多的经济时间序列方法，包括 Granger（1969）的因果关系方法，Engle 和 Granger（1987）提出的协整理论，Engle（1982）提出的条件异方差模型，以及 20 世纪 90 年代兴起的 VAR 方法及最近出现的分形和混沌的方法等。

国外关于油价波动对宏观经济活动影响的问题，研究主要采用时间序列理论及多种计量经济学模型对原油期现货价格与宏观经济、金融市场关系以及中观层面原油价格与基本面因素关系、微观层面原油价格与原油市场因素关系进行研究。J. D. Hamilton（1983）、Cologni. A 和 Manera. M.（2008）等主要研究集中在国际原油价格与宏观层面的宏观经济的相互影响关系方面。Alessandro Lanza（2003）、Noureddine Krichene（2005）、Basher. S. A（2012）、Dreger et al.（2016）、Yang et al.（2017）、Mo et al.（2018）等主要研究集中在国际原油期货现货价格与金融市场相互影响方面。Ronald. A. Ratti 和 Joaquin. L. Vespignani（2015）、Robert K. Kaufmann（2016）、Pierru（2018）等主要研究集中在国际原油价格与中观基本面因素关系方面。Wang et al.（2014）、Jain 和 Biswal（2016）等主要研究集中在微观层面，诸如对原油与商品市场联动关系作研究。Krzysztof Drachal（2016）主要从宏观金融股市、债市、汇率及中观进出口等角度，研究这些因素对国家原油期货价格的影响。

近些年来，在宏观层面上，国外关于油价波动与资本市场关系研究，多采用多种时间序列模型及资产定价模型进行研究，诸如 Cong. R. G et al.（2008）、Elyas Elyasiani et al.（2011）、Angelidiss. T et al.（2015）；Basher 和 Sadorsky（2016）、Raza et al.（2016）、Boubaker 和 Raza（2017）、Bouri et al.（2017）、Mensi et al.（2017）、Antonakakis et al.（2017）等对国际油价与股市的关联关系进行研究。Broadstock. D. C 和 Filis. G.（2014）、Zhu. H et al.（2016）、Fang 和 Egan（2018）等对国际油价与中国股市及相关股指及股票关系展开研究。

以上国外文献近年来研究原油市场相关规律，从研究方法的角度来看，采用了多种理论及多种计量模型及方法，比如运用协整相关理论方法，如 Cologni. A 和 Manera. M.（2008）、Alessandro Lanza（2003）、Mo et al.（2018）、Robert K. Kaufmann（2016）、Cong. R. G et al.（2008）、Raza et al.（2016）、Bouri et al.（2017）；运用 VAR 理论及方法的 Noureddine Krichene（2005）、Basher. S. A（2012）、Dreger et al.（2016）、Ronald. A. Ratti 和 Joaquin. L. Vespignani（2015）、Wang et al.（2014）、Mensi et al.（2017）、Antonakakis et al.（2017）等；运用小波及分形理论模型方法的 Yang et al.（2017）、Boubaker 和 Raza（2017）；运用随机过程理论及方法的 Pierru（2018）；运用贝叶斯理论与方法的 Krzysztof Drachal（2016）、Zhu. H et al.（2016）。其他的还有采用多种时间序列及计量模型的，比如运用 GARCH 模型及相关理论，如 Jain, Biswal（2016）、Elyas Elyasiani et al.（2011）、Basher 和 Sadorsky（2016）等，比如运用于机制转换模型方法的 J. D. Hamilton（1983）、Angelidiss. T et al.（2015）等，运用多项 Logit 模型方法的 Fang 和 Egan（2018）。

综上所述，从已有的文献看，对原油运行规律的研究基本是从定性和定量的角度进行研究，其中定量研究基本是基于简单线性回归模型及以时间序列的多种经济计量模型进行研究。研究基本是基于国外原油期货价格与宏观经济及金融、基本面、微观市场的单方面或者部分的关系研究，已有的文献对国内原油期货市场研究极少，主要原因是国内原油期货推出的时间比较短，仅有的部分文献也多是集中在研究国内原油与宏观、基本面、微观的单方面关系的研究，因而对国内原油价格从宏观、中观、微观全方位影响因素研究的角度来看还没有。因此，本章利用协整及相关理论，从多变量的角度对国内原油期货价格的影响因素及价格发现功能及国际定价能力等方面做模型实证研究，从而为国内宏观调控，原油期货市场建设及有关部门规避交易风险提供理论支持。

第二节　协整及相关理论

在经济领域内，以往的建模技术存在着动态的稳定性假设，以时间序列为依据的经验分析都假定时间序列是平稳的（Stationary），广义地说，如果一个随机过程的均值和方差在时间过程上都是常数，并且在任何两个时期之间的协方差仅依赖于两个时期间的距离或滞后，而不依赖于计算这个协方差的实际时间，就称其为平稳。如果一个原始序列平稳，我们称之为 I（0）过程。如果一个原始时间序列不平稳，而经过一阶差分变成平稳的，我们就说原始（随机）序列是一阶单整，简称 I（1）。检验序列平稳的常用方法是单位根检验法。

一、单位根检验

单位根检验常用的方法有 DF 检验，ADF 检验及 PP 检验。Dickey 和

Fuller（1979）提出考虑一阶自回归基础上 DF 检验，检验方程：

$$\Delta y_t = \mu + r y_{t-1} + \varepsilon_t, H_0: r = 0 \quad H_1: r < 0 \qquad (式2.1)$$

Dickey 和 Fuller（1981）在 DF 检验的基础上进行了扩展，通过假定其序列是一个 P 阶自回归过程，增加一个滞后的差分项来解决误差项 ε_t 的高阶序列相关问题，称之为 ADF 单位根检验（Unit Root Testing）。即检验方程：

$$\Delta y_t = \mu + r y_{t-1} + \delta_1 \Delta y_{t-1} + \delta_2 \Delta y_{t-2} + \cdots + \delta_p \Delta y_{t-p} + \varepsilon_t \qquad (式2.2)$$

其中 μ，r，δ_1，δ_2，$\cdots$，δ_p 为参数，ε_t 为随机误差项，是服从独立同分布（iid）的白噪声过程，假设：$H_0: r = 0, H_1: r < 0$。若 $r = 0$，则变量服从单位根过程，是非平稳的。若 H_0 被拒绝，则是平稳的。在 ADF 检验中滞后长度的选取标准为：保证残差项不相关的前提下，同时采用 AIC 准则与 Schwarz 信息标准，即 SC 准则，作为最佳时滞的标准。在二者值同时为最小时的滞后长度即为最佳长度。

在 ADF 检验中存在一个问题，即检验回归中包括常数，常数和线性趋势，或二者都不包括。选择标准：如果序列好像包含有趋势（确定的或随机的），序列回归中应既有常数又有趋势。如果序列没有表现任何趋势且有非零均值，回归中应仅有常数。如果序列在零均值波动，检验回归中应既不含有常数又不含有趋势。

另外，Phillips 和 Perron（1988）提出一种非参数的方法来控制序列中的高阶序列相关，即 PP 法。它不再严格要求 ε_t 是独立同分布。PP 法是通过一阶自回归项系数 t 统计量进行修正来解决误差项 ε_t 的高阶序列相关问题。PP 检验方程如下：

$$\Delta y_t = \alpha + \beta y_{t-1} + \varepsilon_t \qquad (式2.3)$$

PP 统计量：

$$t_{pp} = \frac{r_0^{0.5} t_b}{\omega} - \frac{(\omega^2 - r_0) T S_b}{2\omega \hat{\sigma}} \qquad (式2.4)$$

其中：t_b 是 β 的 t 统计量，S_b 是 β 的标准差，$\hat{\sigma}$ 是检验回归标准差，T 是检验时间的长度，ω 是 Newey–West 异方差，自回归一致估计由下式给出：

$$\omega^2 = r_0 + 2 \sum_{j=1}^{q} \left(1 - \frac{j}{q+1}\right) r_j \qquad (式2.5)$$

$$r_j = \frac{1}{T} \sum_{t=j+1}^{T} \hat{\varepsilon}_t \hat{\varepsilon}_{t-j} \qquad (式2.6)$$

其中，q 是截断因子，检验假设 H_0：变量服从单位根过程，是非平稳的。H_1：变量不服从单位根过程，是平稳的。当 t_{pp} 小于临界值时，接受 H_0，反之就拒绝 H_0。

二、Granger 因果关系检验

因果关系（Causal Relationship）是由 Granger（1969）提出的，其基本思想是：设 $X = \{x_t\}, Y = \{y_t\}$ 为两个随机时间序列，并令：

$$X_t = \{x_{t-s}, s \geq 0\} \quad (式2.7)$$
$$Y_t = \{y_{t-s}, s \geq 0\} \quad (式2.8)$$

X_t、Y_t 分别表示它们到时刻 t 的整个时间序列。若用 $X_{t-1} \cup Y_{t-1}$ 预测 X_t，比用 X_{t-1} 预测更准确，则认为 Y 对 X 具有因果关系。反之亦然。Geweke、Meese 和 Dent（1983）提出了检验因果关系的数学模型：

$$y_t = a_{10} + \sum_{i=1}^{m} a_{1i} y_{t-i} + e_{1t} \quad (式2.9)$$

$$y_t = a_{20} + \sum_{i=1}^{m} a_{2i} y_{t-i} + \sum_{j=1}^{k} b_{2j} x_{t-j} + e_{2t} \quad (式2.10)$$

这里 a_{1i} 和 a_{2i} 是 y_t 与 y_t 滞后值的回归系数，b_{2j} 是 y_t 与 x_t 值及其滞后值的回归系数，e_{1t} 和 e_{2t} 是白噪声。检验从 x_t 到 y_t 单向因果关系，即是检验对 b_{2j} 的零假设 $H_0: b_{2j} = 0 (j = 1, 2, \cdots, k)$。诊断统计量为：

$$F = \frac{(ESS_1 - ESS_2)/m}{ESS_1/T - (k + m + 1)} \quad (式2.11)$$

上式中 ESS_1 和 ESS_2 分别为上述模型最小二乘法回归方程中的残差的平方和，T 是时间序列 y_t 的样本数。在置信概率 α 下，若 $F > F_\alpha$，则拒绝 H_0 假设，认为 x_t 对 y_t 有因果关系。

三、协整关系的检验与估计

协整的定义：如果序列 $\{X_{1t}, X_{2t}, \cdots, X_{kt}\}$ 都是 d 阶单整，存在向量 $\alpha = (\alpha_1, \alpha_2, \cdots, \alpha_k)$，使得：

$$Y_t = \alpha X^T \sim I(d - b) \quad (式2.12)$$

其中，$b>0$，$X=(X_{1t},X_{2t},\cdots,X_{kt})^T$，则认为序列$\{X_{1t},X_{2t},\cdots,X_{kt}\}$是$(d,b)$阶协整，$\alpha$为协整向量（cointegrated vector）。因此，如果两个变量都是单整变量，只有当它们单整阶数相同时，才存在协整。

变量协整性分析的经济意义在于：对于两个具有各自长期波动规律的变量，如果它们之间是协整的，则它们之间存在一个长期的均衡关系。反之，如果这两个变量不是协整的，则它们之间不存在一个长期的均衡关系。

关于协整关系的检验与估计目前有许多具体的技术模型，如 EG 两步法、Johansen 极大似然法、Gregory Hansan 法、自回归分布滞后模型（ARDL）方法，频域非参数谱回归法、Bayes 方法等。

Engle 和 Granger 建议使用两阶段回归法解决时间序列的非平稳性，由于此方法易于计算，因而早期被广泛采用，但其缺点是在小样本下，参数估计的误差较大，并且当变量超过两个以上时，变量间可能存在多个协整关系，此方法无法找到所有可能的协整向量，其分析结果不易解释。Johansen 和 Juselius（1988）针对上述问题提出基于 VAR 系统下采用极大似然估计法（MLE）检验多变量之间的协整关系，Gonzalo 利用模拟分析所获得结果显示，Johansen 检验优于 Engle 和 Granger 的方法。

Johansen 方法检验变量间是否具有协整关系的特点：是对三个或者三个以上的变量间协整关系个数不作先验的假定，协整关系个数只是假设检验的结果。Johansen（1988）、Johansen 和 Juselius（1990）认为可以用特征根最大值统计量与迹统计量来判断是否存在协整关系，给定"最多具有 r 个协整关系"的原假设。如果该统计量超过临界值，则拒绝原假设，即有 $r+1$ 个协整关系。

协整检验的目的是决定一组非稳定序列是否是协整的。如下面所解释的，协整关系的出现是形成 VEC 说明的基础，给以 VAR 为基础的协整检验提供的工具是 Johansen（1991，1995a）发展的方法论，VAR 模型是由 Sims（1972，1980）首先发展的，VAR 模型的核心思想就是不考虑经济理论，而直接考虑作为时间序列的各经济变量间的关系。考虑阶数为 p 的 VAR 模型：

$$y_t = A_1 y_{t-1} + \cdots + A_p y_{t-p} + Bx_t + \varepsilon_t \qquad (式2.13)$$

其中，y_t是一个含有非平稳的 $I(1)$ 变量的 k 维向量；x_t是一个确定的 d 维的向量，ε_t是扰动向量。我们可把 VAR 重写为以下形式：

$$\Delta y_t = \Pi y_{t-1} + \sum_{i=1}^{p-1} \Gamma_i \Delta y_{t-i} + Bx_t + \varepsilon_t \qquad (\text{式 2.14})$$

其中，$\Pi = \sum_{i=1}^{p} A_i - I, \Gamma_i = -\sum_{j=i+1}^{p} A_j$。Granger 定理指出：如果系数矩阵 Π 的秩 $r < k$，那么存在 $k \times r$ 阶矩阵 α 和 β，它们的秩都是 r，使 $\Pi = \alpha\beta'$，并且 $\beta' y_t$ 是稳定的。其中 r 是协整关系的数量（协整秩）并且 β 的每列是协整向量。α 中的元素是向量误差修正模型 VEC 中的调整参数。Johansen 方法是在无约束 VAR 的形式下估计 Π 矩阵，然后求出 β，从而检验出协整秩［秩（Π）= $r < k$］，得出协整向量。Johansen 检验有两种检验方法，即特征根迹检验与最大特征值检验，其中最大特征值检验的功效比特征根迹检验低，因此在实践中常用的方法是特征根迹检验，Johansen 特征根的迹统计量为：

$$Q_r = -T \sum_{i=t+1}^{k} \log(1-\lambda_i) \qquad (\text{式 2.15})$$

式 2.15 中：k 是所检验的一组序列包含的序列个数，λ_i 是第 i 步的特征根，而 r 是假设的协整关系个数，$0 < r \leq k-1$。检验假设：$H_{0(r)}$：在这一组序列中至多存在 r 个协整关系。$H_{1(k)}$：至多有 k 个协整关系。由于在 k 序列组成的协整检验中，不可能存在 k 个协整关系，即协整向量矩阵不可能是满秩的[①]，因此，备择假设表明不存在协整关系。

四、误差校正模型（ECM）

根据 Granger 表达定理，协整系统有三种等价的表达形式：向量自回归 VAR、移动平均 MA 和误差修正模型（Error Correction Model，ECM），其中 ECM 最能直接描述短期波动与长期均衡的综合，应用最为普遍。

向量误差修正模型（VEC）是一个有约束的 VAR 模型，并在解释变量中含有协整约束，因此它适用于已知有协整关系的非平稳序列。当有一个大范围的短期动态波动时，VEC 表达式会限制内生变量的长期行为收敛

[①] 因为已假定 $y_t \sim I(1)$，VAR 模型存在协整向量的最大可能个数是 $r = k-1$，若 $r = 0$，说明 y_t 中变量不存在协整关系，若 $r = k$，且 $Ay_{t-p} \sim I(0)$，必有 $y_t \sim I(0)$，不满足假定（张晓峒，2000）。

于它们的协整关系。因为一系列的部分短期调整可以修正长期均衡的偏离,所以协整项被称为是误差修正项。

误差校正模型是短期动态模型。为方便起见,考虑一个只有两个变量的 ADL（p, q）模型:

$$y_t = \beta_0 + \sum_{i=0}^{p} \beta_{1i} x_{t-i} + \sum_{j=1}^{q} \beta_{2j} y_{t-j} + \varepsilon_t \qquad (\text{式 2.16})$$

经过简单的变换得到误差校正表示形式:

$$\Delta y_t = \alpha_0 + \sum_{i=0}^{p} \alpha_{1i} \Delta x_{t-i} + \sum_{j=1}^{q} \alpha_{2j} \Delta y_{t-j} + \lambda(y - kx)_{t-1} + \varepsilon_t \qquad (\text{式 2.17})$$

误差校正模型式 2.17 只是方程式 2.16 的适当变形,它与方程式 2.16 是等价的,采用误差校正的形式有许多优点①,因此,变量序列不平稳的时候,采用 ECM 可以避免伪回归的问题,序列协整时,应该建立误差校正模型,这时只能采用差分后的变量建模。经济中许多变量序列是不平稳的,而且经济理论往往假设某些变量之间存在长期均衡关系,因此可以采用协整和误差校正方法建立模型。

五、脉冲响应函数与方差分解

在向量自回归（VAR）模型中,当某一变量 t 期的扰动项变动时,会通过变量之间的动态联系,对 t 期以后各变量产生一连串的连锁作用,脉冲响应函数将描述系统对冲击（或新生）扰动的动态反应,并从动态反应中判断变量间的时滞关系。考虑一个 p 阶向量自回归模型:

$$Y_t = A_0 + B_1 Y_{t-1} + \cdots + B_p Y_{t-p} + \varepsilon_t \qquad (\text{式 2.18})$$

其中, Y_t 为由内生变量组成的 k 维向量, B_i 为系数矩阵, A_0 为常数向量, ε_t 为 k 维误差向量,其协方差矩阵为 Ω,假设 Y_t 为一平稳随机过程,则式 2.18 能表示成一个无穷向量移动平均模型:

---

① 估计方程的时候,由于方程包含多阶滞后项,变量之间往往产生多重共线性,从而影响估计精度,而差分一次以后的变量几乎是正交的,这样就避免了多重共线性。误差校正模型具有较好的经济解释,从方程可以看到,当 $\Delta x = \Delta y = 0$ 时,可得到长期静态方程 $y = kx$,因此误差校正模型实际上描述了变量向长期均衡状态调整的非均衡动态调整过程,λ 代表调整速度。其中 $(y - kx)_{t-1}$ 表示上一期变量偏离均衡水平的误差,称为误差校正项,这也是误差校正方程得名的由来。

$$Y_t = A_1 + \sum_{m=0}^{\infty} \phi_m \varepsilon_{t-m} \tag{式2.19}$$

其中，ϕ 为系数矩阵，A_1 为常数向量，它们均可由式 2.18 中的系数矩阵 B_i 和常数向量 A_0 求出。由式 2.19 可知，系数矩阵 ϕ_m 的第 i 行第 j 列元素表示第 i 个变量对由第 j 个变量产生的单位冲击的 m 期滞后反应，即 VAR 系统中变量 i 对变量 j 的 m 期脉冲响应。由于误差向量的协方差矩阵 Ω 是正定的，因此存在一个非奇异阵 q 使 $qq' = \Omega$，因此式 2.19 可表示为：

$$Y_t = A_1 + \sum_{m=0}^{\infty} (\phi_m q)(q^{-1}\varepsilon_{t-m}) = A_1 + \sum_{m=0}^{\infty} (\phi_m q)\mu_{t-m} \tag{式2.20}$$

由式 2.20 可见，经过变换，原误差向量 ε_t 变成标准的向量白噪声 μ_t。系数矩阵 $\phi_m q$ 的第 i 行第 j 列元素表示：系统中第 i 个变量对第 j 个变量的一个标准误差的正交化冲击的 m 期脉冲响应。由式 2.20 可计算出系统中一个变量对另一个变量的脉冲响应函数。

脉冲响应函数是追踪系统对一个内生变量的冲击效果，而方差分解则是将系统的预测均方误差分解成系统中各变量冲击所作的贡献。Sim (1980) 依据 VAR 的表达形式，提出了定量的把握变量间影响关系的方差分解方法，我们可以根据该方法可以进行方差分解分析。考察 VAR 系统中任意一个内生变量的预测均方误差的分解，由 k 个变量组成的 VAR 模型式 2.18 的 m 步预测误差为：

$$Var[Y_{t+m} - E_t(Y_{t+m} | Y_t, Y_{t-1}, Y_{t-2} \cdots)] = \varepsilon_{t+m} + \phi_1 \varepsilon_{t+m-1} + \phi_2 \varepsilon_{t+m-2} + \cdots + \phi_{m-1} \varepsilon_{t+1} \tag{式2.21}$$

它的均方误差为：

$$MSE = \Omega + \phi_1 \Omega \phi'_1 + \cdots + \phi_{m-1} \Omega \phi'_{m-1} = qq' + \phi_1 qq' \phi'_1 + \cdots + \phi_{m-1} qq' \phi'_{m-1} = \sum_{j=1}^{k} (q_j q'_j + \phi_1 q_j q'_j \phi'_1 + \cdots + \phi_{m-1} q_j q'_j \phi'_{m-1}) \tag{式2.22}$$

其中，q_j 是矩阵 q 的第 j 列向量，括号内的表达示第 j 个正交化冲击对 m 步预测均方误差的贡献。根据式 2.22，可将任意一个内生变量的预测均方误差分解成系统中各变量的随机冲击所作的贡献，然后计算出每一个变量冲击的相对重要性，即变量的贡献占总贡献的比例。比较这个相对重要性信息随时间的变化，就可以估计出该变量的作用时滞，还可估计出各变量效应的相对大小。

因此，脉冲响应函数刻画的是在扰动项上加一个标准差大小的冲击，对于内生变量当前值和未来值所带来的影响。对一个变量的冲击直接影响这个变量,并且通过 VAR 模型的动态结构传导给其他所有的内生变量。针对 VECM 模型,对经济变量进行冲击响应(impulse response)分析,即计算 1 个单位的各种冲击对经济变量的影响,可以相应地作出冲击响应曲线。方差分解是通过分析每一个结构冲击对通过方差度量的内生变量变化的贡献度,进一步评价不同结构冲击的重要性,方差分解可以给出对 VAR 与 VECM 模型中变量产生影响的每个随机扰动的相对重要性的信息。

六、模型的检验

模型的检验主要包括经济意义检验、统计检验、计量经济学检验、模型的预测检验。在经济意义检验中,需要检验模型是否符合经济意义,检验求得的参数估计值的符号、大小、参数之间的关系是否与根据人们的经验和经济理论所拟订的期望值相符合;在统计检验中,需要检验模型参数估计值的可靠性,即检验模型的统计学性质,有拟合优度检验、变量显著检验、方程显著性检验等;在计量经济学检验中,需要检验模型的计量经济学性质,包括随机扰动项的序列相关检验、异方差性检验、解释变量的多重共线性检验等;模型的预测检验,主要检验模型参数估计量的稳定性以及对样本容量变化时的灵敏度,以确定所建立的模型是否可以用于样本观测值以外的范围。计量经济学中常用的检验方法有:用于检验残差一阶自相关 Durbin – Watson 检验(DW),用于检验残差 q 阶自相关的 Largrange Multiplier 检验[LM(q)],用于检验残差异方差的 White 检验(WH),用于检验残差 q 阶自回归条件异方差的 Largrange Multiplier 检验[ARCH(q)],用于检验函数形式是否正确的 Ramsay 检验[RESET(q)]以及检验模型稳定性检验等。

1. 检验残差一阶自相关 Durbin – Watson 检验(DW)

Durbin – Watson 检验,简称 DW 检验,一般用来检验回归分析中残差的一阶自相关性,检验统计量为:

$$d = \frac{\sum_{t=2}^{T}(e_t - e_{t-1})^2}{\sum_{t=1}^{T}e_t^2} \quad \text{(式 2.23)}$$

其中 e_t 为回归残差，一般判断标准统计量 d 值接近 2，说明不存在一阶自相关。

2. 检验残差 q 阶自相关的 Largrange Multiplier 检验 [LM（q）]

对高阶自相关检验，常用的方法是 Breusch – Godfrey 检验或拉格朗日乘数检验对模型：

$$Y = Y = \beta_0 + \beta_1 X_1 + \beta_2 X_2 + \cdots + \beta_k X_k + \mu_t \qquad (式2.24)$$

设自相关形式为：

$$u_t = \rho_1 u_{t-1} + \rho_2 u_{t-2} + \cdots + \rho_p u_{t-p} + v_t \qquad (式2.25)$$

假设 $H_0: \rho_1 = \rho_2 = \cdots = \rho_p = 0$，即不存在自相关，对回归模型估计的残差作辅助回归。即：

$$e_t = \rho_1 e_{t-1} + \rho_2 e_{t-2} + \cdots + \rho_p e_{t-p} + v_t \qquad (式2.26)$$

对辅助回归计算决定系数 R^2，根据 nR^2 与 χ^2 统计量比较确定是否存在自相关，如果 $nR^2 > \chi^2$ 统计量值，即存在自相关。

3. 检验残差异方差的 White 检验（WH）

对于一般回归模型：

$$Y_i = \beta_0 + \beta_1 x_{1i} + \beta_2 x_{2i} + u_i \qquad (式2.27)$$

估计模型的残差序列，然后对残差序列作辅助回归：

$$u_i^2 = \alpha_0 + \alpha_1 x_{1i} + \alpha_2 x_{2i} + \alpha_3 x_{1i}^2 + \alpha_4 x_{2i}^2 + \alpha_5 x_{1i} x_{2i} + v_i \qquad (式2.28)$$

估计辅助回归的 R^2 值，根据样本容量（n）计算 nR^2 值，并与选取的显著性水平进行比较，确定是否接受零假设（零假设为残差不存在异方差性）。

4. 检验残差 q 阶自回归条件异方差的 Largrange Multiplier 检验 [ARCH（q）]

异方差检验常用的方法是 Engle（1982）提出的拉格朗日乘数检验，即 LM 检验。检验统计量由一个辅助回归计算得到，即辅助回归模型：

$$\hat{u}_t^2 = \beta_0 + \beta_1 \hat{u}_{t-1}^2 + \cdots + \beta_1 \hat{u}_{t-q}^2 + \varepsilon_t \qquad (式2.29)$$

其中，$\hat{u}_t$ 是原模型残差，这是一个对常数和直到 q 阶的滞后平方残差作的回归。然后对所有滞后残差平方联合显著性进行 F 检验，利用 F 检验结果与 LM 统计量估计结果 TR^2 进行比较确定是否存在异方差，如果 $TR^2 < F$ 检验值，则模型不存在自回归条件异方差。

5. 检验函数形式是否正确的 Ramsay 检验 [RESET（q）]

如果建立的模型遗漏了对被解释变量有系统性影响的解释变量或者错

误地设定一个模型的函数形式,则存在模型函数误设问题。判定函数形式误设较常用的方法有 Ramsey(1969)提出的回归设定误差检验(RESET),其基本方法为:对于原回归模型:

$$Y = \beta_0 + \beta_1 X_1 + \beta_2 X_2 + \cdots + \beta_k X_k + \mu \qquad (式2.30)$$

采用包含多个拟合值的扩大模型进行检验,一般在应用中常用的是包含平方项和三次方项,扩大模型如下:

$$Y = \beta_0 + \beta_1 X_1 + \beta_2 X_2 + \cdots + \beta_k X_k + \delta_1 \hat{Y}^2 + \delta_2 \hat{Y}^3 + \varepsilon \qquad (式2.31)$$

其中,$\hat{Y}^2$,$\hat{Y}^3$ 是 X_j 的非线性函数,对扩大模型检验假设 $H_0:\delta_1 = 0$,$\delta_2 = 0$,计算 F 统计量,如果拒绝假设,则原模型存在误设,否则,不存在误设。

6. 模型稳定性检验

在建模过程中,时间序列中往往存在着一些断点,由于断点的存在对模型的稳定性影响很大,因而最后对模型的稳定性进行检验十分必要。Brown、Durbin 和 Evans(1975)提出累积平方和检验(CUSUMSQ),检验统计量为:

$$\text{CUSUMSQ}(s) = \sum_{t=k+1}^{s} v_t^2 \Big/ \sum_{t=k+1}^{T} v_t^2 \qquad (式2.32)$$

其中,v_t 为回归残差,T 是样本总量,k 是估计参数的数量。基于递归最小二乘法对稳定性检验,除了 CUSUMSQ 检验外,还有 CUSUM 检验、一步预测检验、N 步预测检验、递归系数估计检验。

邹检验是常用的结构变化检验,检验统计量为:

$$\zeta^*(l) = \sum_{j=1}^{l} v_{t+j}^2 / l \Big/ \sum_{t=k+1}^{T-l} v_t^2 / (T - l - k) \qquad (式2.33)$$

其中,v_t 为回归残差,T 是样本总量,k 是估计参数的数量。l 是预测期长度。在给定已知的断点情况下,检验有一个渐进的 F 分布。邹检验的一个局限是必须事先知道结构变化的时间点。而 Feldstein 和 stock(1994)早已指出:我们通常并不能事先知道结构变化的时间点。事实上,断点位置取决于我们事先选取的历史数据,如果我们事先指定一个断点,邹检验就可能得出一个错误的结论。

Quandt(1960),Hansen(1992),Andrews、Ploberger(1994)分别提出了基于邹检验的扩展检验,在断点未知的情况下确定断点发生的时间,并给出了检验统计量与分布，结论为：未知断点的检验统计量为：

$$SupF_n = \sup_{k_1 \leq k \leq k_2} F_n(k) \quad \text{（式2.34）}$$

$$ExpF_n = Ln\left(\frac{1}{k_2 - k_1 + 1}\sum_{t=k_1}^{k_2} \exp\left(\frac{1}{2}F_n(k)\right)\right) \quad \text{（式2.35）}$$

$$AveF_n = \frac{1}{k_2 - k_1 + 1}\sum_{t=k_1}^{k_2} F_n(k) \quad \text{（式2.36）}$$

其中，$F_n(k)$ 为邹检验统计量，k_1、k_2 为所要检验的断点发生的时间范围。Hansen（1997）提供了相关的 GAUSS 程序，并给出了样本统计量 p 值。

总之，协整及相关理论对定量研究经济金融问题有重要意义，协整关系显示虽然两个序列都是非平稳的一阶单整，但是两者的线性组合可能存在平稳关系，对于研究经济金融变量之间存在稳定的经济规律进行定量描述具有一定的意义。通过协整关系的研究可以避免伪回归，如果对一组不存在协整关系非平稳时间序列之间直接建立回归模型，尽管模型有比较高的拟合优度及 t 值，但是其最小二乘估计的参数估计值却是非一致的，结果看上去很好，但却是无意义的伪回归。因此，在建立模型之前进行协整检验，可以避免伪回归。最后利用协整理论可以研究变量之间的长期均衡关系与短期波动关系，长期均衡关系就是两个序列共同的漂移方式，ECM 模型可以具体描述变量之间的短期动态波动关系。

第三节　原油期货价格影响因素及定价模型实证

一、变量的选取与数据说明

（一）变量的选取说明

影响原油期货价格的因素有很多，从可以量化的角度来看，第一章分析的原油期货价格影响因素的几个层面中，宏观经济金融因素、中观基本面因素及微观市场层面因素均是可以量化的因素，对于地缘政治及异常天气等难以量化的因素在定量研究中暂不考虑,因此本章对原油期货价格影响因素及定价模型研究我们仅选取主要影响原油价格的宏观经济金融、中观基本面及微观市场层面的影响因素变量进行建模分析。宏观经济方面的变量选择经济增长、货币供应量、通胀指数、汇率、利率、股票指数及美元指数;中观方面的变量选择原油生产量、消费量、进口量及库存;微观市场方面变量选择:国内原油期货成交量、持仓量及国内外现货价格及期货价格。

1. 宏观经济变量的选取

(1) 经济增长指标。宏观经济增长一般采用 GDP 作为研究变量,由于 GDP 仅有季度及年度统计数据,没有月度统计数据,我们的研究总体是基于月度统计数据进行模型研究。工业增加值反映的是一个国家(地区)一定时期内所生产的和提供的全部最终产品和服务的市场价值的总和,同时也反映了生产单位或部门对国内生产总值的贡献,工业增加值能有效地从月度数据上反映当前经济的变动情况,对 GDP 变量有很好的替代性。因此,我们采用工业增加值作为 GDP 的替代变量①。

(2) 通货膨胀率指标。国内对通货膨胀率衡量的两种方法即消费者价格指数(CPI)与商品零售价格指数(RPI),两者最主要的区别是消费者价格指数将服务价格计算在内。商品零售价格指数的计算剔除了第三产业的变化。剔除了服务价格的商品零售价格指数不足以反映一般价格水平的变化,而消费者价格指数包含了服务,更全面反映中国物价变化的程度。因此,我们选用消费者价格指数作为衡量通货膨胀率指标。

(3) 货币供应量指标。我国现行货币统计制度将货币供应量划分为三个层次:①流通中现金(M0),指银行体系以外各个单位的库存现金和居民的手持现金之和。②狭义货币供应量(M1),指 M0 加上企业、机关、团体、部队、学校等单位在银行的活期存款。③广义货币供应量(M2),指 M1 加上企业、机关、团体、部队、学校等单位在银行的定期存款和城乡居民个人在银行的各项储蓄存款以及证券客户保证金。按照我国对货币供应量的定义,货币应包括本币的相关项目②。其中,M0 = 流通中

---

① 数据选择:国内工业增加值定基指数(2010 为 100)月度数据。
② 数据选择:货币供应量 M0,M1,M2 月度数据。

现金。M1＝货币＋活期存款。M2＝M1＋准货币（定期存款＋储蓄存款＋其他存款）。

（4）汇率指标。随着经济的发展，中国经济与金融市场日益多元化，国内与国外经济的联系日趋紧密。汇率成为宏观货币政策中重要的工具变量，因此，选取汇率变量作为原油期货价格影响因素的宏观金融变量。通过综合比较，我们选取人民币对美元汇率变量作为汇率指标。

（5）利率指标。在发达的市场经济国家，国债利率是金融市场的基础利率，主要因为其发行制度的灵活，二级市场的活跃，以及中央银行的公开市场操作。由于我国国债市场总体规模尚小，还不足以引导市场利率，而我国同业拆借市场从1984年建立以后，得到了长足的发展①，同业拆借市场能够迅速反映货币市场的资金供求状况，因此，我们选择同业拆借利率作为市场利率的代理变量。②

（6）股价指数指标。证券市场作为金融市场的主要组成部分，在社会资金的分配过程中起着重要的作用，证券市场发展情况如何，对整个社会有着巨大的影响。国内有上海证券交易所、深圳证券交易所，两个交易所推出了多种股价指数，由于上海证券交易所推出的上证综指代表了整体国内主板上市公司，对中国股市具有代表作用，因此，我们选取中国股市的"晴雨表"上海证券交易所的上证综合指数作为股价指数指标。

（7）美元指数。美元指数是综合反映美元在国际外汇市场的汇率情况的指标，用来衡量美元对一揽子货币的汇率变化程度。它通过计算美元和对选定的一揽子货币的综合的变化率，来衡量美元的强弱程度。由于国际上主要的商品都是以美元计价，美元的升值或贬值对商品价格有较大的影响，因此，我们选取美元指数作为影响国内原油的宏观金融因素变量。

2. 中观基本面变量的选取

（1）原油生产量。从商品的基本面角度来说，商品的供给因素对商品价格的影响起到决定作用，因此对原油期货价格来说，原油的供给量对原油价格有根本影响。本文选择全球原油的生产量及中国原油生产量作为原

---

① 1996年全国统一的同业拆借市场运行，而随后于1996年6月取消了对同业拆借利率上限的管理。
② 数据选择：国内银行同业拆借利率1天、1周、1月、3月、6月、1年期同业拆借利率月度数据。

油供给因素的主要变量来研究。①

（2）原油的消费量。从商品的基本面角度来说，商品的需求因素对商品价格的影响同样起到决定作用，因此对原油期货价格来说，原油的需求量对原油价格有根本影响。由于国内原油消费直接数据原油消费量月度数据不可得，我们采用国内原油制成品产量代替国内原油消费变量。②

（3）原油的进口量。对国内来说，原油的供给很大程度上依赖进口，近年来中国原油需求的对外依存度超过60%，因此，原油进口量对原油需求的影响很大，从而影响到原油的价格。本研究我们选择国内原油的进口量作为原油进口的变量。

（4）原油库存。期货品种的库存仓单代表了期货套期保值一方对该品种市场的一种判断，因此库存量的大小对期货价格的走势具有直接的影响。我们选择国内原油库存变量作为国内原油期货价格影响的微观市场变量。③

3. 微观变量的选取

（1）国内外原油期货价格。

2018年，我国原油期货开始上市交易，作为国内第一个国际化交易的品种，国外客户可以进入市场交易，经过几年的发展，国内原油期货日益成熟，影响力逐步扩大。因此，我们选择上海期货交易所上海国际能源交易中心推出的原油期货价格作为国内原油期货价格变量。

对国外原油期货市场来说，目前国际上的原油交易以三大原油为基础，它们分别是WTI、Brent和Dubai。它们之间的价格对比是决定全球原油流向的主要因素。美洲的原油购买者主要依据Brent和WTI价格对比来决定是否从欧洲或西非进口原油，亚洲的原油购买者主要依据Brent和Dubai的价格对比来决定是否从欧洲或西非进口原油。从某种意义上来说，Brent原油市场是全球原油贸易的核心，但是从成交量、持仓量来看WTI比Brent要大得多，由于Dubai原油期货市场无论从成交量、持仓量及价格影响来看均弱于WTI、Brent原油期货市场，因此，国外原油期货价格我们

---

① 数据选择：连续价格月度数据。
② 数据选择：国内原油制品产量月度数据。
③ 数据选择：变量数据的连续月度数据。

选择具有代表性的 WTI、Brent 原油期货价格作为原油期货价格变量①。

（2）国内外原油现货价格。

从理论上来说，期货价格到期日将会与现货价格收敛，因此，现货价格对期货价格有较大的影响。国内原油现货价格我们选择有影响力的中国南海原油现货价格与胜利油田原油现货价格；国外原油现货价格我们选择全球主要区域的原油现货价格：英国布伦特原油现货价格、美国西得克萨斯中级轻质原油现货价格、阿联酋迪拜原油现货价格、环太平洋阿曼原油现货价格、阿尔及利亚撒哈纳原油现货价格、利比亚锡德尔原油现货价格、阿联酋穆尔班原油现货价格、科威特出口原油现货价格、安哥拉吉拉索原油现货价格、尼日利亚博尼轻质原油现货价格、伊拉克巴士拉轻质原油现货价格、沙特阿拉伯轻质原油现货价格、委内瑞拉原油现货价格②。

（3）国内原油期货成交量与持仓量。

从期货市场微观角度来看，对某一个期货品种来说，期货成交量与持仓量最大的合约均是该品种期货的主力合约，因此期货成交量、持仓量的大小对期货价格具有直接的影响。我们选择国内原油期货成交量、持仓量及库存变量作为国内原油期货价格影响的微观市场变量。③

（二）数据处理说明

1. 数据期限及月度数据的确定

由于国内原油期货是 2018 年 3 月 26 日上市交易，因此，所有的变量数据选择的时间起点均为 2018 年 3 月 26 日。在研究的样本期内，由于所选择变量时间序列数据截止时间不统一，比如国内外原油期货现货价格、汇率、利率、CPI 指数、股价指数、美元指数数据时间均截至 2024 年 3 月，其他部分变量数据时间基本截至 2023 年 12 月，因此，为统一时间，我们研究变量选取截止时间为 2023 年 12 月。

从数据的可获得性来看，经济增长 GDP 变量均是季度及年度数据，没有日、周、月统计数据，其他的宏观经济数据包括货币供应量、利率、汇

---

① 数据选择：ICE 布伦特原油（Brent）期货连续收盘价、NYMEX 轻质原油（WTI）期货连续收盘价月度数据。

②③ 数据选择：上述变量数据的连续价格月度数据。

率、CPI 指数等除了有季度、年度数据之外，还有月度数据；中观方面生产量、需求量方面的数据有年度、季度、月度数据，没有日、周度方面的数据；微观方面的国内外原油期现货价格、成交量、持仓量、库存数据以及股价指数、利率、汇率、美元指数等均有日、周、月、季度、年度统计数据，为了研究的方便，对宏观经济、中观基本面及微观影响因素变量数据均统一选取月度数据进行研究。

2. 期货连续价格数据的确定及不匹配数据的处理

对于期货价格来说，每个期货合约都将在一定时间到期，比如国内原油期货合约均是 12 个月到期，因此，为克服期货价格的不连续性，我们按照以下方法产生一个连续的期货价格序列，即选取成交量最大的期货合约每天的收盘价格序列作为代表，这样做的目的是克服最近期月份可能成交量比较小，价格波动不稳定的缺点，最后形成期货价格连续价格合约。

由于我们选择的国内原油期货价格数据与国外期货价格数据在某些具体时间不匹配，比如：国内期货市场存在"五一""十一""春节"等节假日国内期货市场闭市，而国外交易所开市；国外的圣诞节等闭市，国内开市的情况，我们将不匹配的数据删除，得到国内外期货连续的时间序列数据。最后我们选取期货连续价格每月的月末价格数据作为国内外期货连续价格的月度数据。

3. 对缺失数据的处理

以上各变量数据序列部分存在缺失数据，比如全球原油生产量及中国原油生产量 2020 年 12 月数据缺失，缺失数据均采用三项移动平均的方法补充；其中现货价格包括：阿曼原油、撒哈纳原油、锡德尔原油、穆尔班原油、科威特出口原油、吉拉索原油、博尼轻质原油、巴士拉轻质原油、阿拉伯轻质原油、委内瑞拉 BCF17 原油均是 2020 年 3 月数据缺失，我们采用对应的各个变量数据序列 2 月与 4 月原油现货价格平均值代替；其中国内原油制成品月度数据 2019 年与 2020 年 1 月月度数据缺失，仅有 2 月累计数据，因此我们采用 2 月累计数据平均数作为 1 月和 2 月月度数据。为了分析过程中可能出现的异方差现象，以上数据均作对数处理①。

---

① 数据来源：国家统计局、中国人民银行、上海国际能源交易中心、上海证券交易所、深圳证券交易所、美国能源署、IPE、NYMEX、OPPEC、Wind 数据库、巨灵数据库。使用的统计分析软件 Eviws10.0。

二、国内原油期货价格影响因素变量数据平稳性检验

协整是描述时间序列之间长期关系的一种统计性质。检验变量间是否具有协整关系之前,首先要检验数据的平稳性。平稳性的常用检验方法是图示法与单位根检验法。图示法即对所选各个时间序列变量及其一阶差分作时序图,通过所作的时序图作出基本判断。

以下我们作出各个变量时序图(见图2-1),其中:lnshfp是上海期货交易所上海国际能源中心(以下简称INE)原油期货月度收盘价对数、lnshq是INE原油期货月度成交量对数、lnshc是INE原油期货月度持仓量对数、lnshk是INE期货原油月度库存的对数、lnchp是中国南海原油现货月度价格的对数、lnchp1是中国胜利原油现货月度价格对数、lnbsp是英国布伦特原油现货月度价格对数、lnwsp是美国西得克萨斯原油现货月度价格对数、lndsp是阿联酋迪拜原油现货与月度价格对数、lnasp是阿曼原油现货月度价格对数、lnssp是阿尔及利亚撒哈纳原油现货月度价格对数、lnxsp利比亚锡德尔原油现货月度价格对数、lnmsp是阿联酋穆尔班原油现货月度价格对数、lnksp是科威特出口原油现货月度价格对数、lnjsp是安哥拉吉拉索原油现货月度价格对数、lnnsp是尼日利亚博尼轻质原油月度价格对数、lnysp是伊拉克巴士拉轻质原油现货月度价格对数、lnsasp是沙特阿拉伯轻质原油现货月度价格对数、lnwsp01是委内瑞拉原油现货月度价格对数、lnbfp是ICE布伦特(Brent)原油期货连续月度收盘价对数、lnwfp是NYMEX轻质原油(WTI)期货连续月度收盘价、lnq是世界原油月度总产量对数、lnq1是中国原油月度产量对数、lnc是中国原油制品月度产量对数、lnq2是中国原油月度进口量对数、lnz是国内工业增加值定基指数月度数据对数、lncpi是国内CPI指数月度数据对数、lnsi是上证综指月度收盘价对数、lnm0是国内货币供应量M0月度数据对数、lnm1是国内货币供应量M1月度数据对数、lnm2是国内货币供应量M2月度数据对数、lni是国内银行同业拆借1天期利率月度数据对数、lni1是国内银行同业拆借7天期利率月度数据对数、lni2是国内银行同业拆借1月期利率月度数据对数、lni3是国内银行同业拆借3月期利率月度数据对数、lni4是国内银行同业拆借6月期利率月度数据对数、

lni5 是国内银行同业拆借 1 年期利率月度数据对数、lner 是美元兑人民币月度汇率对数、lndi 是美元指数月度数据对数，其中 D 表示一阶差分（下同）。

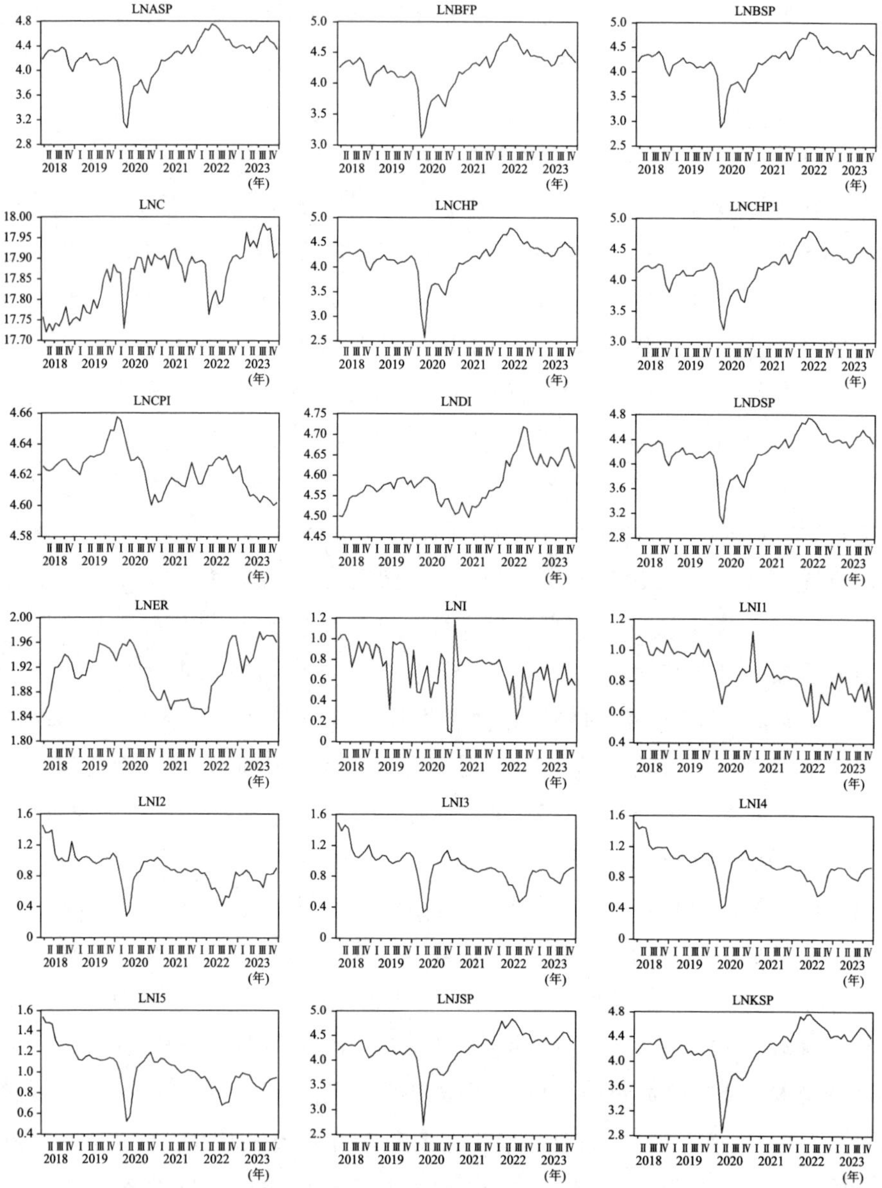

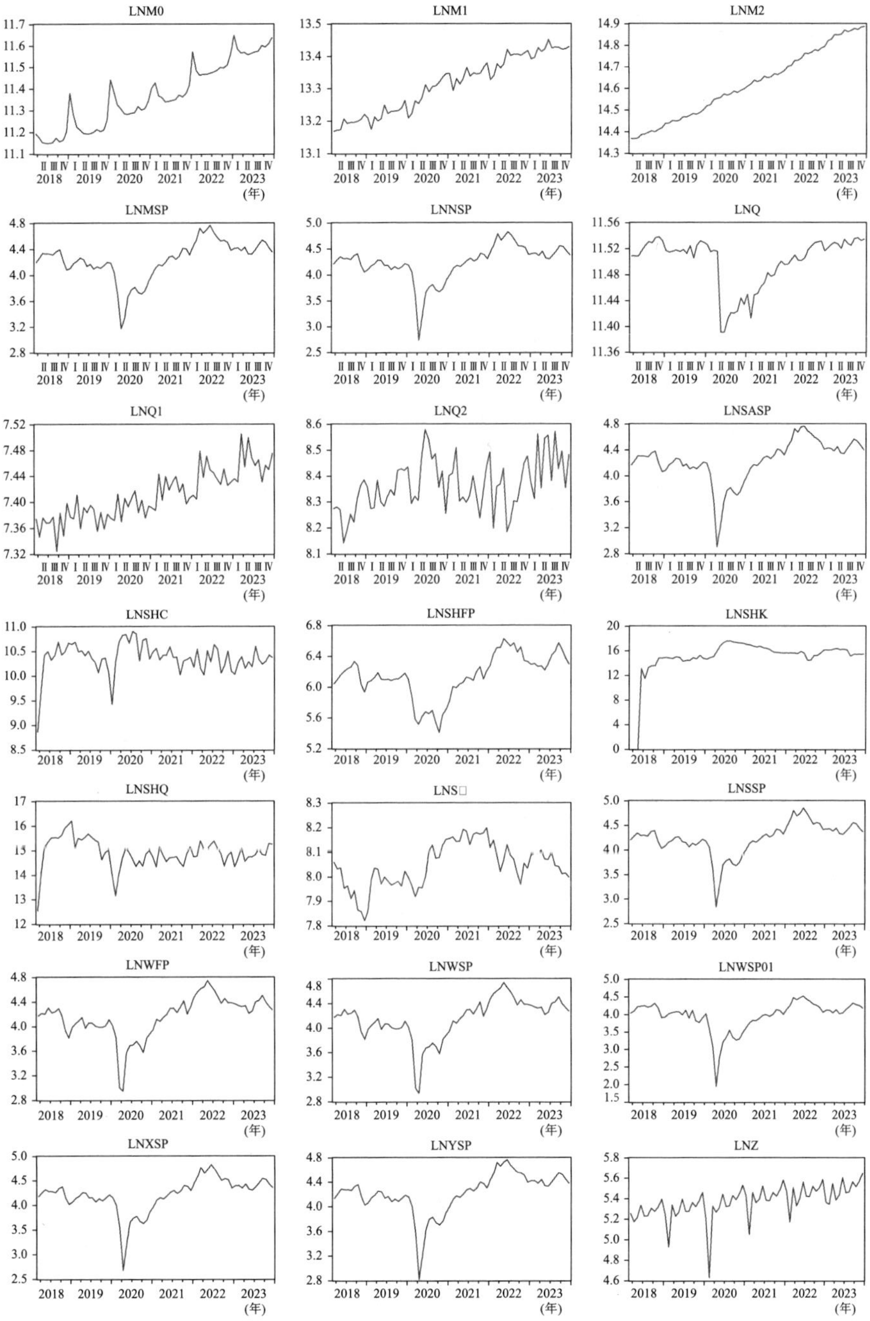

第二章 原油期货价格影响因素及定价模型研究

图 2-1 各个变量的时序图

从图2-1看到，各个变量的时序图均表现出明显的非平稳性，而经过一阶差分后（见图2-2）均表现出平稳性的特征。

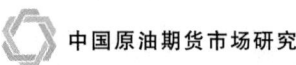

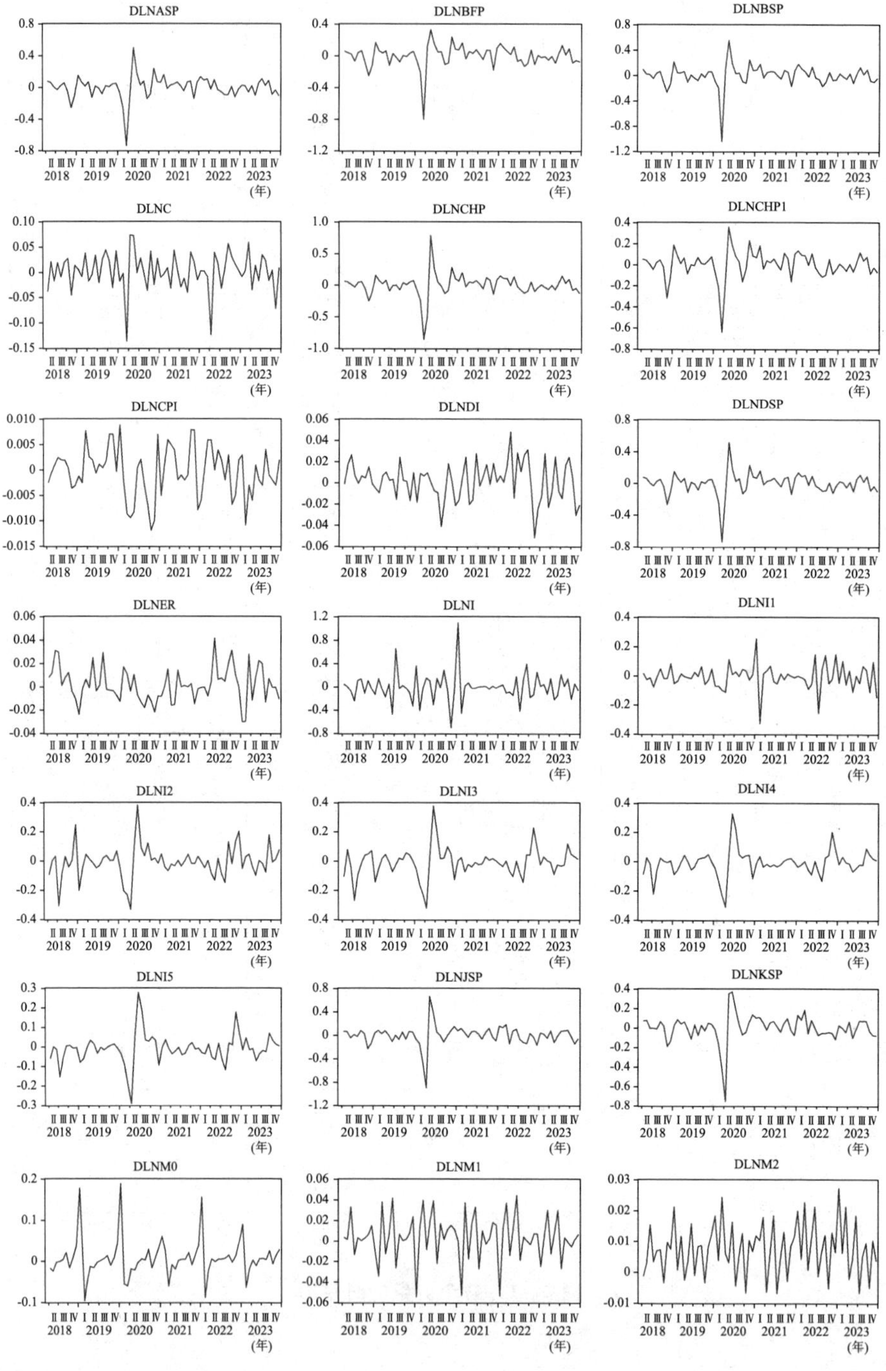

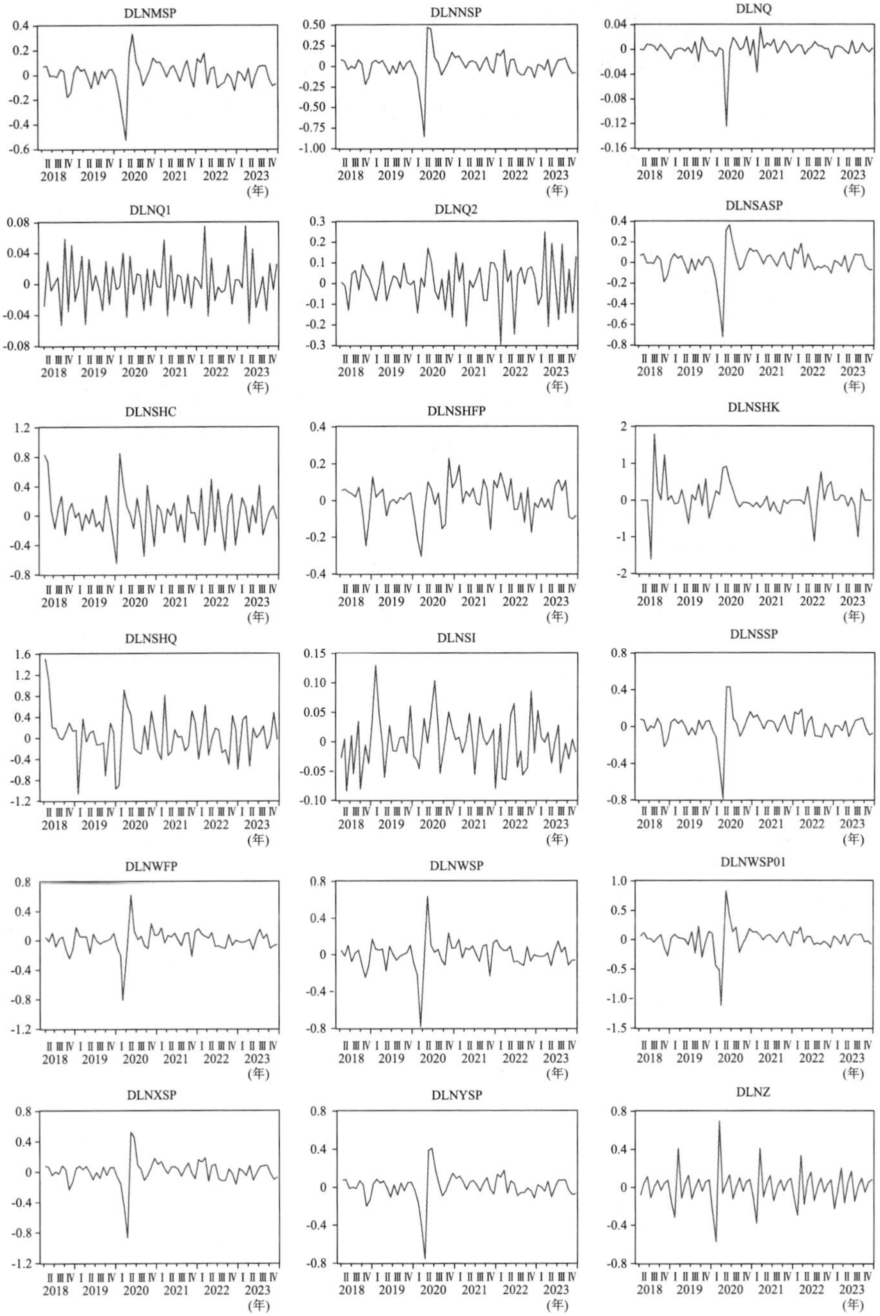

第二章 原油期货价格影响因素及定价模型研究

图 2-2 各个变量的一阶差分时序图

注：图中变量名中 D 表示一阶差分。

我们再经过单位根检验来确定各个非平稳变量的单整阶数。单位根检验方法很多，一般有 DF、ADF 检验和 Philips 的非参数检验（PP 检验）。本书采用 Engle - Granger 的基于残差的 ADF 检验是最常用的检验方法。在检验中选取标准为：保证残差项不相关的前提下，同时采用 AIC 准则与 SC 准则，作为最佳时滞的标准，在二者值同时为最小时的滞后长度即为最佳长度。另外对是否包含趋势等问题，选择标准为：通过变量的时序图观察，如果序列好像包含有趋势（确定的或随机的），序列回归中应既有常数又有趋势。如果序列没有表现任何趋势且有非零均值，回归中应仅有常数。如果序列在零均值波动，检验回归中应既不含有常数又不含有趋势。具体检验结果如表 2-1、表 2-2 所示。

表 2-1　　　　各变量时间序列取对数后的单位根检验结果

变量	ADF 值	检验类型 (c, t, n)	1%临界值	5%临界值	10%临界值	DW	是否平稳
lnshfp	-2.148	(c, t, 1)	-4.099	-3.477	-3.166	2.001	否
lnshq	-3.052	(c, t, 2)	-4.101	-3.478	-3.167	1.996	否
lnshc	0.188	(0, 0, 2)	-2.600	-1.946	-1.614	2.197	否
lnshk	0.242	(0, 0, 1)	-2.599	-1.946	-1.614	1.973	否
lnchp	-2.189	(c, t, 2)	-4.101	-3.478	-3.167	1.970	否
Lnchp1	-2.318	(c, t, 2)	-4.101	-3.478	-3.167	1.969	否
lnbsp	-2.284	(c, t, 2)	-4.101	-3.478	-3.167	2.000	否
lnwsp	-1.710	(c, 0, 2)	-3.532	-2.906	-2.590	1.967	否
lndsp	0.029	(0, 0, 4)	-2.601	-1.946	-1.614	1.902	否
lnasp	0.027	(0, 0, 4)	-2.601	-1.946	-1.614	1.910	否
lnssp	-2.201	(c, t, 2)	-4.101	-3.478	-3.167	2.008	否
lnxsp	-2.261	(c, t, 2)	-4.101	-3.478	-3.167	2.013	否
lnmsp	-2.050	(c, t, 2)	-4.101	-3.478	-3.167	2.031	否
lnksp	-1.854	(c, 0, 2)	-3.532	-2.906	-2.590	2.054	否
lnjsp	-1.899	(c, t, 2)	-4.101	-3.478	-3.167	2.023	否
lnnsp	-2.251	(c, t, 2)	-4.101	-3.478	-3.167	2.019	否
lnysp	-2.295	(c, t, 2)	-4.101	-3.478	-3.167	2.044	否
lnsasp	-2.255	(c, t, 2)	-4.101	-3.478	-3.167	2.049	否
lnwsp01	-0.155	(0, 0, 0)	-2.599	-1.946	-1.614	1.881	否

续表

变量	ADF 值	检验类型 (c, t, n)	1% 临界值	5% 临界值	10% 临界值	DW	是否平稳
lnbfp	-0.107	(0, 0, 2)	-2.600	-1.946	-1.614	2.040	否
lnwfp	-2.201	(c, t, 2)	-4.101	-3.478	-3.167	1.962	否
lnq	-1.905	(c, t, 0)	-4.097	-3.476	-3.166	2.068	否
lnq1	3.215	(0, 0, 9)	-2.604	-1.946	-1.613	2.020	否
lnc	0.743	(0, 0, 1)	-2.599	-1.946	-1.614	2.061	否
lnq2	-5.782	(c, t, 0)	-4.097	-3.476	-3.166	2.087	否
lnz	-1.133	(c, 0, 5)	-3.537	-2.908	-2.591	1.994	否
Lncpi	-2.607	(c, t, 1)	-4.099	-3.477	-3.166	1.979	否
lnsi	-0.197	(0, 0, 0)	-2.599	-1.946	-1.614	2.055	否
lnm0	-0.961	(c, 0, 0)	-3.529	-2.904	-2.590	2.024	否
lnm1	-5.361	(c, t, 0)	-4.097	-3.476	-3.166	2.058	否
Lnm2	1.890	(0, 0, 15)	-2.608	-1.947	-1.613	2.042	否
lni	-1.105	(0, 0, 3)	-2.600	-1.946	-1.614	2.047	否
lni1	-2.022	(c, 0, 1)	-3.530	-2.905	-2.590	2.103	否
lni2	-2.875	(c, t, 4)	-4.106	-3.480	-3.168	1.965	否
lni3	-0.969	(0, 0, 6)	-2.602	-1.946	-1.613	1.995	否
lni4	-1.179	(0, 0, 6)	-2.602	-1.946	-1.613	1.986	否
lni5	-1.289	(0, 0, 2)	-2.600	-1.946	-1.614	1.973	否
lner	-2.227	(c, t, 1)	-4.099	-3.477	-3.166	2.005	否
lndi	0.761	(0, 0, 0)	-2.599	-1.946	-1.614	1.732	否

注：检验类型（c, t, n）中的 c 表示截距项，c=0 表示没有截距；t 表示时间趋势，t=0 表示没有趋势项；n 表示滞后阶数（下同）。

表 2-2 各变量时间序列取对数一阶差分后的单位根检验结果

变量	ADF 值	检验类型 (c, t, n)	1% 临界值	5% 临界值	10% 临界值	DW	是否平稳
Dlnshfp	-6.419	(0, 0, 0)	-2.599	-1.946	-1.614	1.969	是
Dlnshq	-8.611	(0, 0, 1)	-2.600	-1.946	-1.614	2.100	是
Dlnshc	-9.696	(0, 0, 1)	-2.600	-1.946	-1.614	2.197	是
Dlnshk	-9.213	(0, 0, 0)	-2.599	-1.946	-1.614	1.973	是
Dlnchp	-5.726	(0, 0, 3)	-2.601	-1.946	-1.614	1.926	是

续表

变量	ADF 值	检验类型 (c, t, n)	1% 临界值	5% 临界值	10% 临界值	DW	是否平稳
DLnchp1	-6.837	(0, 0, 1)	-2.600	-1.946	-1.614	2.009	是
Dlnbsp	-7.158	(0, 0, 1)	-2.600	-1.946	-1.614	2.039	是
Dlnwsp	-7.239	(0, 0, 1)	-2.600	-1.946	-1.614	1.993	是
Dlndsp	-5.692	(0, 0, 3)	-2.601	-1.946	-1.614	1.902	是
Dlnasp	-5.658	(c, 0, 3)	-3.535	-2.907	-2.591	1.910	是
Dlnssp	-7.084	(0, 0, 1)	-2.600	-1.946	-1.614	2.048	是
Dlnxsp	-6.994	(0, 0, 1)	-2.600	-1.946	-1.614	2.053	是
Dlnmsp	-6.580	(0, 0, 1)	-2.600	-1.946	-1.614	2.066	是
Dlnksp	-5.903	(0, 0, 2)	-2.600	-1.946	-1.614	2.025	是
Dlnjsp	-7.210	(0, 0, 1)	-2.600	-1.946	-1.614	2.062	是
Dlnnsp	-6.972	(0, 0, 1)	-2.600	-1.946	-1.614	2.062	是
Dlnysp	-6.636	(0, 0, 1)	-2.600	-1.946	-1.614	2.095	是
Dlnsasp	-6.404	(0, 0, 1)	-2.600	-1.946	-1.614	2.099	是
Dlnwsp01	-6.243	(0, 0, 2)	-2.600	-1.946	-1.614	2.081	是
Dlnbfp	-6.558	(0, 0, 1)	-2.600	-1.946	-1.614	2.040	是
Dlnwfp	-5.600	(0, 0, 3)	-2.601	-1.946	-1.614	1.957	是
Dlnq	-8.931	(0, 0, 0)	-2.599	-1.946	-1.614	2.010	是
Dlnq1	-4.352	(t, c, 11)	-4.127	-3.491	-3.174	1.990	是
Dlnc	-10.341	(0, 0, 0)	-2.599	-1.946	-1.614	2.053	是
Dlnq2	-7.444	(0, 0, 2)	-2.600	-1.946	-1.614	2.097	是
Dlnz	-3.041	(0, 0, 11)	-2.606	-1.947	-1.613	2.020	是
Dlncpi	-5.994	(0, 0, 0)	-2.599	-1.946	-1.614	1.924	是
Dlnsi	-8.460	(0, 0, 0)	-2.599	-1.946	-1.614	1.998	是
Dlnm0	-8.346	(0, 0, 0)	-2.599	-1.946	-1.614	2.004	是
Dlnm1	-5.816	(0, 0, 4)	-3.537	-2.908	-2.591	1.956	是
Dlnm2	-3.395	(c, t, 19)	-4.157	-3.504	-3.182	1.917	是*
Dlni	-7.956	(0, 0, 2)	-2.600	-1.946	-1.614	2.045	是
Dlni1	-8.406	(0, 0, 1)	-2.600	-1.946	-1.614	1.959	是
Dlni2	-5.619	(0, 0, 3)	-2.601	-1.946	-1.614	2.090	是
Dlni3	-4.920	(0, 0, 5)	-2.602	-1.946	-1.613	1.992	是
Dlni4	-4.916	(c, t, 5)	-4.110	-3.483	-3.169	1.990	是

第二章 原油期货价格影响因素及定价模型研究

续表

变量	ADF 值	检验类型 (c, t, n)	1% 临界值	5% 临界值	10% 临界值	DW	是否 平稳
Dlni5	-6.232	(0, 0, 1)	-2.600	-1.946	-1.614	1.960	是
Dlner	-6.263	(0, 0, 0)	-2.599	-1.946	-1.614	1.976	是
Dlndi	-7.081	(0, 0, 0)	-2.599	-1.946	-1.614	1.935	是

注：*号表示在10%显著性水平下是平稳的。

从表2-1单位根检验结果可以看到，各个变量取对数后的时间序列数据在1%、5%、10%显著性水平均为非平稳的序列；从表2-2单位根检验结果可以看到，除了变量 M2 取对数后的时间序列一阶差分后的数据在10%显著性水平下为平稳的序列外，其他各个变量取对数后的时间序列一阶差分后的数据在1%、5%、10%显著性水平下均为平稳的序列。

综上所述，从单位根检验结果中可以看出，在我们分析的样本期内，选取的影响原油价格的宏观因素、中观基本面因素及微观市场因素变量月度数据的非平稳性是非常显著的。选取的所有的时间序列月度数据均是含有一个单位根的非平稳序列。因此，在对影响国内原油期货价格因素进行建模分析时，必须对所涉及的各种变量进行必要的单位根检验以确定其平稳性，在此基础上分析才能得到较为合理的结论。

三、宏观中观及微观变量与国内原油期货价格因果关系检验

我们对影响国内原油期货价格的宏观、中观基本面、微观市场方面的变量与国内期货价格做格兰杰因果关系检验，找到影响国内原油期货价格的主要影响变量。由于因果关系检验对滞后阶数较为敏感，在实际检验中，根据 AIC、SC 准则，当两者值最小时为最佳滞后阶数。

1. 宏观变量对国内原油期货价格的 Granger 因果关系检验

我们对影响国内原油期货价格的宏观因素变量：国内工业增加值、国内 CPI 指数、上证综指、货币供应量（M0、M1、M2）、国内银行同业拆借利率（1天期利率、7天期利率、1月期利率、3月期利率、6月期利率、1年期利率）、美元兑人民币汇率、美元指数与国内原油期货价格作 Granger 因果关系检验，具体检验结果如表2-3所示。

表2-3　各个宏观变量与国内原油期货价格间的因果关系检验结果

零假设	样本数（个）	F统计量	接受零假设的概率（%）
LNZ 不是 LNSHFP 的 Granger 原因	68	3.275	0.044
LNSHFP 不是 LNZ 的 Granger 原因		0.926	0.402
LNCPI 不是 LNSHFP 的 Granger 原因	68	5.269	0.008
LNSHFP 不是 LNCPI 的 Granger 原因		13.158	0.000
LNSI 不是 LNSHFP 的 Granger 原因	68	1.005	0.372
LNSHFP 不是 LNSI 的 Granger 原因		2.760	0.071
LNM0 不是 LNSHFP 的 Granger 原因	68	0.294	0.746
LNSHFP 不是 LNM0 的 Granger 原因		0.336	0.716
LNM1 不是 LNSHFP 的 Granger 原因	68	1.190	0.311
LNSHFP 不是 LNM1 的 Granger 原因		0.855	0.430
LNM2 不是 LNSHFP 的 Granger 原因	55	1.470	0.194
LNSHFP 不是 LNM2 Granger 原因		1.334	0.257
LNI 不是 LNSHFP 的 Granger 的原因	53	2.184	0.055
LNSHFP 不是 LNI 的 Granger 原因		0.948	0.542
LNI1 不是 LNSHFP 的 Granger 原因	49	3.028	0.087
LNSHFP 不是 LNI1 的 Granger 原因		6.731	0.013
LNI2 不是 LNSHFP 的 Granger 原因	57	0.379	0.967
LNSHFP 不是 LNI2 的 Granger 原因		2.067	0.050
LNI3 不是 LNSHFP 的 Granger 原因	60	0.704	0.715
LNSHFP 不是 LNI3 的 Granger 原因		2.782	0.011
LNI4 不是 LNSHFP 的 Granger 原因	68	0.356	0.702
LNSHFP 不是 LNI4 的 Granger 原因		4.158	0.020
LNI5 不是 LNSHFP 的 Granger 原因	68	0.522	0.596
LNSHFP 不是 LNI5 的 Granger 原因		5.090	0.009
LNER 不是 LNSHFP 的 Granger 的原因	69	8.785	0.004
LNSHFP 不是 LNER 的 Granger 原因		8.386	0.005
LNDI 不是 LNSHFP 的 Granger 原因	64	2.269	0.051
LNSHFP 不是 LNDI 的 Granger 原因		3.034	0.013

从表2-3可以看到：在10%的显著性水平下，LNZ、LNCPI、LNI、LNI1、LNER、LNDI 是 LNSHFP 的 Granger 原因；LNSHFP 是 LNCPI、LNSI、LNI1、LNI2、LNI3、LNI4、LNI5、LNER、LNDI 的 Granger 原因。说明

第二章 原油期货价格影响因素及定价模型研究

国内原油期货价格受工业增加值、通胀指数、国内银行同业拆借利率（1天期、7天期）、美元兑人民币汇率及美元指数影响较大，其中国内银行同业拆借利率1天期与7天期相比，7天期的引导作用更强，美元兑人民币汇率比美元指数的引导作用更强。

从国内原油期货价格对宏观变量的影响来看，国内原油期货价格对国内通胀、上证综指、国内银行同业拆借利率（7天期、1月期、3月期、6月期、1年期）及美元兑人民币汇率及美元指数有较强的引导作用；从而说明国内原油期货对国内通胀有较大的影响，原油期货的稳健运行对控制国内通胀具有较大的意义；国内原油期货价格的波动对国内股市具有较大的影响作用，原油市场的健康运行对国内股市运行具有重要意义；国内原油期货价格对国内银行不同期限的同业拆借利率有较强的引导作用，说明原油期货价格波动对利率有较大的影响，原油期货价格可以作为银行调控利率的参考；国内原油期货价格对美元兑人民币汇率及美元指数有较强的引导作用，说明国内原油期货国际化程度有了较好的发展，国际影响力进一步提升。

2. 中观基本面变量对国内原油期货价格的 Granger 因果关系检验

我们对影响国内原油期货价格的中观基本面因素变量：原油的生产（世界原油月度总产量、中国原油月度产量）、原油的消费（中国原油制品月度产量）、原油的进口（中国原油月度进口量）、原油的库存与国内原油期货价格作 Granger 因果关系检验，具体检验结果如表 2-4 所示。

表 2-4 各个中观基本面变量与国内原油期货价格间的因果关系检验结果

零假设	样本数（个）	F 统计量	接受零假设的概率（%）
LNQ 不是 LNSHFP 的 Granger 原因	68	0.097	0.908
LNSHFP 不是 LNQ 的 Granger 原因		10.337	0.000
LNQ1 不是 LNSHFP 的 Granger 原因	68	1.299	0.280
LNSHFP 不是 LNQ1 的 Granger 原因		0.353	0.704
LNC 不是 LNSHFP 的 Granger 原因	65	0.884	0.498
LNSHFP 不是 LNC 的 Granger 原因		2.616	0.034
LNQ2 不是 LNSHFP 的 Granger 原因	61	0.548	0.831
LNSHFP 不是 LNQ2 的 Granger 原因		2.950	0.008
LNSHK 不是 LNSHFP 的 Granger 原因	67	0.013	0.998
LNSHFP 不是 LNSHK 的 Granger 原因		10.007	0.000

从表 2-4 可以看到：在 10% 的显著性水平下，原油生产、原油消费、原油进口、原油库存变量均不是 LNSHFP 的 Granger 原因；在 5% 的显著性水平下，LNSHFP 是 LNQ、LNC、LNQ2、LNSHK 的 Granger 原因。说明国际、国内原油供给及国内消费量、进口量及库存对国内原油期货价格影响较小，这主要是因为国内原油匮乏，超 60% 以上的原油需要从国外进口，且原油期货推出时间比较短，金融属性较强，基本面因素对其影响较小。另外，国内原油期货价格对国际原油供给、国内原油消费及库存有较大的影响，从而表明国内原油期货国际影响力较大，国内原油期货价格变化不仅引导国内原油消费，而且引导国际原油供给及库存。说明国内原油期货市场经过近几年的发展，原油市场的国际化进一步提升，原油期货价格的影响力不断增强。

3. 微观市场变量对国内原油期货价格的 Granger 因果关系检验

我们对影响国内原油期货价格的微观市场因素变量：国内原油期货成交量、持仓量、库存以及国内原油现货价格、国外原油期货与现货价格与国内原油期货价格作 Granger 因果关系检验，具体检验结果如表 2-5 所示。

表 2-5　各个微观市场变量与国内原油期货价格间的因果关系检验结果

零假设	样本数（个）	F 统计量	接受零假设的概率（%）
LNSHQ 不是 LNSHFP 的 Granger 原因	68	3.145	0.050
LNSHFP 不是 LNSHQ 的 Granger 原因		0.387	0.681
LNSHC 不是 LNSHFP 的 Granger 原因	68	0.189	0.828
LNSHFP 不是 LNSHC 的 Granger 原因		7.494	0.001
LNCHP 不是 LNSHFP 的 Granger 原因	68	0.114	0.892
LNSHFP 不是 LNCHP 的 Granger 原因		5.667	0.006
LNCHP1 不是 LNSHFP 的 Granger 原因	52	0.976	0.526
LNSHFP 不是 LNCHP1 的 Granger 原因		2.470	0.041
LNBSP 不是 LNSHFP 的 Granger 原因	65	2.607	0.035
LNSHFP 不是 LNBSP 的 Granger 原因		1.564	0.186
LNWSP 不是 LNSHFP 的 Granger 原因	65	3.024	0.018
LNSHFP 不是 LNWSP 的 Granger 原因		1.875	0.114
LNDSP 不是 LNSHFP 的 Granger 原因	65	3.800	0.005

续表

零假设	样本数（个）	F 统计量	接受零假设的概率（%）
LNSHFP 不是 LNDSP 的 Granger 原因		1.652	0.162
LNASP 不是 LNSHFP 的 Granger 原因	65	3.918	0.004
LNSHFP 不是 LNASP 的 Granger 原因		1.643	0.164
LNSSP 不是 LNSHFP 的 Granger 原因	68	1.157	0.321
LNSHFP 不是 LNSSP 的 Granger 原因		23.077	0.000
LNXSP 不是 LNSHFP 的 Granger 原因	68	0.934	0.399
LNSHFP 不是 LNXSP 的 Granger 原因		23.408	0.000
LNMSP 不是 LNSHFP 的 Granger 原因	68	1.667	0.197
LNSHFP 不是 LNMSP 的 Granger 原因		24.448	0.000
LNKSP 不是 LNSHFP 的 Granger 原因	68	1.001	0.373
LNSHFP 不是 LNKSP 的 Granger 原因		21.303	0.000
LNJSP 不是 LNSHFP 的 Granger 原因	68	0.788	0.459
LNSHFP 不是 LNJSP 的 Granger 原因		23.810	0.000
LNNSP 不是 LNSHFP 的 Granger 原因	68	0.924	0.402
LNSHFP 不是 LNNSP 的 Granger 原因		23.900	0.000
LNYSP 不是 LNSHFP 的 Granger 原因	68	0.953	0.391
LNSHFP 不是 LNYSP 的 Granger 原因		21.146	0.000
LNSASP 不是 LNSHFP 的 Granger 原因	68	1.018	0.367
LNSHFP 不是 LNSASP 的 Granger 原因		20.975	0.000
LNWSP01 不是 LNSHFP 的 Granger 原因	68	0.410	0.666
LNSHFP 不是 LNWSP01 的 Granger 原因		22.112	0.000
LNBFP 不是 LNSHFP 的 Granger 原因	65	2.757	0.027
LNSHFP 不是 LNBFP 的 Granger 原因		1.537	0.194
LNWFP 不是 LNSHFP 的 Granger 原因	65	3.037	0.017
LNSHFP 不是 LNWFP 的 Granger 原因		1.888	0.112

从表 2-5 的 Granger 因果关系检验结果我们看到：在 10% 的显著性水平下，LNSHQ、LNBSP、LNWSP、LNDSP、LNASP、LNBFP、LNWFP 是 LNSHFP 的 Granger 原因；在 5% 的显著性水平下，LNSHFP 是 LNSHC、LNCHP、LNCHP1、LNSSP、LNXSP、LNMSP、LNKSP、LNJSP、LNNSP、LNYSP、LNSASP、LNWSP01 的 Granger 原因。

检验结果说明，在影响国内原油期货价格的微观市场因素方面，国内原油期货的成交量、英国布伦特原油期货及现货价格、美国西得克萨斯原油期货及现货价格、阿联酋迪拜原油现货价格、阿曼原油现货价格对其有较大引导作用，其他因素：期货持仓量、国内外部分原油的现货价格均不具有明显的引导作用。另外，国内原油期货价格对国内原油期货持仓量、中国南海及胜利原油现货价格具有较强的引导作用，说明国内原油期货对国内现货具有较强的价格发现功能。

国内原油期货价格对国外原油现货价格（阿尔及利亚撒哈纳原油现货价格、利比亚锡德尔原油现货价格、阿联酋穆尔班原油现货价格、科威特原油现货价格、安哥拉吉拉索原油现货价格、尼日利亚博尼轻质原油现货价格、伊拉克巴士拉轻质原油现货价格、沙特阿拉伯轻质原油现货价格、委内瑞拉原油现货价格）具有较强的引导作用，相反上述国外原油现货价格对国内原油期货价格不具有引导作用。国内原油期货价格与英国布伦特原油现货价格、美国西得克萨斯原油现货价格、阿联酋迪拜原油现货价格、阿曼原油现货价格之间不具有相互的引导作用，国内原油期货价格对这四个市场不具有明显的影响作用。说明国内原油期货对国外原油现货具有一定限度的价格发现功能。

从期货市场角度来看，在我们研究的样本期内，国内原油期货价格对NYMEX轻质原油（WTI）期货价格、布伦特原油期货价格的影响弱于两者对国内原油期货价格的影响，从而说明国内原油期货市场的国际定价功能及国际影响力相对有限，随着国际化的推进，需要进一步加强国内原油期货市场建设，进一步提升国内原油期货价格的发现功能，进一步提升国际定价功能及国际化的影响力。

四、国内原油期货价格与影响变量间的长期均衡关系检验

我们对上述各个非平稳时间序列与国内原油期货价格之间的协整关系作检验，由于是多变量间的协整关系检验，因此采用Johansen提出的极大似然估计法（MLE），Johansen检验优于Engle和Granger的方法。

由上述Granger因果关系检验可知变量LNSHFP、LNZ、LNCPI、LNI、LNI1、LNER、LNDI、LNSHQ、LNBSP、LNWSP、LNDSP、LNASP、LN-

BFP、LNWFP 是国内原油期货价格的 Granger 原因,因而是其内生变量,我们对各个变量与国内原油期货价格的长期关系作检验。

我们从可能的解释变量组成的多维空间开始分析,并逐步将不相关的解释变量去掉,这样会变得更加有效。Hsiao(1981)在 Granger 的因果关系概念和 Akaike 的最终预测误差标准的基础上,提出了一个分步选择模型的程序。Hsiao 的程序是从滞后自变量开始,依次对信息集的所有解释变量逐个进行因果分析,每个潜在的解释变量进入模型的顺序由其因果关系的强弱决定。因此,我们分别考虑以下系统的协整检验:

1. 对 A 系统(LNSHFP、LNZ、LNCPI、LNI、LNI1、LNER、LNDI、LNSHQ、LNBSP、LNWSP、LNDSP、LNASP、LNBFP、LNWFP)作协整检验

作 Johansen 极大似然估计检验,采用 Johansen 特征根最大值统计量与迹统计量来判断是否存在协整关系,根据 SC 准则、AIC 准则确定最佳滞后阶数的方程形式,最终我们选取滞后阶数 1 到 2,最大化特征根对应的协整方程为(方程括号内数值为标准差,下同):

$$
\begin{aligned}
\text{LNSHFP} = {} & 0.0388\ \text{LNZ} + 8.255\ \text{LNCPI} + 1.392\ \text{LNI} - 1.708\ \text{LNI1} + \\
& (0.201) \qquad (1.367) \qquad (0.127) \qquad (0.244) \\
& 3.673\ \text{LNER} + 2.184\ \text{LNDI} + 0.034\text{LNSHQ} + 1.975\ \text{LNBSP} + \\
& (0.491) \qquad (0.635) \qquad (0.032) \qquad (0.829) \\
& 69.213\ \text{LNWSP} + 9.122\ \text{LNDSP} - 12.486\ \text{LNASP} \\
& (6.160) \qquad (5.030) \qquad (5.005) \\
& - 2.993\ \text{LNBFP} - 64.849\ \text{LNWFP} \\
& (0.865) \qquad (5.821) \quad \text{——标准差} \quad (\text{式}2.37)
\end{aligned}
$$

在上述协整方程中 LNI 与 LNI1 之间、LNER 与 LNDI 之间以及 LNBSP、LNWSP、LNDSP、LNASP、LNBFP 及 LNWFP 六个变量之间存在较强的复共线性。LNI 与 LNI1 相比,LNI 影响较小;LNER 与 LNDI 相比,LNDI 的影响较小;LNBSP、LNWSP、LNDSP、LNASP、LNBFP 及 LNWFP 六个变量相比,LNWSP 与 LNWFP 影响较大,因此,从建模简化方面来说,剔除 LNI、LNDI、LNBSP、LNDSP、LNASP、LNBFP 再作协整检验。

2. 对 B 系统(LNSHFP、LNZ、LNCPI、LNI1、LNER、LNSHQ、LNWSP、LNWFP)作协整检验

采用 Johansen 特征根最大值统计量与迹统计量来判断是否存在协整关

系，根据 SC 准则、AIC 准则确定最佳滞后阶数的方程形式，最终我们选取滞后阶数 1 到 2，最大化特征根对应的长期利率协整方程为：

$$\text{LNSHFP} = -0.389\ \text{LNZ} - 5.873\ \text{LNCPI} - 0.133\ \text{LNI1} + 1.743\ \text{LNER} +$$
$$(0.239)\qquad (1.610)\qquad\ \ (0.174)\qquad\ \ (0.435)$$
$$0.110\ \text{LNSHQ} - 41.343\ \text{LNWSP} + 42.129\ \text{LNWFP}\text{——标准差}$$
$$(0.040)\qquad\quad (6.398)\qquad\qquad (6.376)$$

（式 2.38）

考虑到美国西得克萨斯原油现货价格（LNWSP）与其期货价格（LNWFP）之间存在较强的相关性，并且期货价格的影响要略强于其现货价格的影响，因此，我们剔除 LNWSP 再作协整检验。

3. 对 C 系统（LNSHFP、LNZ、LNCPI、LNI1、LNER、LNSHQ、LNWFP）作协整检验

用 Johansen 特征根最大值统计量与迹统计量来判断是否存在协整关系，根据 SC 准则和 AIC 准则确定最佳滞后阶数的方程形式，最终我们选取滞后阶数 1 到 6，最大化特征根对应的长期利率协整方程为：

$$\text{LNSHFP} = 0.086\ \text{LNZ} - 2.140\ \text{LNCPI} - 0.533\ \text{LNI1} + 3.370\ \text{LNER} -$$
$$(0.139)\qquad (0.0800)\qquad\ \ (0.125)\qquad\ \ (0.253)$$
$$0.027\text{LNSHQ} + 1.078\ \text{LNWFP} - 0.006@\,\text{TREND}\,(18\text{M}04)$$
$$(0.020)\qquad\quad (0.044)\qquad\quad (0.001)\qquad\qquad\text{——标准差}$$

（式 2.39）

从上述方程式 2.39 看到：工业增加值增长率 LNZ 与国内原油期货成交量 LNSHQ 对原油期货价格影响相对较小，从影响力角度来说，删除上述影响较小的两个变量，再次作协整检验。

4. 对 D 系统（LNSHFP、LNCPI、LNI1、LNER、LNWFP）作协整检验

用 Johansen 特征根最大值统计量与迹统计量来判断是否存在协整关系，根据 SC 准则和 AIC 准则确定最佳滞后阶数的方程形式，最终我们选取滞后阶数 1 到 6，最大化特征根对应的长期利率协整方程为：

$$\text{LNSHFP} = 0.602\ \text{LNCPI} - 0.185\ \text{LNI1} + 2.820\ \text{LNER} + 1.130\ \text{LNWFP} -$$
$$(1.188)\qquad\ \ (0.199)\qquad\ \ (0.297)\qquad\ \ (0.043)$$
$$0.004@\,\text{TREND}\,(18\text{M}04)$$
$$(0.001)\qquad\text{——标准差}$$

（式 2.40）

第二章 原油期货价格影响因素及定价模型研究

从上述方程式 2.40 看到：从长期来说，通胀指数 LNCPI 上涨一个百分点，原油期货价格上涨 0.602 个百分点；同业拆借利率 LNI1 上涨一个百分点，原油期货价格下跌 0.185 个百分点；美元兑人民币汇率 LNER 上涨一个百分点，原油期货价格上涨 2.820 个百分点；美国 WTI 原油期货价格 LNWFP 上涨一个百分点，国内原油期货价格上涨 1.130 个百分点。

五、国内原油期货价格的 ECM 模型建立

我们研究的变量序列是不平稳的，如果直接建立变量间回归容易引起伪回归的问题，比较好的解决办法是对研究的不平稳的变量序列进行差分，得到平稳的序列，然后再用差分后的平稳序列建立模型，这种做法有一定的缺陷，采用差分后建模，会丢失长期信息。比较有效的方法是采用误差校正模型。Engle – Granger 证明了协整序列一定可以表示成误差校正表示形式。因此，当变量序列协整时，应该建立误差校正模型。

我们通过对上述 D 系统建立的国内原油期货价格的长期均衡方程分析，建立动态误差修正模型，结果显示基于 D 系统建立的国内原油期货价格短期动态方程为较佳模型。上述协整关系的存在，意味着存在以下的误差校正模型：

$$D(LNSHFP)_t = \sum_{i=1}^{n} D(LNSHFP)_{t-i} + \sum_{i=1}^{n} D(LNCPI)_{t-i} + \sum_{i=0}^{n} D(LNI1)_{t-i}$$
$$+ \sum_{i=1}^{n} D(LNER)_{t-i} + \sum_{i=0}^{n} D(LNWFP)_{t-i} + c \qquad (式2.41)$$

我们首先取滞后阶数为 9，使残差满足白噪声的要求，然后逐步去掉不显著和可以忽略的变量，经过综合考虑，反复选择得到表 2 – 6 的最终模型（限于篇幅，具体结果略）。

表 2 – 6　　　　　　短期动态误差修正模型回归结果

调整样本数：60 个				
变量	系数 t	标准差	t – 统计量	P 值
EC	2.433	0.515	4.724	0.000
D（LNSHFP（-1））	-2.293	0.529	-4.331	0.000
D（LNSHFP（-2））	-1.643	0.447	-3.675	0.001

续表

变量	系数t	标准差	t-统计量	P值
D（LNSHFP（-3））	-1.905	0.384	-4.968	0.000
D（LNSHFP（-4））	-1.524	0.342	-4.453	0.000
D（LNSHFP（-5））	-1.127	0.282	-3.992	0.001
D（LNSHFP（-6））	-1.057	0.263	-4.016	0.001
D（LNSHFP（-7））	-0.392	0.214	-1.835	0.080
D（LNSHFP（-8））	-0.291	0.268	-1.084	0.290
D（LNCPI（-7））	6.810	4.360	1.562	0.133
D（LNCPI（-8））	-9.317	3.713	-2.509	0.020
D（LNCPI（-9））	8.584	3.191	2.690	0.013
D（LNI1（-1））	-0.289	0.158	-1.832	0.081
D（LNI1（-4））	0.747	0.199	3.761	0.001
D（LNI1（-5））	1.034	0.314	3.297	0.003
D（LNI1（-6））	1.174	0.376	3.117	0.005
D（LNI1（-7））	1.737	0.409	4.251	0.000
D（LNI1（-8））	1.338	0.322	4.159	0.000
D（LNI1（-9））	1.225	0.245	5.002	0.000
D（LNER（-1））	9.220	2.336	3.946	0.001
D（LNER（-2））	8.513	1.902	4.476	0.000
D（LNER（-3））	9.683	2.198	4.405	0.000
D（LNER（-4））	9.659	2.135	4.525	0.000
D（LNER（-5））	7.986	2.246	3.555	0.002
D（LNER（-6））	6.819	1.608	4.242	0.000
D（LNER（-7））	4.593	1.534	2.994	0.007
D（LNER（-8））	2.441	1.123	2.175	0.041
D（LNER（-9））	4.193	1.228	3.413	0.003
D（LNWFP（-1））	2.778	0.565	4.917	0.000
D（LNWFP（-2））	2.404	0.533	4.512	0.000
D（LNWFP（-3））	2.306	0.457	5.047	0.000

续表

变量	系数 t	标准差	t-统计量	P值
D（LNWFP（-4））	1.886	0.420	4.490	0.000
D（LNWFP（-5））	1.600	0.317	5.044	0.000
D（LNWFP（-6））	1.214	0.252	4.817	0.000
D（LNWFP（-7））	0.867	0.191	4.528	0.000
D（LNWFP（-8））	0.209	0.168	1.248	0.225
D（LNWFP（-9））	0.354	0.118	3.011	0.006
C	-0.022	0.013	-1.732	0.097
相关系数 R^2	0.813	相依变量均值		0.006
调整相关系数 R^2	0.499	相依变量标准差		0.099
回归标准差	0.070	AIC 值		-2.214
残差平方和	0.108	SC 值		-0.888
对数似然	104.429	H-Q 值		-1.695
F 统计量	2.588	DW 统计量		2.032

其中：误差项 EC_t = EC = LNSHFP - 3.825 × LNCPI - 0.005 × LNI1 - 3.178 × LNER - 1.202 × LNWFP + 0.001 × @TREND（18M03）+ 22.570。

从表 2-6 的回归结果可以看到，模型的基本统计指标优良。模型基本通过各种诊断：用于检验残差一阶自相关 Durbin - Watson 检验（DW），用于检验残差 q 阶自相关的 Largrange Multiplier 检验（LM（q）），用于检验残差 q 阶自回归条件异方差的 Largrange Multiplier 检验（AR - CH（q）），用于检验残差异方差的 White 检验（WH），用于检验函数形式是否正确的 Ramsay 检验（RESET（q））等。模型有相对满意的统计性质：不仅拟合优度较大，方程的标准差 SE 很小，由 DW 统计量可知序列不存在序列相关，模型形式正确。

以下作出模型的实际值与拟合值时序图。从实际值与拟合值对数图（图 2-3），看到实际值与拟合值几乎重合，从预测值图及预测性能评价指标（图 2-4）来看，有较好的预测性能。

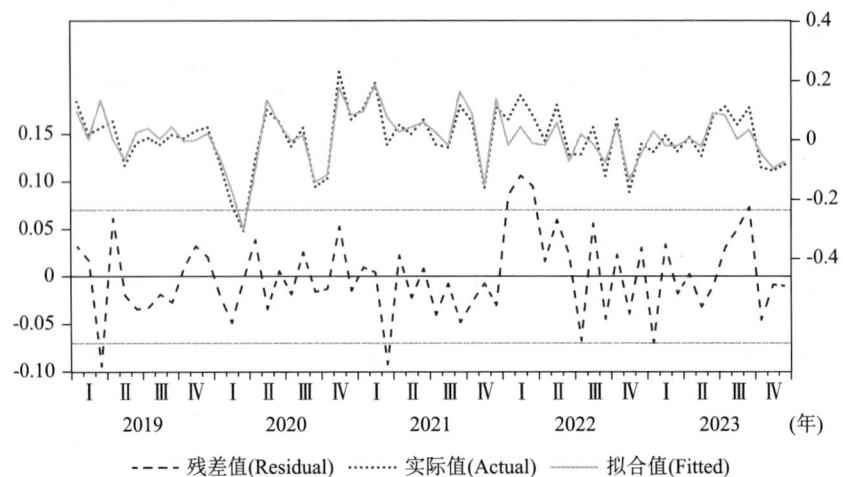

图2-3 基于误差修正模型的国内原油期货价格实际值与预测值图

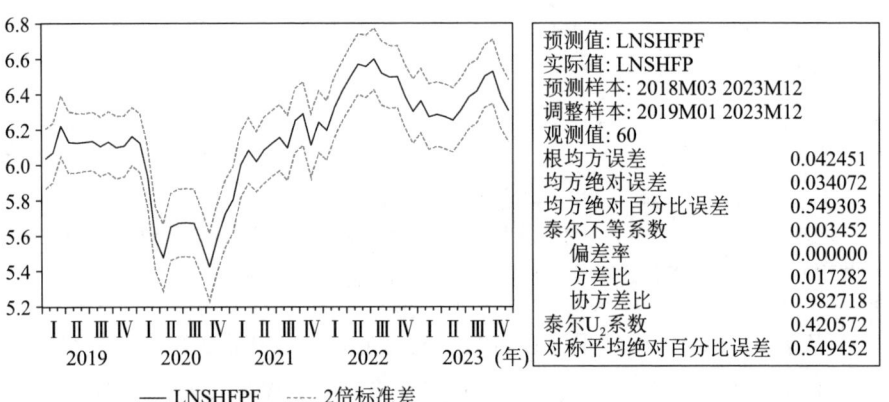

图2-4 基于误差修正模型的国内原油期货价格预测值图及预测性能指标

从上述短期误差修正模型中可以看到：从短期来看，长期误差修正项对短期波动影响较大，具有较强的负向纠正机制；国内原油期货价格受自身滞后1月至8月累积的影响均较小；受国内通胀率滞后7月、8月、9月影响较大，受国内同业拆借7天期利率滞后1月至9月累积的影响均较小，受美元兑人民币汇率滞后1月至9月累积的影响较大，受美国WTI原油期货价格滞后1月至9月累积的影响均较大。

六、脉冲响应函数冲击反应与方差分解分析

在短期误差修正模型的基础上，应用脉冲响应函数进行冲击反应分

析，即分析 LNSHFP 对 LNCPI、LNI1、LNER、LNWFP 的冲击的反应。在 Eviews10.0 软件处理下，采用 Cholesky 法计算响应函数的标准差，如图 2-5 所示，其中横轴表示滞后期数，纵轴代表冲击反应的程度。

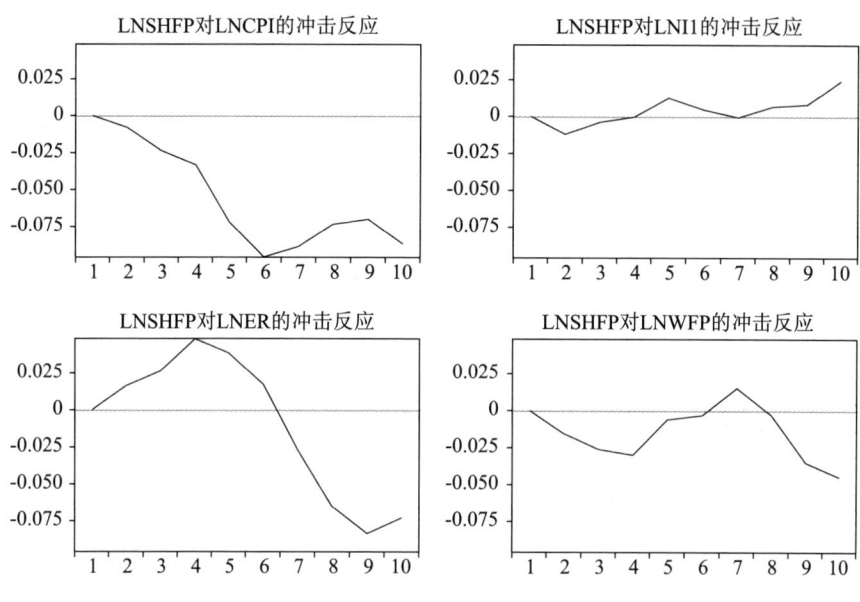

图 2-5　基于动态模型作出的冲击反应图形

从图 2-5 可以看到，在 LNSHFP 受到 LNCPI 的一个标准差的冲击后，LNSHFP 对 LNCPI 的反应呈现负向趋势，从第 1 期后负向增加，在 5.5 期达到负向最大值，之后持续减小，到 8.5 期达到相对较小值，之后缓慢增加，趋于稳定；在 LNSHFP 受到 LNI1 的一个标准差的冲击后，开始 LNSHFP 对 LNI1 的反应呈现负向趋势，从第 1 期后增加，在 1.5 期达到负的峰值，之后持续减弱，在 3.5 期后持续正向冲击，到 4.5 期达到阶段高点值，之后逐渐减弱，在 6.5 期减弱到 0 而后缓慢增加；在 LNSHFP 受到 LNER 的一个标准差的冲击后，开始 LNSHFP 对 LNER 的反应呈现正向趋势，从第 1 期后增加，到 3.5 期达到正的峰值，之后持续减弱，在第 6 期减弱到 0，而后呈现负向冲击，8.5 期达到负向冲击最大值，随后减弱；在 LNSHFP 受到 LNWFP 的一个标准差的冲击后，开始 LNSHFP 对 LNWFP 的反应呈现负向趋势，从第 1 期后增加，在 3.5 期达到负的峰值，之后缓慢减弱，到 5.5 期减弱到 0，随后呈现正向冲击，6.5 期后达到正向峰值，之后持续减弱。由此可见国内原油期货价格受国内通胀率、美元兑人民币汇率、美国 WTI 原油期货价格影响较大，受国内银行同业 7 天期利率影响较小。从短期来看，国内原油期货价格受国内通胀率负向冲击影响，受国内银行同业 7 天期利率、美元兑人民币汇率、美国 WTI 原油期货价格冲击产生正负向影响。

由于误差修正模型的系数在对各个变量间的经济意义解释上存在一定的困难，研究模型的动态特征可以通过方差分解的方法，我们采用 Sims（1980）提出的评价各个内生变量对预测方差贡献度的方法，根据 ECM 模型对 LNSHFP、LNCPI、LNI1、LNER、LNWFP 方差分解，结果如下（见表 2-7）：

表 2-7　　　　基于动态模型作出的方差分解结果　　　　单位：(%)

时期	标准差	LNSHFP	LNCPI	LNI1	LNER	LNWFP
1	0.084	100.000	0.000	0.000	0.000	0.000
2	0.143	96.511	0.307	0.690	1.332	1.161
3	0.202	93.495	1.507	0.382	2.380	2.236
4	0.237	87.592	3.045	0.278	5.872	3.213
5	0.260	79.445	10.213	0.469	7.135	2.738
6	0.284	71.155	19.807	0.417	6.326	2.295
7	0.302	64.909	26.061	0.369	6.381	2.280
8	0.323	59.932	28.031	0.367	9.660	2.009
9	0.350	55.177	27.838	0.366	13.904	2.715
10	0.373	49.308	29.987	0.748	16.105	3.852

由表 2-7 可知，对国内原油期货价格向前一期预测，预测方差完全源于自身，即使向前 10 期预测仍有 49.308% 的预测方差来自自身，其余 29.987%、16.105%、3.852%、0.748% 分别来自国内通胀率、美元兑人民币汇率、美国 WTI 原油期货价格、同业拆借 7 天期利率，这表明国内原油期货价格短期内主要受其自身影响，具有较强的路径依赖；国内通胀率对国内原油期货价格影响逐渐加大，至第 10 期已经达到 29.987%，其次美元兑人民币汇率、美国 WTI 原油期货价格影响占比较大，同业拆借 7 天期利率影响较小。因此，国内原油期货价格的变异性（Variability）的显著性百分比主要归因于国内通胀率、美元兑人民币汇率、美国 WTI 原油期货价格的波动的革新冲击。

第二章 原油期货价格影响因素及定价模型研究

第四节 结论与建议

一、主要结论

我们采用协整相关理论对影响国内原油期货价格的宏观、中观及微观层面的影响因素进行了模型实证研究。我们选取了宏观经济方面的变量：经济增长（工业增加值）、货币供应量（M0、M1、M2）、通胀指数、人民币汇率、利率（国内银行同业拆借1天期、7天期、1月期、3月期、6月期、1年期利率）、股票指数（上证综指）及美元指数；中观基本面方面的选择变量：原油生产量（全球、中国）、国内消费量、国内进口量及库存量；微观市场方面选择的变量：国内原油期货成交量、持仓量及国内现货价格（中国南海原油价格、中国胜利原油价格）、国外原油现货价格（英国布伦特原油、美国西得克萨斯原油、阿联酋迪拜原油、阿曼原油、阿尔及利亚撒哈纳原油、利比亚锡德尔原油、阿联酋穆尔班原油、科威特原油、安哥拉吉拉索原油、尼日利亚博尼轻质原油、伊拉克巴士拉轻质原油、沙特阿拉伯轻质原油、委内瑞拉原油价格）及国外原油期货价格（ICE布伦特（Brent）原油期货价格、NYMEX轻质原油（WTI）期货价格）。我们通过选择的宏观、中观、微观方面的变量，实证研究了国内原油期货价格的价格发现功能和国际定价功能及国际影响力；通过影响因素的研究，确立了国内原油期货价格的长期协整模型及短期动态误差修正模型，通过实证研究得到一系列重要结论如下：

从单位根检验结果中可以看出，在样本期内，我们选取的影响国内原油期货价格的宏观因素、中观基本面因素及微观市场因素变量月度数据的非平稳性是非常显著的。选取的所有的时间序列月度数据均是含有一个单位根的非平稳序列。

通过国内原油期货价格与宏观影响因素变量的因果关系检验结果看到，工业增加值、通胀指数、国内银行同业拆借利率（1天期、7天期）、美元兑人民币汇率及美元指数是国内原油期货价格的 Granger 原因，说明经济增长、通胀率、利率、汇率对原油期货价格的影响较大，其中国内银行同业拆借利率 1 天期与 7 天期相比，7 天期的引导作用更强，美元兑人民币汇率比美元指数的引导作用更强。

从国内原油期货价格对宏观变量的影响来看，国内原油期货价格对国内通胀、上证综指、国内银行同业拆借利率（7 天期、1 月期、3 月期、6 月期、1 年期）及美元兑人民币汇率及美元指数有较强的引导作用。从而说明国内原油期货对国内通胀有较大的影响，原油期货的稳健运行对控制国内通胀具有较大的意义。国内原油期货价格的波动对国内股市具有较大的影响，因此原油市场的健康运行对国内股市运行具有重要意义。国内原油期货价格对国内银行不同期限的同业拆借利率有较强的引导作用，说明原油期货价格波动对利率有较大的影响，原油期货价格可以作为银行调控利率的参考。国内原油期货价格对美元兑人民币汇率及美元指数有较强的引导作用，说明国内原油期货国际化程度有了较好的发展，国际影响力进一步提升。

通过国内原油期货价格与中观基本面影响变量的因果检验结果看到，原油生产、原油消费、原油进口、原油库存变量均不是国内原油期货价格的 Granger 原因，反过来原油期货价格却是其 Granger 原因。说明国际、国内原油供给及国内消费量、进口量及库存对国内原油期货价格影响较小，这主要是因为国内原油匮乏，超 60% 以上的原油需要从国外进口，还由于原油期货推出时间比较短，金融属性较强，基本面因素对其影响较小。从另一方面来看，国内原油期货价格对国际原油供给、国内原油消费及库存有较大的影响，从而表明国内原油期货国际影响力较大，国内原油期货价格变化不仅引导国内原油消费，而且引导国际原油供给及库存。说明国内原油期货市场经过近几年的发展，原油市场的国际化有一定的进展，原油期货价格的影响力不断增强。

通过国内原油期货价格与微观市场因素变量的因果关系检验结果看到，在影响国内原油期货价格的微观市场因素方面，国内原油期货的成交量、英国布伦特原油期货及现货价格、美国西得克萨斯原油期货及现货价格、阿联酋迪拜原油现货价格、阿曼原油现货价格对其有较大引导作用，其他因素：期货持仓量、国内外部分原油的现货价格均不具有明显的引导

第二章 原油期货价格影响因素及定价模型研究

作用;从另一方面来看,国内原油期货价格对国内原油期货持仓量、中国南海及胜利原油现货价格具有较强的引导作用,说明国内原油期货对国内现货具有较强的价格发现功能。

国内原油期货价格对国外原油现货价格(阿尔及利亚撒哈纳原油现货价格、利比亚锡德尔原油现货价格、阿联酋穆尔班原油现货价格、科威特原油现货价格、安哥拉吉拉索原油现货价格、尼日利亚博尼轻质原油现货价格、伊拉克巴士拉轻质原油现货价格、沙特阿拉伯轻质原油现货价格、委内瑞拉原油现货价格)具有较强的引导作用,相反上述国外原油现货价格对国内原油期货价格不具有引导作用。国内原油期货价格与英国布伦特原油现货价格、美国西得克萨斯原油现货价格、阿联酋迪拜原油现货价格、阿曼原油现货价格之间不具有相互的引导作用,国内原油期货价格对这四个市场不具有明显的影响作用。说明国内原油期货对国外原油现货具有一定限度的价格发现功能。

从期货市场角度来看,在我们研究的样本期内,国内原油期货价格对NYMEX 轻质原油(WTI)期货价格、布伦特原油期货价格的影响弱于两者对国内原油期货价格的影响,从而说明国内原油期货市场的国际定价功能及国际影响力相对有限,随着国际化的推进,需要进一步加强国内原油期货市场建设,进一步提升国内原油期货价格的发现功能,进一步提升国际定价功能及国际化的影响力。

通过国内原油期货价格与影响因素的协整分析,可以看到,国内通胀率、国内银行同业拆借 7 天期利率、美元兑人民币汇率、WTI 原油期货价格与国内原油期货价格构成长期均衡的协整关系;从长期来说,通胀率指数上涨一个百分点,原油期货价格上涨 0.602 个百分点;同业拆借 7 天期利率上涨一个百分点,原油期货价格下跌 0.185 个百分点;美元兑人民币汇率上涨一个百分点,原油期货价格上涨 2.820 个百分点;WTI 原油期货价格上涨一个百分点,国内原油期货价格上涨 1.130 个百分点。

通过建立的短期误差修正模型中可以看到:从短期来看,长期误差修正项对短期波动影响较大,具有较强的负向纠正机制;国内原油期货价格受自身滞后 1 月至 8 月累积的影响较小;受国内通胀率滞后 7 月、8 月、9 月的影响较大,受国内同业拆借 7 天期利率滞后 1 月至 9 月累积的影响较小,受美元兑人民币汇率滞后 1 月至 9 月累积的影响较大,受美国 WTI 原油期货价格滞后 1 月至 9 月累积的影响均较大。

从冲击反应结果可以看到，国内原油期货价格受国内通胀率、美元兑人民币汇率、美国 WTI 原油期货价格影响较大，受国内银行同业 7 天期利率影响较小。从短期来看，国内原油期货价格受国内通胀率负向冲击影响，受国内银行同业 7 天期利率、美元兑人民币汇率、美国 WTI 原油期货价格冲击产生正负向影响。

从方差分解结果可以看到，国内原油期货价格预测方差完全来自于自身，即使向前 10 期预测仍有 49.308% 的预测方差来自自身，其余 29.987%、16.105%、3.852%、0.748% 分别来自国内通胀率、美元兑人民币汇率、美国 WTI 原油期货价格、同业拆借 7 天期利率，这表明国内原油期货价格短期内主要受其自身影响，具有较强的路径依赖；国内通胀率对国内原油期货价格影响逐渐加大，至第 10 期已经达到 29.987%，其次美元兑人民币汇率、美国 WTI 原油期货价格影响占比较大，同业拆借 7 天期利率影响较小。因此，国内原油期货价格的变异性的显著性百分比主要归因于国内通胀率、美元兑人民币汇率、美国 WTI 原油期货价格的波动的革新冲击。

最终所作的动态误差修正模型可以通过多种检验，模型有较好的统计性质。从拟合值及预测值结果看具有较好的拟合及预测精度。因此，该模型对国内原油期货价格交易风险控制具有较好的参考作用，我们通过国内通胀率、国内银行同业拆借 7 天期利率、美元兑人民币汇率、美国 WTI 原油期货价格就可以准确、及时预测出中国原油期货价格的变动及趋势，从而可以及时规避原油交易风险，为套期保值者和投资者提供理论与实践的支持。

二、政策建议

为了进一步提升国内原油期货价格的价格发现、国际定价功能及国际影响力，我们提出以下相关建议：

1. 积极推动人民币国际化

人民币不可自由兑换成为我国期货市场实行国际化的阻力，会导致国外投资者交易成本增加，制约他们对中国期货市场的投资积极性。同时，也限制了资金的跨国清算,是发展联网交易的一大障碍。人民币国际化后人民币汇率对国内原油期货市场的影响会加大。

2. 积极培育期货市场的机构投资者

目前,我国期货市场的投资者95%以上是个人投资者,资金量小,风险承受能力较差,无法作为国际机构投资者的对手方。培育机构投资者除了引入银行等金融机构外,发展期货投资基金是切实培育期货市场机构投资者的重要手段。

3. 统筹安排税制推动原油市场进一步国际化

考虑通过有竞争力的税收政策安排吸引境外投资者的参与,因此在所得税、营业税、印花税、增值税等方面要兼顾国际竞争的需要。短期看,我国原油期货税收政策应当以建立有竞争性的税收制度安排为出发点,吸引主要国际机构投资者和金融中介机构参与我国原油期货市场建设,为更好发挥原油期货功能打好基础。从长远看,应适当借鉴境外成熟市场发展的经验,不断推动原油期货国际化发展。

4. 不断优化我国原油期货市场的交易制度

我国原油期货市场不仅要从交易制度上便于实体企业参与,还要从政策上利于实体企业参与。应不断优化原油期货市场交易制度,比如,交易所可以对现有合约进行一些改变以适应境外投资者的偏好、增加现金交割方式,解决实物交割存在的一些困难、选择增加交易时间以适应国际投资者连续交易的需要以及降低交易费用和保证金要求等,吸引国内外实体企业及资本大量参与到我国原油期货市场中来,使我国原油期货市场的参与主体能够进一步扩大,提高市场的国际化水平,不断扩大流动性和交易量,进一步提升价格发现及定价功能。

5. 积极推动国内原油期货市场成交量与持仓量的扩大

目前,国内原油期货的成交量位居世界第三,但是持仓量较小、市场活跃度不够。因此,可以适当降低门槛准入条件(目前个人与机构保证金金额分别为50万元和100万元),使更多的交易者有资格进场;增加合约的实物交割比率,推动交易者长期持仓,推动原油市场稳健发展。

6. 不断扩大原油期货交割油种及合理设置相应升贴水

截至2023年,国内原油期货交割油种包括迪拜原油、阿曼原油、上扎库姆原油、卡塔尔海洋油、巴士拉轻油、阿联酋穆尔班原油、巴士拉中质原油、图皮原油、胜利原油在内的 9 种可交割油种。由于国内原油期货可交割油种大多数来自中东地区，具有一定的风险，因此，不断扩大原油期货交割油种是原油期货市场发展的必然要求，通过扩大交割油种，适当设置相应的升贴水能够促进原油基准价的形成，进一步提升原油期货服务实体经济的功能，提升市场影响力。

7. 加快推动国内原油期货境外交割仓库布局，逐步形成一个覆盖境内外的交割仓库网络

随着我国期货市场进一步开放，境外投资者的比例会越来越高，最终国内交易所的交割模式应该和国际惯例接轨，并逐步在境外设置交割仓库，形成一个覆盖境内外的交割仓库网络，比如在境内外的自由港、保税区设立交割仓库，形成一个和市场参与者结构相对应的交割仓库网络。在这种情况下，国内期货市场的价格才会更多地反映交易品种的全球供求状况，定价功能才能进一步发挥，影响力才能进一步提升。

8. 基于定价模型构建原油期货价格波动预警系统

本章的研究从宏观、中观、微观全方位分析了影响原油期货价格的因素，基于协整及相关理论构建了国内原油期货价格的定价模型，该模型对国内原油期货价格交易风险控制具有较好的参考作用，我们可以通过定价模型设计原油期货价格波动的预警系统，根据价格波动预期设计相应的监控措施，及时规避原油交易风险。

本章尝试采用了协整及相关理论对影响原油价格的因素进行模型实证研究，选取了在样本时间内有效的比较强的影响因素作了定价模型分析，试图给国内原油期货价格的变动规律提供一条研究思路。但由于研究时间周期相对比较短，受宏观因素变量的制约，仅能采用月度数据建模研究，其他通过日数据、周数据、季度和年度数据建模对变量的选取就会受一定的数据频率限制，选取的变量也会受到一定的限制，研究结果可能会存在一定的差异性。另外，选取不同的时间周期研究，得到的研究结论可能也会存在一定的差异性。当然随着计量模型的发展，研究期货价格的定价问题可以采用不同的定量模型方法，由于采用研究方法的不同，产生的结果也可能会存在一定的差异性。

第三章
国内原油期货价格波动及风险传导实证研究

国内期货市场经过三十多年的发展，取得了巨大成就，但是期货价格的定价能力及国际影响力尚显不足，期货市场的对外开放及国际化发展相对缓慢。随着2018年3月26日上海期货交易所（简称上期所）下属的国际能源交易中心推出国际原油期货后，国内期货市场国际化步伐加快，随后国内三大商品期货交易所陆续推出国际化的商品期货，截至2023年国际化期货期权品种达24个。原油期货作为国内第一个国际化期货品种，推出意义重大，原油期货经过六年多的运行，上期所不断优化交易规则，原油期货价格的影响力不断扩大。目前，国际原油价格的巨幅波动给国内宏观经济及期货市场带来较大的冲击影响，从而给国民经济的运行带来一定的风险。研究国内原油市场国际影响力及国内外原油期货价格的波动规律，揭示国内外原油市场间内在联系，确保国内宏观经济稳健运行及进一步推进期货市场国际化建设显得较为迫切。

因此，本章主要对国内外原油市场的关联性、波动性、非对称性及风险溢出效应等问题进行动态分析与实证检验。首先分析国内外原油期货价格因果关系及收益率的协整关系（Cointegration Relation），判断国内外原油市场之间期货价格收益率是否存在因果关系及长期均衡关系。其次利用误差修正模型（Error Correct Model，ECM），检验国内外原油市场短期波动模式的异同,判断国内外原油市场对期货市场冲击的短期调整及反应程度,描述国内外原油期货市场向均衡收敛的过程。最后利用几种条件异方差模型检验国内外原油市场波动性之间的关系,判断国内外原油市场的风险特征与风险转移过程,通过检验国内外原油市场之间的"杠杆效应"(Leverage Effect)和"溢出效应"(Spillover Effect)分析国内外市场波动性的聚类现象(Clustering)和非对称性。通过分析我们可以描述国内外原油期货价格和收益率之间长期协整关系与短期动态波动影响,还可以判断国内外原油期货价格收益率与波动性的互动性与传导性,可以揭示国内外原油市场的投资资金在流动性上的约束程度或灵活程度,在刻画国内外原油市场在市场信息形成与信息种类的非对称反应过程中,可以度量国内外市场中存在的时变(Time Varying)风险特征与风险水平。

本章的第一节给出了文献综述及相关研究进展;第二节对变量选择及数据处理进行了说明;第三节给出了研究模型设定与选择;第四节对国内外原油期货价格进行协整及相关检验、ECM 模型实证;第五节给出了各种 GARCH 类模型检验结果与统计检验;第六节总结出本章的实证研究结论,并相应给出政策建议。

第一节 文献综述与相关研究进展

国外关于油价波动及预测的研究文献,目前使用较多的是经济时间序列方法,包括 Granger(1969)的因果关系方法,Engle 和 Granger(1987)提出的协整理论,Engle(1982)提出的条件异方差模型(ARCH)等。

随着 20 世纪 80 年代以后 ARCH 类模型族的发展,该模型族被广泛应用于资本市场各方面的研究,比如:Theodossiou 和 Lee(1993)使用 GARCH-M 模型研究美国、日本、英国、加拿大和德国股票市场的性质和相互依存程度及波动性对预期回报的影响程度。研究发现平均溢出效应从美国股市辐射到英国、加拿大和德国,然后从日本的股票市场辐射到德国,在有条件的市场波动与预期回报之间没有发现任何关系,所有市场的回报序列都存在强烈的时变条件波动性,英国和加拿大市场的自身波动溢

第三章 国内原油期货价格波动及风险传导实证研究

出效应微不足道,这些市场回报的有条件波动性是从国外输入的,特别是从美国输入的,回报的相关性结构不会随时间变化。Vasilikli 和 Apostolos (2006) 使用 EGARCH 模型对价格和波动性溢出从美国债券市场和欧元区债券市场到 12 个单独的欧洲债券市场进行建模。研究结果表明,从欧元区债券市场和美国债券市场到个别欧洲市场都存在显著的波动溢出效应,此外,欧元的引入加强了波动性溢出效应和大多数欧洲债券市场的相互关联。Mukherjee 和 Mishra (2008) 使用 GARCH 模型,研究了 1997 年 11 月至 2008 年 4 月,印度股市与其他 12 个亚洲国家和地区的股市回报率和波动溢出效应。研究发现除了印度股市与其他亚洲国家和地区股市在回报率和平方回报序列方面存在不同程度的相关性外,印度和几乎所有样本国家和地区同时期的日内回报溢出效应具有正显著性和双向性,中国香港、韩国、新加坡和泰国是印度信息流动量较大的四个亚洲市场,巴基斯坦和斯里兰卡的股票市场受到印度市场波动的影响。

同样学者们从动态的角度采用 ARCH 类模型族研究期货市场规律,比如:Cecchetti (1988) 等利用 ARCH 模型给出了一种估计最佳期货对冲的技术,该技术可以纠正没有考虑对预期回报的影响及没有考虑现金和期货价格变化的分布时间变化两个方面的问题,研究了其在用 T 型债券期货对冲国债中的应用并测算了美国国债期货合约套期保值比率。Baillie 和 Myers (1991) 则通过 GARCH 模型对美国期货市场大豆合约、玉米合约等进行了实证研究,将最佳对冲比率(OHR)计算为现货和期货之间的条件协方差与期货条件方差的比率。估计的 OHL 表明,时间不变 OHR 的标准假设是不合适的。对于每种商品,估计的 OHR 路径似乎是非平稳的,这对对冲策略具有重要意义。Allen 和 Cruickshank (2002) 使用 ARCH 模型对悉尼商品交易所、伦敦国际金融期货和期权交易所以及新加坡国际金融交易所的商品期货的波动性进行研究,发现 11 种商品期货合约中有 9 种合约存在到期日效应。Michael D. Mckenzie 和 Heather Mitchell (2001) 考虑了 Power GARCH 类模型捕捉在伦敦金属交易所(LME)交易的一系列商品期货价格波动的风格化特征的能力,结果表明,LME 期货数据中通常不存在不对称效应。此外,与模型很好地描述的股票市场数据不同,AP - GARCH 模型对期货数据的描述并不好,AP - GARCH 模型中嵌套了 ARCH 系列中的其他几个模型。同时使用标准对数似然程序对每种方法的相对优点进行成对比较，结果表明，Taylor GARCH 模型表现最佳。Rita Madarassy Akin（2003）采用 GARCH 模型对 11 种金融期货合约进行萨缪尔森效应检验，研究发现了货币期货到期时间发挥作用的证据，以及股票指数和利率期货中的混合证据。滞后的交易量和未平仓量与大多数金融期货的波动性呈正相关。Xu 和 Fung（2005）使用二元不对称 GARCH 模型研究在美国和日本市场交易的黄金、铂金和白银期货合约的跨市场信息流模式，结果表明，这两个市场对这些贵金属合约的定价传导很强，但就回报而言，信息流似乎从美国市场流向日本市场，这两个市场都存在很强的波动溢出反馈效应，其影响似乎具有可比性和相似性，有证据表明，两个贵金属期货市场的日内定价信息传输速度很快，因为离岸交易信息可以在一个交易日内被国内市场吸收。

近些年来，ARCH 类模型族也被广泛应用于原油市场方面的研究，部分学者在国际油价与股票市场之间冲击影响及相关关系方面进行研究，比如 Jouini 和 Harrathi（2014）通过 BEKK - GARCH 研究了石油市场与海湾国家股票市场间的冲击和波动溢出效应。研究发现市场之间的溢出效应在波动性方面比冲击模式更为明显，海湾国家股票和石油市场在条件方差中表现出不对称性，投资组合设计的结果因海湾国家股票市场不同而不同。Balcilar et al.（2017）研究了主要石油出口国股票市场投资者投机行为的时间变化是否与全球石油市场的波动有关。研究发现石油市场的投机活动与主要出口国股票市场的投机行为呈正相关，交易者将石油市场的投机信号视为积极预期的标志，虽然这种模式在低波动性市场时期基本成立，但在高波动性时期，会出现明显的羊群行为，政策制定者应监测能源市场投机活动以便对风险传导到其市场进行监测。Boubaker 和 Raza（2017）通过多变量 ARMA - GARCH 模型和小波多分辨率分析相结合研究了不同时间范围内国际原油价格与金砖国家股市波动和冲击的溢出效应，将二元 ARMA（1，1）- GARCH（1，1）- cDCC - Student - t 模型与 MODWT 滤波器相结合，以捕获各种可能的均值溢出效应和不同时间范围内水平价格的方差。研究发现，油价和股市价格直接受到自身新闻和波动的影响，并间接受到其他价格和小波规模波动的影响。结果还表明，根据异质投资者和市场参与者的不同，均值和波动性溢出效应在不同时间尺度上分解为许多次级溢出效应。因此，可以利用研究结果来制定最佳的石油—股票投资组合，并在制定对冲策略时更准确地预测波动溢出模式。Ivanovski et al.（2021）采用广义自回归评分（GAS）模型与 GCC - Garch 模型比较，用于建模和预测国际油价与股票回报率之间的波动性和相关性，并利用从 1871 年到 2020 年的长期历史数据，研究发现油价与股票回报率之间存在时变关系，在样本期间的湍流事件期间，原油和股票回报率之间的动态相关性往往会显著上升。结果表明 GAS（1，1）模型优于 DCC - GARCH 模型。

还有部分研究集中在国际原油期现价格及国际原油不同市场之间关系方面，比如 Brunetti 和 Gilbert（2000）构建 FI - GARCH 模型研究纽约商品期货交易所和国际原油市场的关系，对密切相关市场的波动性进行建模。将单变量 FI - GARCH 模型与多变量 GARCH 模型结合研究了 NYMEX 和 IPE 原油市场的波动性。研究发现两个波动率过程的分数积分的常见顺序，并确认它们是分数协整的，FIGARCH 模型表明，主要调整是 IPE 朝向 NYMEX。Lin 和 Tamvakis（2001）分别通过 Garch、VAR 模型对 WTI 原油期货合约和 Brent 原油期货合约的价格进行了比较和关联研究，通过观察溢出效应来研究信息传输机制，确定哪个市场是真正的价格领导者。研究发现，当两个市场同时交易时，确实存在实质性的溢出效应，IPE 早盘价格受 NYMEX 前一天收盘价的严重影响。Stelios 和 Cees（2008）研究了 WTI 1 个月、2 个月、3 个月和 4 个月到期日现货价格和期货价格之间的线性和非线性因果关系。除了传统的线性格兰杰测试之外，还在控制协整后，由 Diks 和 Panchenko 对非线性因果关系应用了新的非参数测试，还检查了 VECM 滤波残差的非线性因果关系，最后使用 GARCH - BEKK 模型控制数据中的条件异方质性后，研究了非线性非因果关系的假设。研究发现现货和期货回报可能表现出不对称的 GARCH 效应；如果考虑非线性效应，市场既没有一致地领先，也没有一致地滞后于另一个市场。Kaufmann 和 Ullman（2009）通过实证模型研究国际不同原油期货市场与现货市场的价格溢出效应，通过北美、欧洲、非洲和中东原油在现货和期货市场上的价格因果关系来研究原油价格的起源及其传播方式。结果表明，创新首先出现在迪拜—法塔赫的现货价格中，并蔓延到其他现货和期货价格，而其他创新首先出现在西得克萨斯中级的远月合约中，并传播到其他交易所和期货合约中，现货和期货市场之间的联系相对较弱，这可能使现货和期货价格之间的长期关系在 2004 年 9 月之后发生变化。结果表明，市场基本面引发了油价的长期上涨，而投机者则加剧了这种上涨，投机者认识到油价随时间上涨的可能性增加。

还有一些学者研究采用 Garch 模型方法对国际原油期货与股市、汇率关系进行了研究，如 Mutawakil 和 Chris Stewart（2020）使用多变量 GARCH - BEKK 和 TBEKK 模型，采用 1991 年 1 月至 2015 年 12 月的月度数据研究了原油价格对加纳汇率和股票市场的冲击和波动溢出效应。研究发现，油价对汇率有较大的溢出效应。这一结果不受油价作为外源性或内源性处理的影响。然而，油价与加纳股市的关系取决于油价是外生还是内生。因此，加纳的国际多元化投资组合投资者应使用货币远期合约、期货和期权等对冲策略来保护其投资免受油价冲击引发的汇率风险的影响。

国内对原油市场规律，多采用多种时间序列及多种计量模型进行研究，比如于天娇（2015）、田洪志（2016）研究了国内外原油现货价格与宏观因素之间关系；张志敏和周工（2016）、李建峰等（2018）对国内外原油市场与金融市场关系进行了研究；贾晓亮（2016）、崔良媚（2017）采用时间序列模型研究了国内外原油期现货价格关系；詹旭（2016）、张庆豪（2016）、张支南（2017）、程方正（2018）、马郑玮等（2019）等，采用多种计量方法对原油价格影响因素进行了分析与预测。

近些年来，国内也有部分学者采用时间序列模型 ARCH 类模型族对原油期货市场进行研究，比如董秀良、张屹山（2006）通过 VAR - MGARCH 模型用于分析大庆原油现货价和伦敦布伦特原油的现货价格的波动溢出反应；潘慧峰、张金水（2007）研究了美国纽约 WTI 原油和大庆原油市场波动溢出效应；姚小剑、扈文秀（2011）研究了国际原油期货、汇率、股票三个市场间的波动溢出效应。

由于国内原油期货推出时间相对比较短，针对国内原油期货的定量研究文献相对比较少，主要有：张大永和姬强（2018）量化分析了我国原油期货与国际基准油、上证指数以及人民币汇率之间的风险溢出关系。王金成（2019）采用 VAR - GARCH - BEKK 模型，研究了我国原油在国际市场和亚太市场的均值溢出效应和方差溢出效应。闻少博（2019）采用小波相干模型、GARCH - BEKK 模型研究边际基本面与原油价格的传导关系。曹剑涛（2019）对中国上海和美国纽约原油期货、美元汇率、人民币汇率之间的关系变化进行了计量分析。卜林等（2020）采用长期弱外生检验和

P-T、I-S 等价格发现模型对上海原油期货与阿曼原油期货和 WTI、Brent 原油期货进行国际比较、价格引领关系以及价格发现贡献度测度。高辉、高天辰（2022）采用 Granger 因果关系、协整关系检验及误差修正模型等方法定量研究了原油期货对人民币国际化的全面影响。

综上所述，从国内外已有的文献看，对原油期货规律的定量研究基本是建立在简单线性回归模型以及从时间序列建模角度，采用多种经济计量模型进行研究，尤其是协整理论及 GARCH 类模型的发展，为研究原油期货市场规律提供了新的思路。已有的文献对国内原油期货市场研究较少，主要原因是国内原油期货推出的时间比较短，从已有的文献来看，对国内外四个主要原油期货市场的期货价格及其收益率、波动性的关系的研究几乎是个空白。因此，本章试图利用协整理论，基于向量自回归（VAR）的 Granger 因果关系检验以及 GARCH 模型族的方法，对国内外四个主要原油市场期货价格影响力及收益率、波动性关系作实证研究，以期获得有益的结论与启示。

第二节 变量的选择与数据说明

一、国内外原油期货价格变量的选择及说明

国内原油期货于 2018 年上市交易，经过几年的发展，市场日益成熟，影响力逐步扩大，因此，我们选择上期所国际能源中心推出的原油期货价格作为国内原油期货价格变量。对国外原油期货市场来说，目前国际上的原油交易以三大原油为基础，它们分别是英国布伦特（Brent）、纽约 WTI 和亚洲 Dubai 商品交易所的阿曼原油，它们之间的价格对比是决定全球原油流向的主要因素。因此，我们选择具有代表性的布伦特原油、WTI 原油、阿曼原油期货价格作为国外原油期货价格变量。

数据选择：上海国际能源交易中心原油期货连续收盘价、ICE 布伦特原油期货连续收盘价、NYMEX 轻质原油（WTI）期货连续收盘价、迪拜

的 DME 的阿曼原油期货连续收盘价的日数据①。样本时间段为 2018 年 3 月 26 日至 2022 年 6 月 16 日。

对于期货价格来说，每个期货合约都将在一定时间到期，为克服期货价格的不连续性，我们选取成交量最大的期货合约每天的收盘价格序列作为代表，形成期货价格连续价格合约。由于我们选择的国内原油期货价格数据与国外期货价格数据在某些具体时间不匹配，我们将不匹配的数据删除，得到国内外期货连续的时间序列数据。最后我们选取国内原油、布伦特原油、WTI 原油、阿曼原油期货连续价格日数据共 1,017 个。

我们将原油期货价格收益率 R_t 定义为原油期货价格的对数的一阶差分：

$$R_t = LNP_t - LNP_{t-1} \qquad \text{（式 3.1）}$$

其中 P_t 是原油期货价格。当原油期货价格波动不是十分剧烈的时候，它近似等于原油期货价格的日变化率，对应着原油期货市场的整体收益水平。

目前，对原油期货价格收益率序列的统计性质还没有统一的定性结论，对于原油期货价格收益率是强有效、弱有效、还是无效仍然存在不同的看法，因此，我们对原油期货价格日收益率序列 R_t、绝对日收益率序列 $|R_t|$、日均方收益率序列 R_t^2 的变化情形进行考察。当样本容量比较大的时候，根据大数定理与市场弱型有效，可知样本区间的整体原油期货价格收益率均值为：

$$\bar{R}_t = \frac{1}{T}\sum_{t=1}^{T} R_t \approx 0 \qquad \text{（式 3.2）}$$

其中 T 是样本容量。假设 ε_t 表示原油期货价格日收益率与样本均值的偏离，则：

$$\varepsilon_t = R_t - \bar{R}_t \approx R_t \qquad \text{（式 3.3）}$$

$$|\varepsilon_t| = |R_t - \bar{R}_t| \approx |R_t| \qquad \text{（式 3.4）}$$

$$\varepsilon_t^2 = (R_t - \bar{R}_t)^2 \approx R_t^2 \qquad \text{（式 3.5）}$$

因此，原油期货价格日收益率 R_t、日绝对收益率 $|R_t|$、日均方收益率 R_t^2 分别表示原油期货价格围绕均值的双向变动、绝对变动、均方波动，它们体现的波动逐渐增强。尤其是均方收益率实际上代表了原油期货价格日收益率序列的当期波动方差，是当期风险的一种度量方式。

---

① 数据来源：上海国际能源交易中心、IPE、NYMEX、DME。后面数据处理及模型研究采用 Eviews10.0 软件。

二、国内外原油期货价格及收益率时序图及基本判断

以下我们作出各个时间序列的时序图,对国内外原油期货价格收益率与波动性作出基本判断(见图 3-1 至图 3-4)。

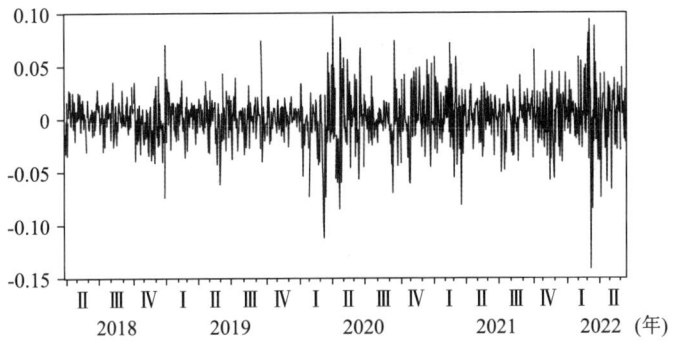

图 3-1 国内原油期货价格收益率图

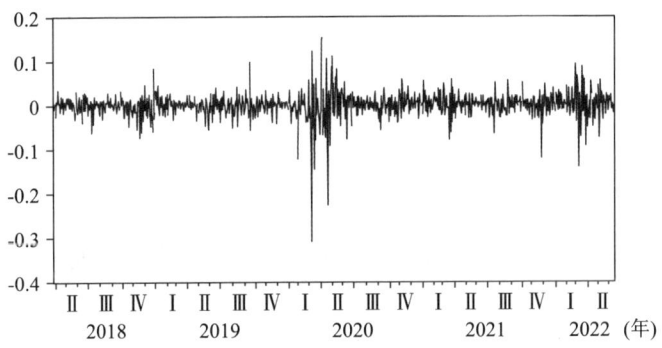

图 3-2 布伦特原油期货价格收益率图

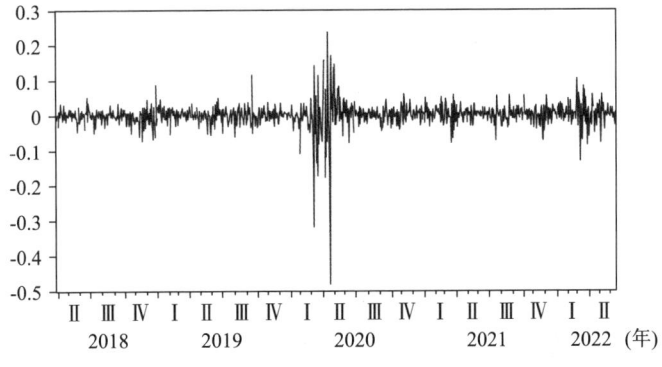

图 3-3 WTI 原油期货价格收益率图

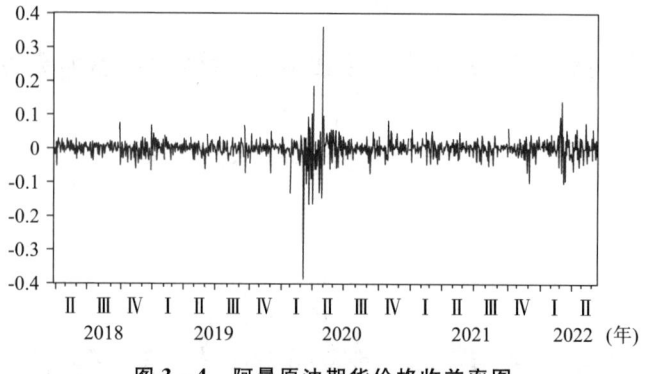

图3-4 阿曼原油期货价格收益率图

从图3-1至图3-4可以看到,国内外原油期货价格收益率序列出现了多个异常的峰值,并且波动呈现出明显的波动性聚类现象,说明国内外四个原油期货市场的期货价格收益率序列日波动具有突发性和显著性,波动性具有条件异方差现象,可以推测四个原油期货市场的期货价格收益率序列中出现的扰动不是白噪声过程(见图3-5至图3-12)。

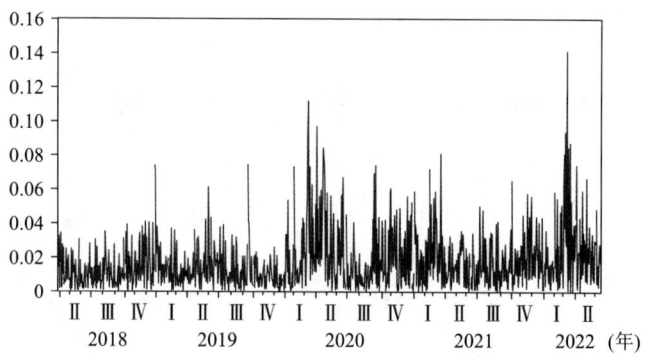

图3-5 国内原油期货价格日绝对收益率图

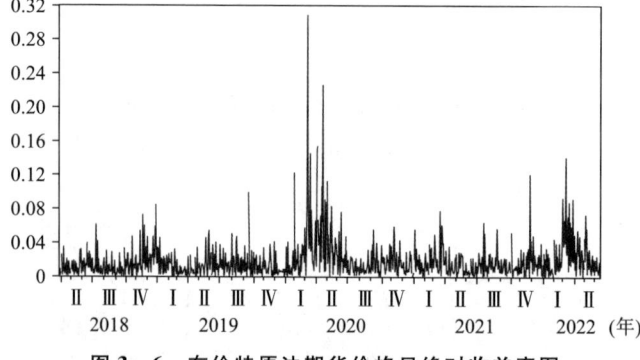

图3-6 布伦特原油期货价格日绝对收益率图

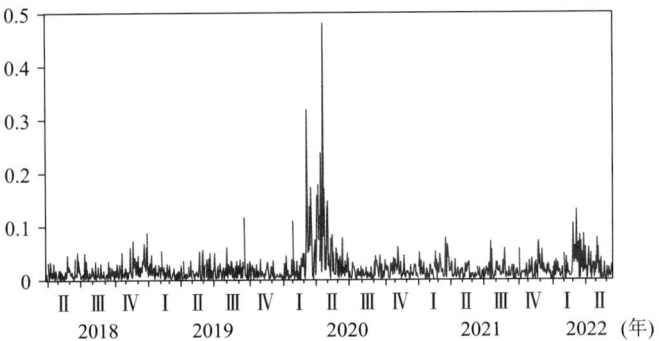

图 3-7 WTi 原油期货价格日绝对收益率图

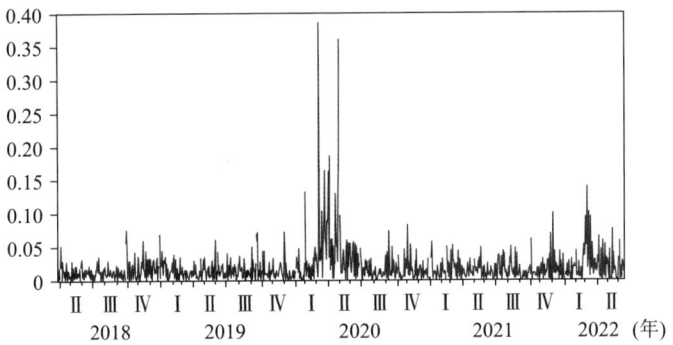

图 3-8 阿曼原油期货价格日绝对收益率图

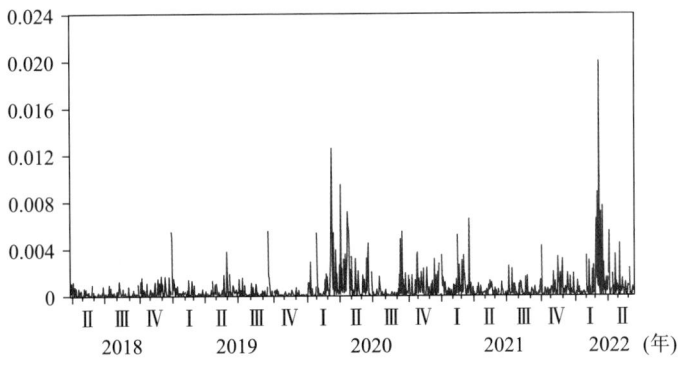

图 3-9 国内原油期货价格日均方收益率图

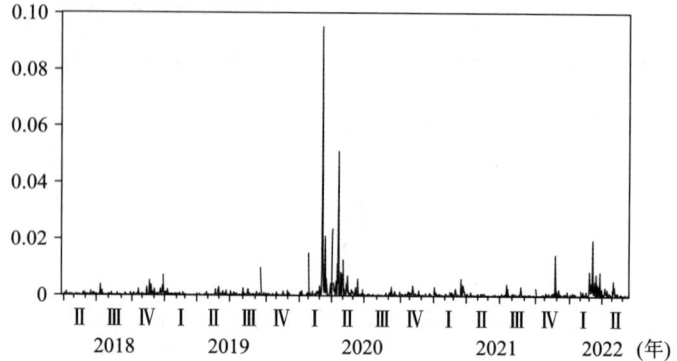

图 3-10　布伦特原油期货价格日均方收益率图

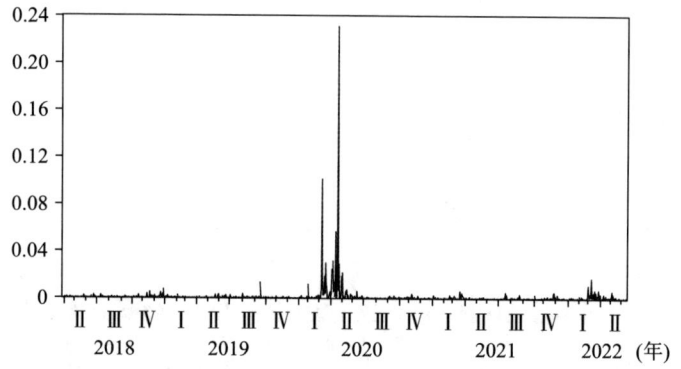

图 3-11　WTI 原油期货价格日均方收益率图

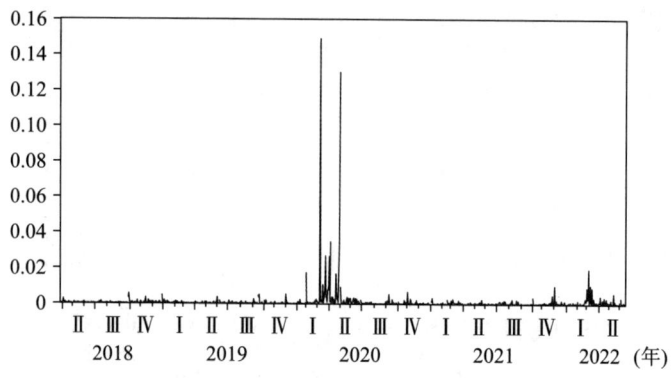

图 3-12　阿曼原油期货价格日均方收益率图

由上述期货价格各种收益率序列图 3-5 至图 3-12 对比发现，出现异常波动值与波动性聚类区间时，四者具有相似的波动模式，说明他们之间可能存在一定程度的相关性和波动影响的溢出效应。以下我们使用期货价格日收益率序列建立时间序列模型,分析收益率序列的双向波动及其影响。

第三节 研究模型的设定与选择

一、国内外原油期货价格收益率的协整检验及 ECM 模型设定

如果能够推断国内外原油期货价格对数序列是一阶单整,则可以进一步分析它们之间可能存在的协整关系。国内与国外(布伦特、WTI、阿曼)原油期货价格收益率平稳序列分别为:R_{0t}、R_{1t}、R_{2t}、R_{3t} 的二元误差修正模型可以表示为:

$$R_{0t} = \gamma_i(LNP_{0t-1} - \beta_i LNP_{it-1} + C) + \alpha_1 R_{0t-1} + \alpha_2 R_{0t-2} + \phi_{i1} R_{it-1} + \phi_{i2} R_{it-2} + \varepsilon_{it}$$
(式3.6)

其中:γ_i 为误差修正的调整参数,ε_{it} 为不相关的白噪声误差序列,其中 $i=1, 2, 3$。如果上述 ECM 模型成立,则说明国内外原油期货价格收益率受相同的误差修正过程影响,具有不同的调整速度,向长期均衡的回归当中具有共同的趋势成分,以及类似的周期特征,由于误差修正系数的不同,可能导致它们出现不同的短期波动模式。在 ECM 当中,长期修正关系可以表示成:

$$LNP_{0t} - \beta_i LNP_{it} + C = u_{it}$$
(式3.7)

其中 u_{it} 是零均值的平稳时间序列,其中 $i=1, 2, 3$。上述关系表示国内原油期货价格与国外(布伦特、WTI、阿曼)原油的协整关系,标准化的协整向量是:$(1, -\beta_i)'$。

关于协整关系的检验与估计目前有许多方法,比较常用的有 Engle 和 Granger(1987)两步法和 Johansen(1988)极大似然法(MLE),对多变量的协整检验,Johansen 检验优于 Engle 和 Granger 的方法。本章即采用 Johansen 检验法。

根据 Engle 和 Granger(1987)表达定理,协整系统有三种等价的表达

形式: 向量自回归 VAR、移动平均 MA 和 ECM, 其中 ECM 最能直接描述短期波动与长期均衡的综合, 应用最为普遍。Engle 和 Granger (1987) 证明了协整序列一定可以表示成误差校正表示形式。因此, 当变量序列协整时, 应该建立误差校正模型。

二、国内外原油期货价格收益率 GARCH-M 模型设定

1. 基本的条件异方差 (ARCH) 模型

Engle (1982) 在研究通货膨胀时提出了自回归条件异方差 (Autoregressive Conditional Heteroskedastic, ARCH) 模型, ARCH 模型是获得 2003 年诺贝尔经济学奖的计量经济学成果之一, 被认为是最集中反映了方差变化特点而被广泛应用于金融数据时间序列分析的模型, ARCH 模型是过去 20 年内金融计量学发展中最重大的创新。ARCH 模型针对因变量的方差进行描述并预测。其中, 被解释变量的方差按照公式的设定而依赖于该变量的过去值, 或依赖于一些独立的外生变量。ARCH 模型可以有效刻画风险及收益率的波动程度, 而且使这些波动性和风险度量具有时变性质, 体现出新信息获得和新冲击出现所产生的动态影响。对回归模型:

$$y_t = \gamma_0 + \gamma_1 x_{1t} + \cdots + \gamma_k x_{kt} + \varepsilon_t \qquad (式3.8)$$

如果 ε_t 的均值为 0, 则上述回归模型的均值方程为:

$$E_{t-1}(y_t) = \gamma_0 + \gamma_1 x_{1t} + \cdots + \gamma_k x_{kt} \qquad (式3.9)$$

变量的条件方差为:

$$Var(y_t \mid Y_{t-1}) = E_{t-1}(y_t - \gamma_0 - \gamma_1 x_{1t} - \cdots - \gamma_k x_{kt}) = E_{t-1}\varepsilon_t^2 \quad (式3.10)$$

其中 $Var(y_t \mid Y_{t-1})$ 是基于 $(t-1)$ 时刻的信息集合 $Y_{t-1} = \{y_{t-1}, y_{t-2}, \cdots, y_1\}$ 的 y_t 的条件方差, 假设在时刻 $(t-1)$ 所有的信息已知的条件下, 扰动项 ε_t 的条件分布是: $\varepsilon_t \sim N(0, (\alpha_0 + \alpha_1 \varepsilon_{t-1}^2))$, 则 ε_t 的方差为:

$$Var(\varepsilon_t) = \sigma_t^2 = \alpha_0 + \alpha_1 \varepsilon_{t-1}^2 \qquad (式3.11)$$

式 3.11 为 ARCH (1) 过程, 加以推广可以得到 ARCH (p) 过程为:

$$Var(\varepsilon_t) = \sigma_t^2 = \alpha_0 + \alpha_1 \varepsilon_{t-1}^2 + \alpha_2 \varepsilon_{t-2}^2 + \cdots + \alpha_p \varepsilon_{t-p}^2 \qquad (式3.12)$$

其中式 3.12 方差方程中 p+1 个参数利用极大似然估计法估计。

2. 原油期货价格收益率的 GARCH-M 模型

Bollerslev (1986) 在 ARCH 模型基础上提出了 GARCH 模型, 该模型

可以推广到允许条件方差对收益率产生影响。GARCH（q，p）模型方差方程表示为：

$$\sigma_t^2 = \alpha_0 + \sum_{i=1}^{p} \alpha_i \varepsilon_{t-i}^2 + \sum_{j=1}^{q} \beta_j \sigma_{t-j}^2 \qquad (式3.13)$$

其中，p 是 ARCH 项的阶数，q 是 GARCH 项的阶数，$p > 0$，$q \geq 0$，$\alpha_0 > 0$，$\alpha_i \geq 0$，$\beta_j \geq 0$。

Engle 和 Lilien and Robbins（1987）对其作了进一步的推广，将条件期望和条件方差都加入了回归模型之中即为 GARCH–M 模型。如果把异方差项引入均值方程，就可以得到 GARCH（p，q）–M 方程，因此，原油期货价格收益率的 GARCH（p，q）–M 模型均值与方差方程可以设定为：

$$R_t = b_0 + \sum_{m=1}^{k} b_m X_{t-m} + \lambda \sigma_t + \varepsilon_t \qquad (式3.14)$$

$$\sigma_t^2 = \alpha_0 + \sum_{i=1}^{p} \alpha_i \varepsilon_{t-i}^2 + \sum_{j=1}^{q} \beta_j \sigma_{t-j}^2 \qquad (式3.15)$$

其中，R_t 为原油期货价格收益率，σ_t^2 为条件方差，ε 为残差，b_m，λ，α_i，β_i 为参数。当风险（波动性）增加时，原油市场收益水平增加，方程中对应的条件方差的系数 $\lambda > 0$；当风险增加时，原油市场收益水平减少时，对应的条件方差系数 $\lambda < 0$。

三、国内外原油期货价格收益率非对称杠杆效应模型设定

杠杆效应体现了波动性传导的单向性，或者一定程度的风险态度差异，杠杆效应可以通过 GARCH 模型引入一定的非对称性来实现，也可以通过门限回归实现，此时称为 TARCH 模型。TARCH 或者门限（Threshold）ARCH 模型由 Zakoian（1990）和 Glosten. etc（1993）独立引入，它描述的条件方差为：

$$\sigma_t^2 = \beta_0 + \alpha \varepsilon_{t-i}^2 + \beta \sigma_{t-j}^2 + \gamma D_{t-1} \varepsilon_{t-1}^2 \qquad (式3.16)$$

其中，$D_t = \begin{cases} 1 & \varepsilon_t < 0 \\ 0 & \varepsilon_t > 0 \end{cases}$，$\varepsilon_t$ 为模型的残差，模型中好消息（$\varepsilon_t > 0$）和坏消息（$\varepsilon_t < 0$）对条件方差有不同的影响，好消息的影响因子为 α，坏消息的影响因子为 $\alpha + \gamma$。如果 $\gamma > 0$，则存在杠杆效应，如果 $\gamma = 0$，则正面消息与负面消息的影响是对称的。

根据基本的 TARCH 模型,我们对原油期货价格收益率的 TARCH 模型的方差方程设定为:

$$\sigma_t^2 = \beta_0 + \sum_{i=1}^{q} \phi_i \varepsilon_{t-i}^2 + \sum_{j=1}^{p} \phi_j \sigma_{t-j}^2 + \omega D_{t-1} \varepsilon_{t-1}^2 \tag{式3.17}$$

其中,D_{t-1} 表示绝对残差变化方向的哑变量,当 $\varepsilon_{t-1} < 0$ 时,$D_{t-1} = 1$;否则,$D_{t-1} = 0$。在模型中,好消息($\varepsilon_t > 0$)和坏消息($\varepsilon_t < 0$)对条件方差有不同的影响:好消息有一个 $\sum \phi_i$ 的冲击;坏消息有一个 $\sum \phi_i + \omega$ 的冲击。如果 $\omega > 0$,我们说存在杠杆效应;如果 $\omega \neq 0$,则信息是非对称的。

由于市场波动和反应的非对称性具有多种结构形式和表示方法,还有一些对 GARCH 模型的推广形式,如 EGARCH 模型等,应用比较广泛。我们根据 Nelson(1991)提出的 EGARCH 模型,设定原油期货价格收益率的条件方差方程为:

$$\ln \sigma_t^2 = \omega + \beta \ln \sigma_{t-1}^2 + \alpha \left| \frac{\varepsilon_{t-1}}{\sigma_{t-1}} \right| + \gamma \frac{\varepsilon_{t-1}}{\sigma_{t-1}} \tag{式3.18}$$

好消息($\varepsilon_t > 0$)和坏消息($\varepsilon_t < 0$)对条件方差有不同的影响,好消息影响因子为 $\alpha + \gamma$,坏消息的影响因子为 $\alpha - \gamma$,如果 $\gamma < 0$,则存在杠杆效应,如果 $\gamma = 0$,则不存在杠杆效应。如果 $\gamma \neq 0$,则冲击反应存在非对称性。令:

$$f\left(\frac{\varepsilon_t}{\sigma_t}\right) = \alpha \left| \frac{\varepsilon_{t-1}}{\sigma_{t-1}} \right| + \gamma \frac{\varepsilon_{t-1}}{\sigma_{t-1}} \tag{式3.19}$$

则 $f(\cdot)$ 为信息冲击曲线。

基于基本 EGARCH 模型形式,我们对原油期货价格收益率 EGARCH 模型多阶形式的方差方程可以设定为:

$$\ln \sigma_t^2 = \omega + \sum_{j=1}^{p} \beta_j \ln \sigma_{t-j}^2 + \sum_{i=1}^{q} \left(\alpha_i \left| \frac{\varepsilon_{t-i}}{\sigma_{t-i}} \right| + \gamma_i \frac{\varepsilon_{t-i}}{\sigma_{t-i}} \right) \tag{式3.20}$$

好消息($\varepsilon_t > 0$)和坏消息($\varepsilon_t < 0$)对条件方差有不同的影响,好消息影响因子为 $\sum_{i=1}^{q}(\alpha_i + \gamma_i)$,坏消息的影响因子为 $\sum_{i=1}^{q}(\alpha_i - \gamma_i)$,如果 $\sum_{i=1}^{q} \gamma_i < 0$,则存在杠杆效应,如果 $\sum_{i=1}^{q} \gamma_i = 0$,则不存在杠杆效应。

四、国内外原油期货价格收益率溢出效应模型设定

当国外(内)原油期货市场出现大幅波动的时候,就会引起投资者在国内(外)原油期货市场投资行为的改变,将这种波动传递到其他的期货市场,即原油期货市场的"溢出效应"。为了描述国内外原油期货市场之间的波动性的关联,我们采用 Harmo(1990)提出的波动溢出效应模型,分析国内外原油期货市场波动性之间的短期相依性和互动性,因此,从国外原油期货市场(B)向国内原油期货市场(A)的短期溢出效应可设定为:

$$\sigma_{At}^2 = \beta + \sum_{i=1}^{q} \phi_i \varepsilon_{At-i}^2 + \sum_{j=1}^{p} \phi_j \sigma_{At-j}^2 + \sum_{l=1}^{r} \zeta_l \varepsilon_{Bt-l}^2 \qquad (式3.21)$$

其中,ε_{Bt-l}^2 表示前 L 期在 B 市场上的收益率冲击或者扰动,是现实当中已经实现的绝对波动程度,如果这些扰动项的系数在统计上显著为正,说明存在显著的溢出效应。

第四节 国内外原油期货协整相关检验及 ECM 模型实证

一、国内外原油期货价格日数据的平稳性检验

平稳性检验常用方法是单位根检验,单位根检验方法很多,一般有 DF、ADF 检验和 Philips 的非参数检验(PP 检验)。本书采用最常用的 Engle 和 Granger 的基于残差的 ADF 检验。在检验中保证残差项不相关的前提下,采用 AIC 准则与 SC 准则,确定在二者值同时为最小时的滞后阶数为最佳滞后阶数①。具体检验结果如表 3-1 所示。

---

① 在检验中对是否包含趋势等问题,我们通过变量的时序图观察,如果序列好像包含有趋势,选择序列回归中既有常数又有趋势;如果序列没有表现任何趋势且有非零均值,回归中应仅有常数;如果序列在零均值波动,检验回归中应既不含有常数又不含有趋势。

表 3-1　　　　　国内外原油期货价格变量 ADF 单位根检验结果

变量	ADF 值	检验类型 (c, t, n)	1% 临界值	5% 临界值	10% 临界值	DW	是否平稳
LNP0	-0.974	(c, t, 2)	-3.967	-3.414	-3.129	1.999	否
LNP1	-1.114	(c, t, 0)	-3.967	-3.414	-3.129	2.009	否
LNP2	-1.604	(c, t, 21)	-3.967	-3.414	-3.129	1.9901	否
LNP3	-1.947	(c, t, 17)	-3.967	-3.414	-3.129	1.992	否
ΔLNP	-20.983	(0, 0, 1)	-3.437	-2.864	-2.568	1.999	是
ΔLNP1	-31.988	(0, 0, 0)	-3.437	-2.864	-2.568	2.000	是
ΔLNP2	-6.087	(0, 0, 21)	-3.437	-2.864	-2.568	2.004	是
ΔLNP3	-6.221	(0, 0, 21)	-2.567	-1.941	-1.616	1.9823	是

注：P0 表示国内原油期货价格；P1 表示布伦特原油期货价格；P2 表示 WTI 原油期货价格；P3 表示阿曼原油期货价格。LN 表示取对数，Δ 表示一阶差分。C 表示截距、t 表示时间趋势、n 表示滞后阶数（下同）。

以上单位根检验结果显示，国内外四个原油期货价格变量的时间序列数据在 1%、5%、10% 显著性水平下均为非平稳的序列，一阶差分后在 1%、5%、10% 显著性水平下均为平稳序列，因此，通过检验可判断国内外四个市场原油期货价格序列均为一阶单整 I（1）。

二、国内外原油期货价格间的 Granger 因果关系检验

我们对国内外原油期货价格作 Granger 因果关系检验，研究国内原油期货价格对国外原油期货价格变量的引导情况。由于因果关系检验对滞后阶数较为敏感，在实际检验中，根据 AIC、SC 准则，当二者值最小时为最佳滞后阶数。具体检验结果如表 3-2 所示。

表 3-2　　　　　各个变量 Granger 因果关系检验结果

零假设	样本数（个）	F 统计量	接受零假设的概率（%）
LNP1 不是 LNP0 的 Granger 原因	1014	188.712	0.000
LNP0 不是 LNP1 的 Granger 原因		4.050	0.007
LNP2 不是 LNP0 的 Granger 原因	1015	204.979	0.000
LNP0 不是 LNP2 的 Granger 原因		3.267	0.039

第三章 国内原油期货价格波动及风险传导实证研究

续表

零假设	样本数（个）	F 统计量	接受零假设的概率（%）
LNP3 不是 LNP0 的 Granger 原因	1014	5.942	0.001
LNP0 不是 LNP3 的 Granger 原因		4.454	0.004
LNP3 不是 LNP1 的 Granger 原因	1014	1.078	0.358
LNP1 不是 LNP3 的 Granger 原因		178.352	0.000
LNP3 不是 LNP2 的 Granger 原因	1014	2.309	0.075
LNP2 不是 LNP3 的 Granger 原因		130.072	0.000

从上述检验结果可以看到：在1%的显著性水平下，布伦特原油期货价格（LNP1）、WTI 原油期货价格（LNP2）、阿曼原油期货价格（LNP3）对国内原油期货价格（LNP0）均具有较强的引导作用，国内原油期货价格仅对布伦特原油、阿曼原油期货价格具有较强的引导作用，对 WTI 原油期货价格不具有引导作用。只有在5%显著性水平下，国内原油期货价格与国外三个市场原油期货价格具有双向引导作用。阿曼原油期货价格在1%、5%显著性水平下，对布伦特及 WTI 原油期货价格不具有引导作用。

三、国内外原油期货价格间长期协整关系检验

我们对国内原油期货价格与国外三个原油市场原油期货价格作 Johansen 极大似然估计检验，检验中均考虑了含有常数的情况，根据 SC 准则、AIC 准则确定最佳滞后阶数的方程形式，滞后阶数均选择0，检验结果如表3-3所示。

表3-3 国内原油与国外三个原油市场原油期货价格间 Johanson 协整检验结果

协整关系	特征根	迹统计值	5%临界值	P 值	协整关系个数
国内原油期货价格与布伦特原油期货价格	0.060	64.465	20.262	0.000	无*
	0.001	1.1647	9.165	0.929	至多一个
国内原油期货价格与WTI 原油期货价格	0.041	43.986	20.262	0.000	无*
	0.001	1.290	9.165	0.909	至多一个
国内原油期货价格与阿曼原油期货价格	0.022	24.027	20.262	0.014	无*
	0.001	1.228	9.165	0.919	至多一个

注："*"表示在5%显著性水平拒绝零假设。

协整检验结果显示均存在唯一的协整关系,则国内原油期货价格与布伦特原油期货价格、WTI 原油期货价格、阿曼原油期货价格之间的协整关系估计分别为:

$$\mu_t = LNP_{0t} - 0.908LNP_{1t} - 2.283 \quad (式3.22)$$

$$v_t = LNP_{0t} - 0.857LNP_{2t} - 2.570 \quad (式3.23)$$

$$w_t = LNP_{0t} - 0.919LNP_{3t} - 2.250 \quad (式3.24)$$

则最大化特征根对应的协整方程分别为(方程括号内数值为标准差,下同)

$$LNP_{0t} = 0.908LNP_{1t} + 2.283$$
$$(0.036) \quad (0.151) \quad (式3.25)$$

$$LNP_{0t} = 0.857LNP_{2t} + 2.570$$
$$(0.055) \quad (0.223) \quad (式3.26)$$

$$LNP_{0t} = 0.919LNP_{3t} + 2.250$$
$$(0.065) \quad (0.270) \quad (式3.27)$$

我们从协整方程看出,国内原油期货与国外三个原油期货市场之间存在显著的长期的同向变动关系,变动的幅度差别不大(0.908、0.857、0.919),国内与 WTI 原油市场的同向变动关系要稍弱于布伦特原油、阿曼原油的同向变动关系,国内与阿曼原油期货同向变动关系最强。

四、国内外原油期货价格收益率间 ECM 模型实证

由上述协整检验可知,国内外原油期货价格之间存在协整关系,因此,我们在国内原油期货价格收益率与布伦特原油、WTI 原油、阿曼原油期货价格收益率之间建立误差修正模型,结果如表 3-4 所示。

表 3-4 国内外四个原油期货市场原油价格收益率之间的误差修正模型估计

误差修正模型	R0	R1	R0	R2	R0	R3
EC	-0.025	-0.008	-0.017	0.004	-0.022	0.001
	(0.007)	(0.011)	(0.005)	(0.009)	(0.008)	(0.011)
R0(-1)	-0.217	0.160	-0.133	0.178	-0.050	0.095
	(0.032)	(0.047)	(0.032)	(0.055)	(0.039)	(0.053)

续表

误差修正模型	R0	R1	R0	R2	R0	R3
R0（-2）	-0.010	0.024	0.001	-0.001	0.018	0.169
	(0.026)	(0.038)	(0.027)	(0.047)	(0.039)	(0.052)
R1（-1）	0.506	-0.044				
	(0.023)	(0.034)				
R1（-2）	0.142	-0.126				
	(0.028)	(0.040)				
R2（-1）			0.363	0.004		
			(0.019)	(0.033)		
R2（-2）			0.049	-0.080		
			(0.022)	(0.038)		
R3（-1）					0.073	-0.047
					(0.030)	(0.040)
R3（-2）					0.0483	-0.170
					(0.030)	(0.040)
R^2	0.363	0.013	0.293	0.011	0.021	0.020
调整 R^2	0.360	0.009	0.290	0.007	0.018	0.016
残差平方和	0.384	0.824	0.426	1.270	0.590	1.045
回归标准差	0.020	0.029	0.021	0.035	0.024	0.032
F-统计量	143.717	3.285	104.617	2.896	5.529	5.176
对数似然	2,555.809	2,168.639	2,503.097	1,949.460	2,338.189	2,048.067
赤池信息准则 AIC	-5.031	-4.268	-4.927	-3.835	-4.602	-4.030
施瓦茨准则 SC	-5.007	-4.243	-4.903	-3.811	-4.578	-4.005
因变量均值	0.001	0.001	0.001	0.001	0.001	0.001
因变量标准差	0.024	0.029	0.024	0.036	0.024	0.032

注：其中 R0、R1、R2、R3 分别表示国内原油、布伦特原油、WTI 原油、阿曼原油期货价格收益率；括号内的正数表示标准差，负数表示滞后阶数。EC 表示误差修正项，下同。

根据上述误差修正方程计算，求解收益率序列的无条件数学期望，可以得到国内原油、布伦特原油、WTI、阿曼原油市场长期均衡原油期货价格收益率水平分别为：

$$\overline{R_0} = 0.056\%, \overline{R_1} = 0.013\%, \overline{R_2} = -0.002\%, \overline{R_3} = 0.001\%$$

由以上结果可知，国内原油期货市场与布伦特原油期货市场的长期期货价格收益率几乎没有显著差异，国内原油期货市场与 WTI 原油及阿曼原油期货市场的长期期货价格收益率存在显著差异，国内原油期货市场长期价格收益率要强于国外三个原油期货市场；四个市场原油期货价格收益率均受到长期均衡关系的影响，但是修正项对国内原油期货价格收益率、布伦特原油期货价格收益率是负的边际贡献，而修正项对 WTI 原油期货、阿曼原油期货价格收益率是正的边际贡献；在 ECM 模型中，存在国内原油期货与国外三个原油市场的原油期货价格收益率的交互影响，因为滞后系数出现部分显著与不显著，体现了短期波动之间的相互影响。ECM 模型表明，国内外原油期货价格收益率之间存在长期的协整趋势，但是它们的短期波动过程存在着相异的波动模式。

第五节 国内外原油期货市场 GARCH 模型族实证分析

本书采用 GARCH 模型检验原油期货价格收益率序列的条件异方差性，首先利用偏自相关函数（PACF）和自相关函数（ACF）决定均值方程中的 AR 过程与 MA 过程的阶数，然后根据绝对残差序列的特性，确定方差方程中的 ARCH 项和 GARCH 项的阶数，经过分析比较，最终确定国内原油期货价格收益率序列的均值方程为 ARMA（22，22），方差方程为 GARCH（1，1）；布伦特原油、WTI 原油、阿曼原油期货价格收益率序列的均值方程均为 ARMA（17，17），方差方程为 GARCH（1，1）。限于篇幅整体估计及显著性结果均省略备索。以下我们分别估计国内外原油期货价格收益的 GARCH – M 模型、杠杆效应模型、溢出效应模型如下：

一、国内外原油期货价格收益率 GARCH – M 模型估计

我们对国内原油、布伦特原油、WTI 原油、阿曼原油期货价格收益率的 GARCH – M 模型实证估计如表 3 – 5（非主要参数的估计均省略，括号内数值为标准差，下同）所示。

第三章 国内原油期货价格波动及风险传导实证研究

表3-5　国内外四个原油期货市场原油期货价格收益率的 GARCH-M 估计

变量	R0	R1	R2	R3
@SQRT（GARCH）	0.054 (0.033)	0.096 (0.031)	0.095 (0.032)	0.109 (0.032)
AR（17）		0.890 (0.021)	0.899 (0.019)	0.870 (0.028)
MA（17）		-0.899 (0.020)	-0.905 (0.018)	-0.886 (0.025)
AR（22）	-0.476 (0.136)			
MA（22）	0.546 (0.129)			
R^2	0.004	0.001	0.003	0.001
调整 R^2	0.002	-0.001	0.001	-0.002
回归标准差	0.025	0.029	0.036	0.033
残差平方和	0.595	0.831	1.276	1.060
对数似然	2,381.638	2,358.342	2,295.048	2,272.038
DW 统计量	1.964	1.973	1.923	1.969
因变量均值	0.001	0.001	0.001	0.001
因变量标准差	0.025	0.029	0.036	0.033
赤池信息准则 AIC	-4.780	-4.709	-4.583	-4.537
施瓦茨准则 SC	-4.750	-4.680	-4.553	-4.507
H-Q 信息准则	-4.769	-4.698	-4.571	-4.525

注：R0、R1、R2、R3 分别代表国内原油、布伦特原油、WTI 原油和阿曼原油期货的价格收益率，σ_t^2 代表原油期货价格收益率条件方差，t=0，1，2，3。下同。

从以上估计结果可以看到，国内原油、布伦特原油、WTI 原油、阿曼原油期货条件方差项 GARCH 的系数估计分别为 0.054、0.096、0.095、0.109，国内原油期货价格收益率条件方差系数不显著，而国外布伦特原油、WTI 原油、阿曼原油期货价格收益率条件方差系数均是显著的，这反映了国内外四个原油期货市场收益与风险的正相关关系，收益有正的风险溢价，四个市场均存在一定的风险奖励，波动性增加了当前的收益率，其中国内原油期货风险溢价最小,说明国外三个原油市场的投资者比国内投资者具有更强的风险偏好。国内原油期货推出后,经过不断优化市场运行,市场风险收益表现出与国际市场相同的正相关关系,市场逐步走向成熟,由于国内与国外三个原油期货市场之间收益的风险溢价存在差异,因此国内外原油期货存在理论上的套利机会,同时通过国外三个原油市场进行投资面临比国内更大的投资风险。

二、国内外原油期货价格收益率 TARCH 模型估计

以下我们利用上述 TARCH 模型对国内原油、布伦特原油、WTI 原油、阿曼原油期货市场杠杆效应进行模型实证估计,方差方程估计结果参见表 3-6。

表 3-6　国内外四个原油期货市场原油期货价格收益率的 TARCH 模型估计结果

变量	σ_0^2	σ_1^2	σ_2^2	σ_3^2
C	2.21E-05	3.76E-05	4.99E-05	6.55E-05
	(5.59E-06)	(6.18E-06)	(8.05E-06)	(7.94E-06)
$\varepsilon_t^2(-1)$	0.117	0.106	0.123	0.140
	(0.023)	(0.021)	(0.021)	(0.028)
$\varepsilon_t^2(-1)*(\varepsilon_t(-1)<0)$	0.050	0.187	0.200	0.483
	(0.028)	(0.028)	(0.029)	(0.047)
$\sigma_t^2(-1)$	0.826	0.759	0.726	0.621
	(0.024)	(0.022)	(0.023)	(0.020)
R^2	0.005	0.005	0.007	0.007
调整 R^2	0.003	0.003	0.005	0.005
回归标准差	0.025	0.029	0.036	0.033
残差平方和	0.595	0.828	1.271	1.053
对数似然	2,382.735	2,366.645	2,303.314	2,294.776
DW 统计量	1.963	1.971	1.925	1.970
因变量均值	0.001	0.001	0.001	0.001
因变量标准差	0.025	0.029	0.036	0.033

续表

变量	σ_0^2	σ_1^2	σ_2^2	σ_3^2
赤池信息准则 AIC	-4.780	-4.724	-4.597	-4.580
施瓦茨准则 SC	-4.746	-4.690	-4.563	-4.546
H-Q 信息准则	-4.767	-4.711	-4.584	-4.567

注：σ_0^2、σ_1^2、σ_2^2、σ_3^2 分别表示国内原油、布伦特原油、WTI 原油、阿曼原油期货价格收益率方差；$\varepsilon_t^2(-1)$ 表示残差平方滞后一阶；$\varepsilon_t^2(-1) * (\varepsilon_t(-1) < 0)$ 表示哑变量；$\sigma_t^2(-1)$ 表示滞后一期的方差。t = 0, 1, 2, 3。

从上述估计结果中可以看出，哑变量前的系数为正值，分别为 0.050、0.187、0.200、0.483，其中，国内原油期货市场杠杆效应模型哑变量系数不够显著，而布伦特原油、WTI 原油、阿曼原油期货市场杠杆效应模型哑变量系数是显著的，说明国内原油期货市场存在的杠杆效应不显著，市场利空消息的影响不能明显强于利多消息的影响，而国外布伦特原油、WTI 原油、阿曼原油期货市场存在的杠杆效应显著，市场利空消息的影响能明显强于利多消息的影响，其中阿曼市场的杠杆效应最显著。

因此，国外布伦特原油、WTI 原油、阿曼原油期货市场期货价格波动具有杠杆效应，利空消息能比等量的利好消息产生更大的波动，当出现利好消息时，分别在国内原油、布伦特原油、WTI 原油、阿曼原油期货价格带来 0.050、0.187、0.200、0.483 倍的冲击；当出现利空消息时，则分别带来 0.167（0.117 + 0.050）、0.293（0.106 + 0.187）、0.323（0.123 + 0.200）、0.623（0.140 + 0.483）倍的冲击。国内原油市场原油期货价格波动杠杆效应弱，利空消息与利多消息对市场的冲击均弱于国外三个原油市场。

三、国内外原油期货价格收益率 EGARCH 模型估计

以下对国内原油、布伦特原油、WTI 原油、阿曼原油期货市场原油期货价格收益率 EGARCH 模型进行估计，估计模型分别为 EGARCH（1，1）、EGARCH（1，1）、EGARCH（2，1）、EGARCH（2，2），具体估计的方差方程结果如表 3-7 所示。

表 3-7　国内外四个原油期货市场原油期货价格收益率的 EGARCH 模型估计结果

变量	$\ln\sigma_0^2$	$\ln\sigma_1^2$	$\ln\sigma_2^2$	$\ln\sigma_3^2$
C	-0.637	-0.650	-0.557	-0.694
	(0.108)	(0.079)	(0.072)	(0.102)
$\|\varepsilon_t(-1)/\sigma_t(-1)\|$	0.280	0.292	0.448	0.624
	(0.034)	(0.023)	(0.032)	(0.039)
$\|\varepsilon_t(-2)/\sigma_t(-2)\|$			-0.172	-0.257
			(0.039)	(0.070)
$\varepsilon_t(-1)/\sigma_t(-1)$	-0.039	-0.110	-0.101	-0.154
	(0.017)	(0.013)	(0.013)	(0.023)
$\ln\sigma_t^2(-1)$	0.944	0.943	0.952	0.657
	(0.012)	(0.009)	(0.008)	(0.093)
$\ln\sigma_t^2(-2)$				0.286
				(0.091)
R^2	0.012	0.004	0.005	0.002
调整 R^2	0.010	0.002	0.003	0.0002
回归标准差	0.024	0.029	0.036	0.033
残差平方和	0.591	0.829	1.274	1.058
对数似然	2,378.563	2,368.086	2,290.949	2,302.931
DW 统计量	1.964	1.969	1.928	1.938
因变量均值	0.001	0.005	0.001	0.0001
因变量标准差	0.025	0.029	0.036	0.033
赤池信息准则 AIC	-4.772	-4.727	-4.570	-4.592
施瓦茨准则 SC	-4.737	-4.693	-4.531	-4.548
H-Q 信息准则	-4.759	-4.714	-4.556	-4.576

注：σ_0^2、σ_1^2、σ_2^2、σ_3^2 分别代表国内原油、布伦特原油、WTI 原油和阿曼原油期货收益率的方差。ε_t 代表残差；σ_t 代表标准差。括号中的负数是滞后阶数。t = 0, 1, 2, 3。

从以上估计结果可以看到，非对称项系数估计值均小于零，分别为 -0.039、-0.110、-0.101、-0.154 且均是显著的，说明了国内外原油期货市场中均存在非对称性及杠杆效应，其中，国内原油期货市场的杠杆效应最弱，阿曼原油期货市场杠杆效应最强，模型估计结果与 TARCH 模型估计结果基本一致。以下分别作出国内外原油期货市场信息冲击反应曲线（见图 3-13 至图 3-16）。

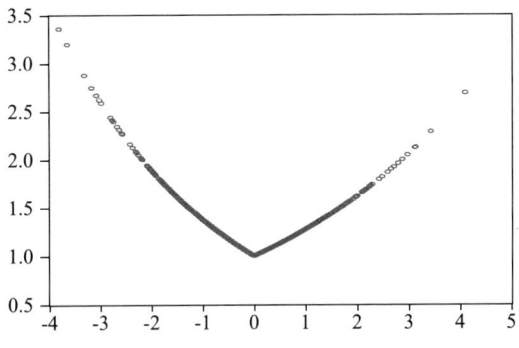

图 3-13　国内原油市场信息冲击曲线图

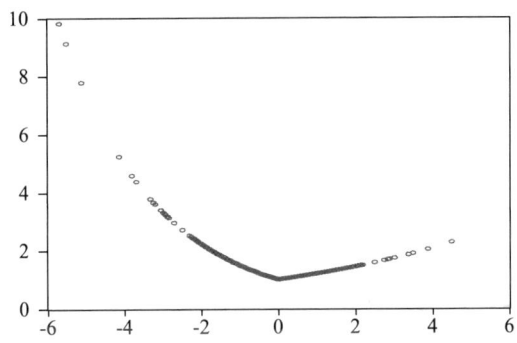

图 3-14　布伦特原油市场信息冲击曲线图

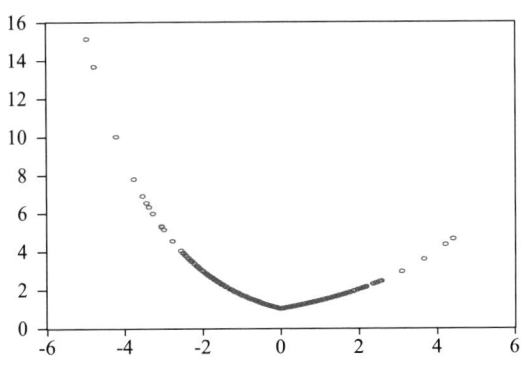

图 3-15　WTI 原油市场信息冲击曲线图

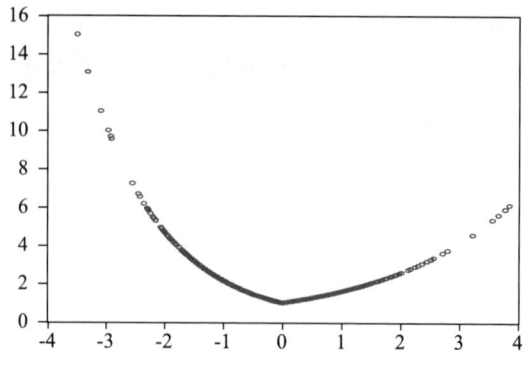

图 3 – 16　阿曼原油市场信息冲击曲线图

从图 3 – 13 至图 3 – 16 中可以看到市场消息对波动性的非对称性影响，显然，国内外市场的利空消息的影响均大于利多消息的影响，但是国外三个主要原油期货市场的利空影响比国内原油期货市场的利多消息影响程度要大，国内市场利多消息的影响与利空消息的影响基本比较接近。从国内外原油市场的消息影响程度的差距得到的启示是国外原油市场的风险要大于国内原油期货市场的风险，因此，跨市套利存在较大的风险。

四、国内外原油期货价格收益率溢出效应模型估计

我们首先对国内外原油期货价格收益率 Garch – M 模型的条件方差作 Granger 因果关系检验，滞后阶数选择 4，检验结果如表 3 – 8 所示。

表 3 – 8　国内外原油期货价格收益率条件方差 Granger 因果关系检验结果

零假设	样本数（个）	F 统计量	接受零假设的概率
GARCH02 不是 GARCH01 的 Granger 原因	992	108.489	3.E – 43
GARCH01 不是 GARCH02 的 Granger 原因		4.140	0.016
GARCH03 不是 GARCH01 的 Granger 原因	992	56.857	4.E – 24
GARCH01 不是 GARCH03 的 Granger 原因		3.758	0.024
GARCH04 不是 GARCH01 的 Granger 原因	992	27.985	2.E – 12
GARCH01 不是 GARCH04 的 Granger 原因		11.789	9.E – 06

注：其中 GARCH01、GARCH02、GARCH03、GARCH04 分别是国内原油、布伦特原油、WTI 原油、阿曼原油期货价格收益率 Garch – M 模型的条件方差。

从上述 Granger 因果关系检验结果可以看到：在 5% 的显著性水平下，国内原油期货价格收益波动率与布伦特原油、WTI 原油、阿曼原油期货价格收益波动率互为因果关系，布伦特原油及 WTI 原油期货价格收益波动率对国内原油价格收益波动率引导作用强于国内原油期货价格收益率波动对布伦特原油及 WTI 原油期货价格收益波动率的引导。说明国内外原油期货市场的风险之间均具有较强的相互影响，而国内原油市场风险对阿曼原油市场的作用强于布伦特原油和 WTI 原油市场。因此，国内外原油期货价格风险传导具有非对称性。

以下分别作出国内原油与布伦特原油、WTI 原油、阿曼原油期货市场的溢出效应模型的具体估计如表 3-9 所示。

表 3-9　　国内原油与国外三个原油期货市场溢出效应模型估计结果

变量	σ_1^2	σ_1^2	σ_1^2
$\sigma_1^2(-1)$	0.852	0.852	0.852
	(0.001)	(0.001)	(0.001)
$\varepsilon_1^2(-1)$	0.138	0.138	0.138
	(0.0004)	(0.0003)	(0.0003)
$\varepsilon_2^2(-1)$	$-1.21E-04$		
	(0.0001)		
$\varepsilon_3^2(-1)$		$-8.38E-05$	
		(4.88E-05)	
$\varepsilon_4^2(-1)$			$-1.41E-04$
			(6.54E-05)
R^2	0.999	0.999	0.999
调整 R^2	0.999	0.999	0.999
回归标准差	1.34E-05	1.34E-05	1.34E-05
残差平方和	1.78E-07	1.78E-07	1.78E-07
对数似然	9,732.520	9,733.383	9,734.216
DW 统计量	0.046	0.049	0.052
因变量均值	0.001	0.001	0.001
因变量标准差	0.001	0.001	0.001
赤池信息准则 AIC	-19.596	-19.598	-19.600

续表

变量	σ_1^2	σ_1^2	σ_1^2
施瓦茨准则 SC	-19.581	-19.583	-19.585
H-Q 信息准则	-19.591	-19.592	-19.594

注：σ_1^2 为国内原油期货价格收益率条件方差，$\varepsilon_i^2 = 1, 2, 3, 4$ 分别为国内原油、布伦特原油、WTI 原油、阿曼原油期货价格收益率扰动，括号内正的数据为标准差，负数值为滞后阶数。

以下再作出布伦特原油、WTI 原油、阿曼原油期货市场与国内原油期货市场的溢出效应模型的具体估计如表 3-10 所示。

表 3-10　国外三个原油期货市场与国内原油市场溢出效应模型估计结果

变量	σ_2^2	σ_3^2	σ_4^2
$\sigma_i^2(-1)$	0.776 (0.001)	0.710 (0.0004)	0.652 (0.0004)
$\varepsilon_1^2(-1)$	0.005 (0.000813)	0.012 (0.001)	0.012 (0.001)
$\varepsilon_2^2(-1)$	0.197 (0.0002)		
$\varepsilon_3^2(-1)$		0.245 (0.0002)	
$\varepsilon_4^2(-1)$			0.378 (0.0002)
R^2	0.999	0.999	0.999
调整 R^2	0.999	0.999	0.999
回归标准差	3.04E-05	4.75E-05	4.91E-05
残差平方和	9.21E-07	2.24E-06	2.40E-06
对数似然	8,964.617	8,520.858	8,486.242
DW 统计量	0.105	0.195	0.190
因变量均值	0.001	0.001	0.001
因变量标准差	0.002	0.004	0.004
赤池信息准则 AIC	-17.959	-17.070	-17.001
施瓦茨准则 SC	-17.944	-17.055	-16.986
H-Q 信息准则	-17.954	-17.064	-16.995

注：σ_2^2、σ_3^2、σ_4^2 分别为布伦特原油、WTI 原油、阿曼原油期货收益率条件方差，$\sigma_i^2(-1)$ 中 t = 2, 3, 4。

上述条件方差模型显示：布伦特原油、WTI 原油、阿曼原油期货价格收益率的前期绝对扰动对国内原油期货价格当期收益率波动存在负向影响，相比较而言，布伦特原油及阿曼原油期货价格收益率波动对国内原油期货价格收益率波动影响强于 WTI 原油；国内原油期货价格收益率的前期绝对扰动对布伦特原油、WTI 原油、阿曼原油当期期货价格收益率波动存在正向影响，相比较而言，国内原油期货价格收益率波动对 WTI 原油及阿曼原油期货价格收益率波动影响大于布伦特原油。这说明国内外原油期货市场之间均存在溢出效应，国内原油期货市场对国外原油期货市场的溢出效应强于国外原油期货市场对国内原油期货市场。国内与国外原油市场的溢出效应的非对称性表明，国内外原油市场的波动性传导存在相互的影响。以上说明，中国上海国际能源交易中心的原油期货交易虽然推出时间还比较短，但是其收益率水平和波动性在全球市场已经具有一定的示范作用，国内原油的国际定价能力及影响力有了进一步提升。

第六节 结论与建议

通过实证分析，建立不同的模型，我们对国内外原油市场之间关系及市场运行规律得到诸多重要的结论，同时提出相关建议。

第一，国内原油期货价格与布伦特原油、WTI 原油、阿曼原油期货价格之间存在双向的 Granger 因果关系及协整关系。国内原油期货价格对阿曼原油期货价格引导作用强于对布伦特原油期货价格和 WTI 原油期货价格；国内原油期货与国外三个原油期货市场之间存在显著的长期的同向变动关系，国内与阿曼原油市场的同向变动关系要强于布伦特原油、WTI 原油的同向变动关系。

第二，通过建立的 ECM 模型显示，国内原油期货市场与布伦特原油期货市场的长期期货价格收益率几乎没有显著差异，与 WTI 及阿曼原油存在显著差异；国内原油期货市场长期价格收益率总体要强于国外三个原油期货市场。国内原油期货与国外三个原油市场的期货价格收益率存在交互影响，国内外原油期货价格收益率之间存在长期的协整趋势，但是它们的短期波动过程存在着相异的波动模式。

第三，国内外四个原油期货市场期货价格收益率序列存在一定的波动聚类与持续性，期货价格收益率和波动性之中存在较为明显的非线性与非对称性。GARCH–M模型估计结果显示，国内外四个原油期货市场收益与风险存在正相关关系，收益有正的风险溢价，其中国内原油期货风险溢价最小，说明四个市场上的投资者都有一定程度的风险偏好，国外原油市场投资者比国内原油市场投资者有更强的风险偏好。以上结果也说明国内原油期货推出后，经过不断优化市场运行，市场逐步走向成熟，市场风险收益表现出与国际市场相同的正相关关系；由于国内与国外三个原油期货市场之间收益的风险溢价存在差异，因此国内外原油期货存在理论上的套利机会，同时通过国外三个原油市场进行投资面临比国内更大的投资风险。

第四，通过杠杆效应检验可知：国内外四个原油期货市场在波动性的传导和影响上存在一定程度的非对称性。国内外四个原油期货市场均具有杠杆效应，利空消息能比等量的利好消息产生更大的波动，其中国外三个原油期货市场的杠杆效应比国内原油期货市场强，阿曼原油期货市场杠杆效应最强。四个市场的投资者在对待消息面冲击的反应上具有基本相同的应变态度。

第五，通过市场消息曲线可知波动性存在非对称性影响，国内外市场利空消息的影响均大于利多消息的影响，但是国外三个主要原油期货市场比国内原油期货市场影响程度要大，国内市场利多消息的影响与利空消息的影响基本比较接近。我们认为国内原油期货市场投资行为的非对称性弱于国外三个市场的主要原因：原油期货作为国内第一个国际化期货品种，从推出以来交易所不断优化交易机制，加大市场风险的监控，不断培育机构投资者，原油市场运行相对稳健，表现出国内原油期货市场风险小于国外三个主要原油期货市场，因此，跨市套利存在较大的风险。

第六，通过溢出效应模型检验可知：国内与国外三个原油期货市场之间均存在溢出效应，国内原油期货市场对国外原油期货市场的溢出效应强于国外原油期货市场对国内原油期货市场，国内与国外原油市场的溢出效应具有非对称性，国内外原油市场的波动性传导上存在相互强弱不同的影响。以上说明，中国上海国际能源交易中心的原油期货交易虽然推出时间还比较短，但是其收益率水平和波动性传导在全球市场已经具较强的影响力。

总之,通过实证分析,可知国内外原油期货市场期货价格收益率和市场波动性存在着互动性。国内外市场之间存在长期的协整关系、杠杆效应、波动溢出效应及风险传导的非对称性,因此,国内外市场存在投机套利机会。国内外市场波动性传导的非对称性,跨市套利存在巨大的市场风险。为了促进我们期货市场的健康发展,推动期货市场的国际化建设,随着《期货和衍生品法》的推出,应该在法律框架下充分发挥"五位一体"的市场监管,尽可能减少市场风险;期货交易所应进一步丰富国际化期货投资品种,不断完善现有国际化期货品种的市场运行规则,不断提升国际化期货品种的国际定价影响力;在期货市场对外开放过程中,积极推动"走出去"与"引进来",不断优化投资者结构,吸引更多国际投资者进入国内市场,促进中国期货市场健康、有序地发展。

本章的研究是为了给国内原油期货价格运行规律研究提供一个视角,由于国内原油期货上市时间相对较短,研究以日数据为基础,未来随着国内原油期货运行一段时间,研究时间段可以扩大到更长的范围,研究结论可能会有所不同。此外,从研究方法的角度来看,未来可以探索更多的量化模型研究方法,可以更准确地研究国内原油期货的运行规律,可以更好地服务国内期货市场的建设。

第四章

原油等国际化期货与人民币金融指标关系的实证研究

经过30多年的发展，中国期货市场日益成熟，期货市场功能进一步发挥，期货市场已经成为国民经济的重要组成部分。近年来，国际风云变幻，我国期货市场进一步推进国际化，期货市场在经济运行中的风险管理功能得到充分体现。

为了进一步扩大国内期货市场的影响力，提高国际定价能力，近年来期货市场对外开放的步伐逐步加快，原油期货推出后，截至2023年，商品期货期权国际化品种达到24个，新增商品期货、商品期权、股指期权三类品种向合格境外投资者（QFII和RQFII）开放。期货品种的国际化有效推动了国内商品期货的国际定价影响力，从国内期货商品交易所来看：在上海，使用上海原油期货价格定价的原油转运出口业务已发展至东南亚部分国家，进一步突显了上海原油期货价格的区域价格影响力；在大连，铁矿石期货已有几十个国家和地区的几百家境外客户参与，铁矿石期货已发展成为全球交易量最大、唯一采用单一实物交割的铁矿石衍生品；在郑州，PTA作为我国期货市场首个引入境外交易者的化工品种，已经成为全球聚酯产业的价格风向标。

期货市场对外开放，原油等期货品种的国际化在如今风云突变的全球

第四章 原油等国际化期货与人民币金融指标关系的实证研究

局势中正当其时,尤其面临俄乌冲突,中美博弈加剧之时,在新一轮的国际竞争中,人民币的快速发展有望进一步推动中国综合国力的进一步提升。据中国人民银行《2022年人民币国际化报告》:人民币国际化各项指标总体向好,人民币支付货币功能稳步提升,投融资货币功能进一步深化,储备货币功能不断提升,计价货币功能逐步提升。在人民币的发展过程中,期货市场作为中国资本市场的重要组成部分,如何有效利用期货市场国际化,在人民币的发展过程中更好发挥作用显得较为迫切。因而研究原油等期货品种的国际化与人民币发展的关系,对进一步推动期货市场国际化与人民币发展具有重大的理论与现实意义。

原油等期货品种对外开放是期货市场国际化最重要的环节,本章重点定量研究原油等期货品种微观指标对人民币各项金融指标的间接定量影响。本章基于2018—2022年的月度数据,针对国内原油等国际化商品期货(原油、铁矿石、PTA)变量(期货价格、成交额、持仓量)对人民币各个金融变量(人民币国际支付全球市场份额、跨境贸易人民币业务结算额、外汇储备、人民币实际有效汇率指数、人民币金融交易)采用协整相关理论模型的定量研究方法,研究原油等国际化商品期货对人民币发展的各项指标的影响。本章第一节内容是相关文献研究进展;第二节是变量选择与数据处理,选择人民币各类金融指标及国内国际化代表性期货品种变量;第三节是相关检验及模型实证估计,具体分析了原油等国际化品种指标对人民币各个金融指标的影响;第四节是结论与建议。

第一节　相关文献研究进展

由于国内期货品种国际化推出的时间比较短,从已有的文献来看,研究国内期货品种国际化与人民币发展的金融指标关系的文献比较少,基础研究均是从定性的角度进行分析,探讨期货品种国际化与人民币发展的金融指标关系及相互作用等。比如:李晓波、何康(2018)对大宗商品和美元国际化的关系进行分析,提出要通过大宗商品交易推进人民币国际化。

巴曙松、王珂（2019）通过对人民币的国际货币功能拓展路径、空间范围拓展路径及汇率稳定性的分析，提出大宗商品成为人民币国际化新阶段布局的关键一环。潘宏胜、武佳薇（2021）认为大宗商品贸易、期货市场和货币国际化之间相互支撑、互相促进。2009年以来，中国国内期货市场对外开放和大宗商品贸易领域人民币国际使用稳步扩大，但与人民币国际化进程尚未形成有效的良性互动关系。

另外，研究商品期货与人民币发展关系文献中，还有部分研究聚焦具体国际化品种与人民币发展的关系，主要也是通过定性的研究方法。比如：常清、颜林蔚（2018）认为，我国原油期货的推出，将会是人民币国际化新的起点。通过人民币结算让人民币成为世界各国所必需的储备货币，成为国际金融市场的基准货币。钟红（2018）认为中国原油期货的推出，将有利于维护我国能源安全，减少单一石油美元计价的风险，也有助于推动人民币的国际化。刘国耀（2018）认为发展和完善我国原油期货市场，有利于打破石油市场的垄断，建构多层次的金融市场体系，吸引更多的国际资金参与我国资本市场和人民币国际流通，推动人民币国际化。梅冠群（2018）认为能源问题关乎国家安全稳定，中美两国在能源领域的博弈是必然的，中国取得石油定价权会冲击石油美元体系，而我国也必须推进人民币计价进口能源，提高人民币国际化程度。郑步高、刘硕（2018）认为人民币成为国际计价货币和跨境贸易结算货币是人民币国际化的关键步骤。在铁矿石期货国际化的进程中，铁矿石期货用人民币计价和结算，不但有助于推动人民币成为大宗商品国际贸易计价货币和国际投融资计价货币，也可以助推人民币成为跨境贸易结算货币。同时，铁矿石期货国际化又为离岸人民币开辟了回流渠道，完善了人民币国际循环机制，有力推动了人民币国际化。杜春泽（2019）基于我国原油期货的发展现状，分析了原油期货市场实现人民币定价的机遇与挑战。认为加快完善 INE 原油期货投资结构、加快人民币国际化进程和加强与产油国能源合作是实现人民币对原油期货定价权的重要途径。张明、高卓琼（2019）认为人民币计价的国际原油交易有助于增强外国投资者持有人民币作为交易支付手段的规模。为进一步推动"计价货币+金融开放"新模式下的人民币国际化，将原油期货人民币计价、石油人民币回流机制与"一带一路"倡议的实施有机结合起来，以及控制好相关各种金融风险。

从定量的角度来看，研究文献极少，仅有两篇聚焦具体期货品种原油期货与人民币国际发展关系及影响方面的研究：邹方霞（2019）基于灰色关联分析模型和灰色 GM（1，3）模型，对人民币原油期货和人民币国际化的关联性进行了分析，同时对人民币国际化相关指标进行了预测；高辉、高天辰（2022）基于月度数据，选取国内原油期货市场微观指标与人民币国际化指标，采用 Granger 因果关系、协整关系检验及误差修正模型等方法定量研究了原油期货指标对人民币国际化各项指标的影响，得到诸多有价值的结论。

综上所述，已有的文献研究期货品种国际化与人民币发展关系及影响的主要是定性研究，定量的研究也仅是聚焦原油期货单一品种，从期货市场国际化多品种研究的角度来看仍是空白。因此，为了进一步研究国内期货市场国际化品种的功能发挥及影响力，从定量的角度研究国内期货市场国际化品种与人民币发展之间的关系及影响，本章采用近年来比较成熟的协整相关的理论及模型，具体研究国内期货市场国际化品种微观指标对人民币发展各项金融指标的定量影响，得出相关有意义的结论，为政策制定者及监管者提供有价值的参考。

第二节　变量的选择与数据的处理

一、原油等国际化商品期货及人民币金融变量指标的选取

（一）原油等国际化商品期货变量指标的选取

国内期货市场经过多年发展，国际化进展缓慢，从 2018 年开始，期货市场国际化速度开始加快，截至 2022 年 5 月，国内三个主要的商品期货交

易所先后推出了外资可以参与交易的期货品种①，以上海期货交易所来说，其控股的上海国际能源交易中心先后推出了原油、低硫燃料油、20号胶、国际铜四个国际化期货品种；大连商品期货交易所先后推出了铁矿石、棕榈油两个期货品种；郑州商品期货交易所推出了PTA期货品种。三大期货交易所共推出七个国际化商品期货品种。

原油、铁矿石、PTA分别是国内三大期货交易所上海期货交易所、大连商品期货交易所、郑州商品期货交易所，在2018年内推出的国际化期货品种②，三大期货品种推出时间相对其他国际化期货品种要早，运行相对稳健。因此，我们选取三大期货交易所分别首推的原油、铁矿石、PTA期货作为国内国际化期货品种的代表。原油期货指标选取上海期货交易所、上海国际能源交易中心推出的原油期货作为研究变量，选取原油期货价格、持仓量、成交金额作为原油期货指标；铁矿石期货指标选取国内大连商品期货交易所在2018年5月引进境外投资者的铁矿石期货作为研究变量，选取铁矿石期货价格、持仓量、成交金额作为铁矿石期货指标；PTA期货指标选取国内郑州商品期货交易所在2018年11月引进境外投资者的PTA期货作为研究变量，选取PTA期货价格、持仓量、成交金额作为PTA期货指标。

（二）人民币金融指标的选取

我们根据高辉、高天辰（2022）研究文献改进了人民币发展金融指标的选择，扩宽了人民币发展金融指标范围，将人民币国际支付、跨境贸易人民币结算、人民币全球外汇储备、人民币汇率、人民币金融交易作为变量，更全面选取人民币发展指标。其中人民币国际支付方面的指标选取人

---

① 由于广州期货交易所于2021年1月成立，成立时间比较短，目前没有上市国际化交易品种，因而不在统计范围内。

② 2018年5月4日，大商所铁矿石期货引入境外交易者，实现了国内首个上市品种的对外开放。作为全球规模最大、唯一采取单一实物交割的铁矿石衍生品，铁矿石期货在对外开放过程中，境外客户交投规模快速增长，市场结构进一步完善，价格影响力持续增强。2018年11月30日，PTA期货作为国内首个化工特定品种引入境外交易者，开启了郑商所国际化发展的征程。PTA期货价格已成为聚酯行业上下游产品国际贸易定价的重要参考。上期能源在2018年3月28日上市原油期货以后，先后推出20号胶、低硫燃料油、国际铜期货和原油期权共5个国际化品种，其中投资者结构、境外参与度持续优化，市场功能逐步发挥。

第四章 原油等国际化期货与人民币金融指标关系的实证研究

民币国际支付占全球份额；跨境贸易人民币结算方面指标选取跨境贸易人民币结算金额；人民币全球外汇储备方面指标选取人民币全球外汇储备规模指标；人民币汇率方面指标选取人民币实际有效汇率指数指标；人民币金融交易方面指标选取人民币境外直接投资额、外国投资者购买国内资产总额（包括国债、机构债券、公司债券、公司股票）、外汇市场交易额（包括即期、远期、掉期、期权）、境外机构和个人持有境内人民币金融资产总额（包括股票、债券、存款）共四个指标。

二、各个变量月度数据的处理与说明

原油期货、铁矿石期货、PTA 期货推出及引进境外投资者的时间分别是 2018 年 3 月、5 月、11 月，以上所有的数据选择分别以此为起始点。人民币金融指标的相关数据仅有月度、季度、年度数据，期货相关数据有日度、周度、月度、季度及年度数据，从数据的可得性角度来说，本书研究选取月度数据。选取时间段分别为 2018 年 3 月至 2022 年 2 月，共 48 个月度数据、2018 年 5 月至 2022 年 2 月共 46 个月度数据、2018 年 11 月至 2022 年 2 月共 40 个月度数据。

以上指标中，外国投资者购买国内资产总额数据是通过外国投资者购买国内国债、机构债券、公司债券、公司股票金额实际数据加总得到；外汇市场交易额是通过外汇市场即期、远期、掉期、期权市场交易额的实际数据加总得到；境外机构和个人持有境内人民币金融资产总额是通过境外机构和个人持有境内人民币股票、债券、存款的实际数据加总得到。其中原始数据中个别缺失数据，均采用三项移动平均的方法补足。以上数据除了百分比数据外均作对数处理①。表 4-1 至表 4-6 作出各个变量指标的描述统计量与相关系数②。

表 4-1 至表 4-3 分别给出了原油期货、铁矿石期货、PTA 期货变量（期货价格、成交额、持仓量）和人民币指标变量的描述性统计，从结果可以看出，各变量数据的分布部分满足正态分布；表 4-4 显示了原油期货

---

① 数据来源：中国人民银行、上海国际能源交易中心、大连商品交易所、郑州商品交易所。
② 以上数据处理及文中各种检验及模型检验均是采用 Eviews10.0 软件得到。

表 4-1 原油期货变量与人民币各个变量指标的描述统计量

变量	IP	LNIS	LNFR	LNER	LNRI	LNFB	LNFA	LNFV	LNP1	LNV1	LNI1
均值	2.006	8.5889	10.355	4.826	7.983	10.804	10.998	12.071	6.016	15.906	11.053
中值	1.945	8.588	10.347	4.825	7.946	10.768	10.926	12.075	6.095	15.921	11.046
最大值	3.200	9.0489	10.389	4.884	8.855	11.502	11.487	12.393	6.432	17.038	12.089
最小值	1.620	8.167	10.327	4.786	7.067	9.646	10.526	11.713	5.410	14.701	9.012
标准差	0.294	0.187	0.019	0.028	0.381	0.402	0.321	0.161	0.241	0.543	0.563
偏度	1.695	0.231	0.425	0.304	0.332	-0.377	0.138	-0.197	-0.886	-0.118	-0.878
峰度	7.335	2.905	1.795	2.203	2.795	2.860	1.525	2.402	2.855	2.457	5.523
JB 统计量	60.569	0.445	4.347	2.010	0.965	1.176	4.501	1.026	6.315	0.700	18.901
P 值	0.00	0.800	0.114	0.366	0.617	0.555	0.105	0.599	0.043	0.704	0.000
总平方和	96.280	412.259	497.032	231.652	383.198	518.619	527.881	579.405	288.755	763.487	530.587
离差平方和	4.061	1.639	0.015	0.036	6.834	7.591	4.832	1.211	2.741	13.879	14.924
观测值	48	48	48	48	48	48	48	48	48	48	48

注：IP 表示人民币国际支付全球市场份额；LNIS 表示跨境贸易人民币业务结算额对数；LNFB 表示国内外资者购买国内资产总额对数；LNER 表示人民币实际有效汇率指数对数；LNRI 表示外汇市场交易额对数；LNFR 表示人民币境外直接投资额对数；LNFA 表示人民币境外机构和个人持有境内人民币金融资产总额对数；LNP1 表示国内原油期货价格对数；LNFV 表示国内原油期货成交额对数；LNV1 表示国内原油期货成交量对数；LNI1 表示国内原油期货仓量对数，下同。

第四章 原油等国际化期货与人民币金融指标关系的实证研究

表4-2 铁矿石期货变量与人民币各个变量指标的描述统计量

变量	IP	LNIS	LNFR	LNER	LNRI	LNFB	LNFA	LNFV	LNP2	LNV2	LNI2
均值	2.022	8.603	10.355	4.826	7.994	10.819	11.018	12.0792	6.560	15.933	13.931
中值	1.950	8.591	10.346	4.826	7.946	10.771	10.941	12.083	6.504	15.931	13.845
最大值	3.200	9.049	10.389	4.884	8.855	11.502	11.482	12.393	7.060	17.009	14.667
最小值	1.650	8.167	10.326	4.786	7.068	9.646	10.594	11.713	6.120	15.210	13.298
标准差	0.290	0.177	0.018	0.028	0.380	0.401	0.312	0.1589	0.2612	0.4401	0.382
偏度	1.771	0.329	0.401	0.289	0.340	-0.442	0.111	-0.285	0.236	0.483	0.414
峰度	7.581	3.042	1.718	2.109	2.804	2.973	1.496	2.559	2.230	2.560	2.182
JB统计量	64.277	0.833	4.387	2.159	0.960	1.502	4.430	0.996	1.561	2.162	2.593
P值	0.000	0.659	0.112	0.340	0.619	0.472	0.110	0.610	0.458	0.340	0.273
总平方和	93.000	395.736	476.326	222.003	367.727	497.684	506.824	555.644	301.759	732.906	640.827
离差平方和	3.7812	1.413	0.0150	0.036	6.498	7.248	4.372	1.132	3.082	8.7402	6.573
观测值	46	46	46	46	46	46	46	46	46	46	46

注：LNP2表示国内铁矿石期货价格对数；LNV2表示国内铁矿石期货成交额对数；LNI2表示国内铁矿石持仓量对数，下同。

表4-3 PTA期货变量与人民币各个变量指标的描述统计量

变量	IP	LNIS	LNFR	LNER	LNRI	LNFB	LNFA	LNFV	LNP3	LNV3	LNI3
均值	2.039	8.631	10.357	4.830	8.040	10.863	11.077	12.091	8.457	15.275	14.580
中值	1.9500	8.597	10.349	4.831	7.977	10.873	11.080	12.105	8.494	15.348	14.591
最大值	3.200	9.049	10.389	4.884	8.855	11.502	11.482	12.393	8.797	16.685	15.042
最小值	1.650	8.167	10.329	4.786	7.068	9.646	10.594	11.713	8.114	13.971	13.769
标准差	0.303	0.172	0.018	0.028	0.383	0.412	0.290	0.166	0.199	0.599	0.275
偏度	1.668	0.138	0.234	0.192	0.145	-0.717	-0.072	-0.461	-0.318	-0.162	-0.533
峰度	6.923	3.398	1.522	2.091	2.824	3.273	1.547	2.523	2.055	2.936	3.260
JB统计量	44.212	0.391	4.005	1.622	0.192	3.552	3.554	1.795	2.162	0.182	2.008
P值	0.000	0.822	0.135	0.444	0.908	0.169	0.169	0.407	0.339	0.913	0.366
总平方和	81.540	345.254	414.279	193.187	321.601	434.502	443.010	483.626	338.280	611.010	583.202
离差平方和	3.579	1.158	0.013	0.0305	5.734	6.605	3.283	1.079	1.545	13.997	2.950
观测值	40	40	40	40	40	40	40	40	40	40	40

注：LNP3表示国内PTA期货价格对数；LNV2表示国内PTA期货成交额对数；LNI2表示国内PTA持仓量对数。下同。

第四章 原油等国际化期货与人民币金融指标关系的实证研究

表 4-4 原油期货变量与人民币各个变量指标之间的相关系数

变量	IP	LNIS	LNFR	LNER	LNRI	LNFB	LNFA	LNFV	LNP1	LNV1	LNI1
IP	1										
LNIS	0.594	1									
LNFR	0.529	0.710	1								
LNER	0.481	0.538	0.793	1							
LNRI	0.538	0.880	0.754	0.677	1						
LNFB	0.483	0.738	0.694	0.637	0.724	1					
LNFA	0.507	0.817	0.883	0.794	0.786	0.796	1				
LNFV	0.482	0.700	0.430	0.246	0.662	0.373	0.425	1			
LNP1	0.291	-0.061	0.092	0.023	-0.010	-0.119	-0.131	-0.016	1		
LNV1	0.1421	-0.119	-0.298	-0.220	-0.216	-0.297	-0.270	0.161	0.405	1	
LNI1	0.123	0.431	0.150	0.194	0.240	0.351	0.494	0.2754	-0.650	0.018	1

表4-5 铁矿石期货变量与人民币各个变量指标之间的相关系数

变量	IP	LNIS	LNFR	LNER	LNRI	LNFB	LNFA	LNFV	LNP2	LNV2	LNI2
IP	1										
LNIS	0.556	1									
LNFR	0.542	0.754	1								
LNER	0.495	0.573	0.794	1							
LNRI	0.536	0.910	0.765	0.694	1						
LNFB	0.465	0.737	0.702	0.651	0.712	1					
LNFA	0.465	0.796	0.920	0.829	0.801	0.798	1				
LNFV	0.447	0.675	0.437	0.251	0.657	0.342	0.378	1			
LNP2	0.280	0.519	0.676	0.464	0.491	0.505	0.750	0.250	1		
LNV2	-0.233	-0.228	-0.319	-0.359	-0.366	-0.368	-0.333	-0.284	-0.086	1	
LNI2	-0.158	-0.266	-0.410	-0.428	-0.350	-0.495	-0.507	-0.240	-0.351	0.762	1

第四章 原油等国际化期货与人民币金融指标关系的实证研究

表 4-6　PTA 期货变量与人民币各个变量指标之间的相关系数

变量	IP	LNIS	LNFR	LNER	LNRI	LNFB	LNFA	LNFV	LNP3	LNV3	LNI3
IP	1										
LNIS	0.546	1									
LNFR	0.522	0.730	1								
LNER	0.513	0.537	0.788	1							
LNRI	0.531	0.915	0.741	0.656	1						
LNFB	0.442	0.713	0.685	0.653	0.700	1					
LNFA	0.459	0.747	0.943	0.843	0.791	0.794	1				
LNFV	0.439	0.675	0.422	0.231	0.660	0.304	0.337	1			
LNP3	0.272	-0.195	-0.064	-0.101	-0.156	-0.335	-0.287	0.040	1		
LNV3	0.248	0.043	0.175	0.054	0.062	-0.080	-0.017	0.192	0.633	1	
LNI3	0.136	0.415	0.458	0.226	0.331	0.307	0.424	0.250	-0.152	0.422	1

变量（期货价格、成交额、持仓量）与人民币各种变量的相关系数，从结果可以看出，原油期货价格和成交量与人民币各个变量大多存在强弱不同的负相关关系，而持仓量与人民币各个变量呈现出强弱不同的正相关关系；表4-5显示了铁矿石期货变量（期货价格、成交额、持仓量）与人民币各种变量的相关系数，从结果可以看出，铁矿石期货价格与人民币的各个变量之间存在正相关关系，成交额和持仓量与人民币的各变量间具有强弱不同的负相关关系；表4-6显示了PTA期货变量（期货价格、成交量、持仓量）与人民币各变量的相关系数，从结果可以看出PTA期货价格与人民币各变量呈现负相关关系，成交量与持仓量与人民币各个变量大部分呈现正相关关系。

第三节 相关检验及模型实证估计

一、原油等国际化期货与人民币指标月度数据的平稳性检验

我们对选取的数据进行平稳性检验，平稳性检验常用单位根检验方法，单位根检验方法很多，一般有DF、ADF检验和Philips的非参数检验（PP检验）。本书采用最常用的Engle和Granger（1987）的基于残差的ADF检验。在检验中保证残差项不相关的前提下，我们采用AIC准则与SC准则，确定在二者值同时为最小时的滞后阶数为最佳滞后阶数①。具体检验结果如表4-7所示。

---

① 在检验中对是否包含趋势等问题，我们通过变量的时序图观察，如果序列好像包含有趋势，选择序列回归中既有常数又有趋势；如果序列没有表现任何趋势且有非零均值，回归中应仅有常数；如果序列在零均值波动，检验回归中应既不含有常数又不含有趋势。

表 4-7　　　　　　　　ADF 单位根检验结果

变量	ADF 值	检验类型 (c, t, n)	1% 临界值	5% 临界值	10% 临界值	DW 值	是否平稳
IP	1.301	(0, 0, 5)	-2.621	-1.949	-1.612	2.005	否
LNIS	-1.130	(c, 0, 3)	-3.589	-2.930	-2.603	1.932	否
LNFR	1.095	(0, 0, 3)	-2.619	-1.948	-1.612	2.038	否
LNER	-1.553	(c, t, 9)	-4.219	-3.533	-3.198	2.126	否
LNRI	-3.065	(c, t, 2)	-4.176	-3.513	-3.187	2.142	否
LNFB	-0.339	(c, 0, 5)	-3.592	-2.931	-2.604	2.088	否
LNFA	-2.171	(c, t, 3)	-4.181	-3.516	-3.188	1.966	否
LNFV	0.862	(0, 0, 3)	-2.619	-1.948	-1.612	1.934	否
LNP1	-1.411	(c, t, 1)	-4.171	-3.511	-3.186	1.868	否
LNV1	0.626	(0, 0, 0)	-2.615	-1.948	-1.612	2.179	否
LNI1	-3.751	(c, t, 0)	-4.166	-3.509	-3.184	1.758	否*
LNP2	-1.866	(c, t, 1)	-4.181	-3.516	-3.188	1.885	否
LNV2	-2.282	(c, 0, 1)	-3.589	-2.930	-2.603	1.967	否
LNI2	-0.507	(0, 0, 0)	-2.617	-1.948	-1.612	2.094	否
LNP3	-1.459	(c, 0, 0)	-3.610	-2.939	-2.608	2.028	否
LNV3	-0.339	(0, 0, 2)	-2.629	-1.950	-1.611	1.877	否
LNI3	0.247	(0, 0, 2)	-2.629	-1.950	-1.611	2.011	否
ΔIP	-5.612	(0, 0, 4)	-2.621	-1.949	-1.612	1.984	是
ΔLNIS	-6.204	(0, 0, 2)	-2.619	-1.948	-1.612	1.910	是
ΔLNFR	-5.859	(0, 0, 1)	-2.617	-1.948	-1.612	2.091	是
ΔLNER	-4.989	(c, 0, 7)	-3.610	-2.939	-2.608	1.973	是
ΔLNRI	-2.174	(0, 0, 5)	-2.623	-1.949	-1.612	2.059	是*
ΔLNFB	-5.365	(0, 0, 3)	-2.620	-1.949	-1.612	2.069	是
ΔLNFA	-4.537	(c, t, 2)	-4.181	-3.516	-3.188	1.978	是
ΔLNFV	-8.528	(c, 0, 3)	-3.589	-2.930	-2.603	1.934	是
ΔLNP1	-4.887	(0, 0, 0)	-4.171	-3.511	-3.186	1.870	是
ΔLNV1	-7.433	(0, 0, 0)	-2.616	-1.948	-1.612	1.937	是
ΔLNI1	-6.466	(c, 0, 0)	-3.581	-2.927	-2.601	2.120	是
ΔLNP2	-5.555	(c, t, 0)	-4.181	-3.516	-3.188	1.908	是
ΔLNV2	-9.319	(0, 0, 0)	-2.619	-1.948	-1.612	2.049	是

续表

变量	ADF 值	检验类型 (c, t, n)	1%临界值	5%临界值	10%临界值	DW 值	是否平稳
ΔLNI2	-6.879	(0, 0, 0)	-2.619	-1.948	-1.612	2.008	是
ΔLNP3	-6.611	(c, t, 0)	-4.219	-3.533	-3.198	1.877	是
ΔLNV3	-8.784	(c, t, 1)	-4.227	-3.537	-3.200	1.901	是
ΔLNI3	-5.864	(0, 0, 1)	-2.629	-1.950	-1.611	2.010	是

注：Δ 表示一阶差分，(c, t, n) 中 c 表示截距，t 表示时间趋势，n 表示滞后阶数。* 表示在 5%、10% 显著性水平下显著。

从上述单位根检验结果可以看到，各个变量指标的原序列中除了 LNI1 在 5%、10% 显著性水平下是非平稳的，其他变量指标均在 1%、5%、10% 显著性水平下，为非平稳序列。各个变量指标序列的一阶差分序列除了 LNRI 在 5%、10% 显著性水平下，一阶差分序列是平稳的，其他变量指标序列均在 1%、5%、10% 显著性水平下为平稳序列。

综上所述，通过单位根检验结果可以看到我们选择的国际化期货各个变量与人民币各个变量指标均为一阶单整序列。

二、原油等国际化期货变量与人民币各变量间的因果关系检验

我们对选取的国内原油等国际化期货各个变量与人民币各个变量之间作 Granger 因果关系检验，由于因果关系检验对滞后阶数较为敏感，在实际检验中，根据 AIC、SC 准则，当二者值最小时为最佳滞后阶数①。具体检验结果如表 4-8、表 4-9、表 4-10 所示。

表 4-8　原油期货变量与人民币各个变量间的因果关系检验结果

零假设	样本数（个）	F 统计量	接受零假设的概率（%）
LNP1 不是 IP 的 Granger 原因	47	0.535	0.468
IP 不是 LNP1 的 Granger 原因		4.072	0.050

① 检验通过 eviews10.0 实现，通过变量的 VAR 确定滞后阶数，根据 AIC、SC 等判断标准选取最佳的滞后阶数。

第四章 原油等国际化期货与人民币金融指标关系的实证研究

续表

零假设	样本数（个）	F 统计量	接受零假设的概率（%）
LNV1 不是 IP 的 Granger 原因	47	0.152	0.699
IP 不是 LNV1 的 Granger 原因		1.448	0.235
LNI1 不是 IP 的 Granger 原因	47	0.012	0.914
IP 不是 LNI1 的 Granger 原因		0.813	0.372
LNP1 不是 LNIS 的 Granger 原因	47	0.491	0.487
LNIS 不是 LNP1 的 Granger 原因		2.866	0.098
LNV1 不是 LNIS 的 Granger 原因	47	0.479	0.492
LNIS 不是 LNV1 的 Granger 原因		1.910	0.174
LNI1 不是 LNIS 的 Granger 原因	47	2.510	0.120
LNIS 不是 LNI1 的 Granger 原因		1.407	0.242
LNP1 不是 LNFR 的 Granger 原因	46	2.621	0.085
LNFR 不是 LNP1 的 Granger 原因		0.967	0.389
LNV1 不是 LNFR 的 Granger 原因	46	0.487	0.618
LNFR 不是 LNV1 的 Granger 原因		9.640	0.000
LNI1 不是 LNFR 的 Granger 原因	46	3.822	0.030
LNFR 不是 LNI1 的 Granger 原因		2.138	0.131
LNP1 不是 LNER 的 Granger 原因	47	0.009	0.923
LNER 不是 LNP1 的 Granger 原因		2.241	0.142
LNV1 不是 LNER 的 Granger 原因	47	2.045	0.160
LNER 不是 LNV1 的 Granger 原因		0.070	0.792
LNI1 不是 LNER 的 Granger 原因	47	0.092	0.763
LNER 不是 LNI1 的 Granger 原因		1.149	0.290
LNP1 不是 LNRI 的 Granger 原因	47	0.167	0.685
LNRI 不是 LNP1 的 Granger 原因		3.937	0.054
LNV1 不是 LNRI 的 Granger 原因	47	0.657	0.422
LNRI 不是 LNV1 的 Granger 原因		2.101	0.154
LNI1 不是 LNRI 的 Granger 原因	47	4.108	0.049
LNRI 不是 LNI1 的 Granger 原因		0.457	0.503
LNP1 不是 LNFB 的 Granger 原因	47	0.111	0.741
LNFB 不是 LNP1 的 Granger 原因		0.381	0.540

续表

零假设	样本数（个）	F 统计量	接受零假设的概率（%）
LNV1 不是 LNFB 的 Granger 原因	47	0.776	0.383
LNFB 不是 LNV1 的 Granger 原因		0.483	0.491
LNI1 不是 LNFB 的 Granger 原因	47	1.435	0.237
LNFB 不是 LNI1 的 Granger 原因		0.120	0.730
LNP1 不是 LNFA 的 Granger 原因	47	13.088	0.001
LNFA 不是 LNP1 的 Granger 原因		1.328	0.255
LNV1 不是 LNFA 的 Granger 原因	47	0.272	0.605
LNFA 不是 LNV1 的 Granger 原因		1.647	0.206
LNI1 不是 LNFA 的 Granger 原因	47	4.714	0.035
LNFA 不是 LNI1 的 Granger 原因		0.012	0.914
LNP1 不是 LNFV 的 Granger 原因	47	0.063	0.804
LNFV 不是 LNP1 的 Granger 原因		3.004	0.090
LNV1 不是 LNFV 的 Granger 原因	47	0.379	0.541
LNFV 不是 LNV1 的 Granger 原因		0.105	0.748
LNI1 不是 LNFV 的 Granger 原因	47	4.271	0.045
LNFV 不是 LNI1 的 Granger 原因		2.496	0.121

从表4-8原油期货变量与人民币各个变量之间的因果关系检验结果可以看到，在10%显著性水平下，原油期货价格（LNP1）对外汇储备（LNFR）与人民币金融交易指标中的境外机构和个人持有境内人民币金融资产总额（LNFA）具有显著的引导作用；在10%显著性水平下，原油期货持仓量（LNI1）对外汇储备（LNFR）及人民币金融交易指标中的人民币境外直接投资额（LNRI）、境外机构和个人持有境内人民币金融资产总额（LNFA）、外汇市场交易额（LNFV）具有较强的引导作用；原油期货成交额对人民币变量指标均没有显著的引导作用。相反，在10%的显著性水平下，人民币指标中的人民币国际支付全球市场份额（IP）、跨境贸易人民币业务结算额（LNIS）、人民币金融交易中的人民币境外直接投资额（LNRI）、外汇市场交易额（LNFV）对原油期货价格（LNP1）具有显著的引导作用；在10%显著性水平下，人民币金融交易中的外汇市场交易额（LNFV）对原油市场成交额（LN V1）具有显著的引导作用。

表 4-9　铁矿石期货变量与人民币各个变量间的因果关系检验结果

零假设	样本数（个）	F 统计量	接受零假设的概率（%）
LNP2 不是 IP 的 Granger 原因	45	0.782	0.382
IP 不是 LNP2 的 Granger 原因		0.226	0.637
LNV2 不是 IP 的 Granger 原因	45	3.714	0.061
IP 不是 LNV2 的 Granger 原因		0.472	0.496
LNI2 不是 IP 的 Granger 原因	45	0.998	0.324
IP 不是 LNI2 的 Granger 原因		0.546	0.464
LNP2 不是 LNIS 的 Granger 原因	45	3.391	0.073
LNIS 不是 LNP2 的 Granger 原因		0.084	0.773
LNV2 不是 LNIS 的 Granger 原因	45	0.034	0.855
LNIS 不是 LNV2 的 Granger 原因		2.044	0.160
LNI2 不是 LNIS 的 Granger 原因	45	0.002	0.961
LNIS 不是 LNI2 的 Granger 原因		2.958	0.093
LNP2 不是 LNFR 的 Granger 原因	45	2.458	0.124
LNFR 不是 LNP2 的 Granger 原因		0.042	0.840
LNV2 不是 LNFR 的 Granger 原因	45	0.002	0.964
LNFR 不是 LNV2 的 Granger 原因		1.157	0.288
LNI2 不是 LNFR 的 Granger 原因	45	0.003	0.959
LNFR 不是 LNI2 的 Granger 原因		0.891	0.351
LNP2 不是 LNER 的 Granger 原因	45	1.136	0.293
LNER 不是 LNP2 的 Granger 原因		0.525	0.473
LNV2 不是 LNER 的 Granger 原因	45	1.248	0.270
LNER 不是 LNV2 的 Granger 原因		1.170	0.286
LNI2 不是 LNER 的 Granger 原因	45	3.694	0.061
LNER 不是 LNI2 的 Granger 原因		0.147	0.703
LNP2 不是 LNRI 的 Granger 原因	42	2.336	0.076
LNRI 不是 LNP2 的 Granger 原因		0.779	0.547
LNV2 不是 LNRI 的 Granger 原因	42	0.471	0.757
LNRI 不是 LNV2 的 Granger 原因		2.226	0.088
LNI2 不是 LNRI 的 Granger 原因	42	1.541	0.213
LNRI 不是 LNI2 的 Granger 原因		2.620	0.053

续表

零假设	样本数（个）	F 统计量	接受零假设的概率（%）
LNP2 不是 LNFB 的 Granger 原因	45	5.872	0.020
LNFB 不是 LNP2 的 Granger 原因		0.274	0.603
LNV2 不是 LNFB 的 Granger 原因	45	1.642	0.207
LNFB 不是 LNV2 的 Granger 原因		7.824	0.008
LNI2 不是 LNFB 的 Granger 原因	45	2.440	0.126
LNFB 不是 LNI2 的 Granger 原因		5.998	0.019
LNP2 不是 LNFA 的 Granger 原因	45	0.493	0.487
LNFA 不是 LNP2 的 Granger 原因		0.191	0.664
LNV2 不是 LNFA 的 Granger 原因	45	1.024	0.317
LNFA 不是 LNV2 的 Granger 原因		1.523	0.224
LNI2 不是 LNFA 的 Granger 原因	45	0.481	0.492
LNFA 不是 LNI2 的 Granger 原因		1.042	0.313
LNP2 不是 LNFV 的 Granger 原因	42	0.090	0.985
LNFV 不是 LNP2 的 Granger 原因		0.930	0.459
LNV2 不是 LNFV 的 Granger 原因	42	1.902	0.133
LNFV 不是 LNV2 的 Granger 原因		4.028	0.009
LNI2 不是 LNFV 的 Granger 原因	42	3.400	0.020
LNFV 不是 LNI2 的 Granger 原因		1.758	0.161

从表4-9铁矿石期货变量与人民币各个变量的因果关系检验结果可以看到，在10%显著性水平下，铁矿石期货价格（LNP2）对跨境贸易人民币业务结算额（LNIS）及人民币金融交易指标中的人民币境外直接投资额（LNRI）、外国投资者购买国内资产总额（LNFB）具有显著的引导作用；在10%显著性水平下，铁矿石期货持仓量（LNI2）对人民币实际有效汇率指数（LNER）及人民币金融交易中的外汇市场交易额（LNFV）具有显著的引导作用；在10%显著性水平下，铁矿石期货成交额（LNV2）对人民币国际支付全球市场份额（IP）具有显著的引导作用。相反，在10%的显著性水平下，人民币国际化指标中的跨境贸易人民币业务结算额（LNIS）及人民币金融交易指标中的人民币境外直接投资额（LNRI）、外国投资者购买国内资产总额（LNFB）对铁矿石期货持仓量具有显著的引导作用；

第四章 原油等国际化期货与人民币金融指标关系的实证研究

在10%的显著性水平下，人民币指标中的人民币金融交易指标中的人民币境外直接投资额（LNRI）、外国投资者购买国内资产总额（LNFB）、外汇市场交易额（LNFV）对铁矿石期货成交金额具有较强的引导作用。

表4-10　PTA期货变量与人民币各个变量间的因果关系检验结果

零假设	样本数（个）	F统计量	接受零假设的概率（%）
LNP3 不是 IP 的 Granger 原因	39	0.043	0.836
IP 不是 LNP3 的 Granger 原因		5.061	0.031
LNV3 不是 IP 的 Granger 原因	39	1.009	0.322
IP 不是 LNV3 的 Granger 原因		2.197	0.147
LNI3 不是 IP 的 Granger 原因	39	1.390	0.246
IP 不是 LNI3 的 Granger 原因		0.485	0.491
LNP3 不是 LNIS 的 Granger 原因	39	1.048	0.313
LNIS 不是 LNP3 的 Granger 原因		4.827	0.035
LNV3 不是 LNIS 的 Granger 原因	39	0.002	0.964
LNIS 不是 LNV3 的 Granger 原因		0.036	0.852
LNI3 不是 LNIS 的 Granger 原因	39	4.772	0.036
LNIS 不是 LNI3 的 Granger 原因		3.149	0.085
LNP3 不是 LNFR 的 Granger 原因	39	2.934	0.095
LNFR 不是 LNP3 的 Granger 原因		1.366	0.250
LNV3 不是 LNFR 的 Granger 原因	39	0.069	0.794
LNFR 不是 LNV3 的 Granger 原因		0.394	0.534
LNI3 不是 LNFR 的 Granger 原因	39	3.552	0.068
LNFR 不是 LNI3 的 Granger 原因		0.446	0.509
LNP3 不是 LNER 的 Granger 原因	36	0.717	0.588
LNER 不是 LNP3 的 Granger 原因		1.064	0.394
LNV3 不是 LNER 的 Granger 原因	36	0.420	0.793
LNER 不是 LNV3 的 Granger 原因		0.675	0.615
LNI3 不是 LNER 的 Granger 原因	36	1.453	0.244
LNER 不是 LNI3 的 Granger 原因		2.812	0.045
LNP3 不是 LNRI 的 Granger 原因	39	0.424	0.519
LNRI 不是 LNP3 的 Granger 原因		3.812	0.059
LNV3 不是 LNRI 的 Granger 原因	39	0.093	0.762

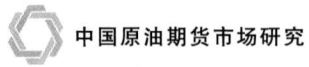

续表

零假设	样本数（个）	F 统计量	接受零假设的概率（%）
LNRI 不是 LNV3 的 Granger 原因		0.616	0.438
LNI3 不是 LNRI 的 Granger 原因	39	3.465	0.071
LNRI 不是 LNI3 的 Granger 原因		1.880	0.179
LNP3 不是 LNFB 的 Granger 原因	39	1.282	0.265
LNFB 不是 LNP3 的 Granger 原因		0.411	0.526
LNV3 不是 LNFB 的 Granger 原因	39	0.059	0.809
LNFB 不是 LNV3 的 Granger 原因		0.163	0.689
LNI3 不是 LNFB 的 Granger 原因	39	0.645	0.427
LNFB 不是 LNI3 的 Granger 原因		1.043	0.314
LNP3 不是 LNFA 的 Granger 原因	39	7.747	0.009
LNFA 不是 LNP3 的 Granger 原因		0.872	0.357
LNV3 不是 LNFA 的 Granger 原因	39	1.759	0.193
LNFA 不是 LNV3 的 Granger 原因		0.001	0.980
LNI3 不是 LNFA 的 Granger 原因	39	0.511	0.479
LNFA 不是 LNI3 的 Granger 原因		0.361	0.552
LNP3 不是 LNFV 的 Granger 原因	39	0.159	0.692
LNFV 不是 LNP3 的 Granger 原因		11.372	0.002
LNV3 不是 LNFV 的 Granger 原因	39	1.402	0.244
LNFV 不是 LNV3 的 Granger 原因		0.557	0.461
LNI3 不是 LNF 的 Granger 原因	39	4.450	0.042
LNFV 不是 LNI3 的 Granger 原因		2.839	0.101

从表4-10 PTA 期货变量与人民币各个变量的因果关系检验结果可以看到，在10%显著性水平下，PTA 期货价格（LNP3）对外汇储备（LN-FR）及人民币金融交易指标中的境外机构和个人持有境内人民币金融资产总额（LNFA）具有显著的引导作用；在10%显著性水平下，PTA 期货持仓量（LNI3）对跨境贸易人民币业务结算额（LNIS）、外汇储备（LNFR）及人民币金融交易指标中的人民币境外直接投资额（LNRI）、外汇市场交易额（LNFV）具有显著的引导作用；在10%显著性水平下，PTA 期货成交额对人民币各个变量没有显著的引导作用。相反，在10%的显著性水平下，人民币指标中的人民币国际支付全球市场份额（IP）、跨境贸易人民

第四章 原油等国际化期货与人民币金融指标关系的实证研究

币业务结算额（LNIS）及人民币金融交易指标中的人民币境外直接投资额（LNRI）、外汇市场交易额（LNFV）对 PTA 期货价格（LNP3）具有显著的引导作用；在10%显著性水平下，人民币指标中的跨境贸易人民币业务结算额（LNIS）、人民币实际有效汇率指数（LNER）对 PTA 期货持仓量（LNI3）具有显著的引导作用；在10%显著性水平下，人民币各个变量对 PTA 期货成交额（LNV3）没有显著的引导作用。

三、原油等国际化商品期货变量与人民币变量间长期协整关系检验

我们采用 Johansen（1988）的极大似然估计（MLE）检验，分别对 IP、LNIS、LNFR、LNER、LNRI、LNFB、LNFA、LNFV 与国际化商品期货（原油、铁矿石、PTA）变量（期货价格、成交额、持仓量）间作协整检验，通过检验选取最优滞后阶数，最终分别选取各自最大化特征根对应的协整方程如表 4-11、表 4-12、表 4-13 所示。

表 4-11　原油期货变量与人民币各个变量间的长期协整方程①

变量	LNP1	LNV1	LNI1	TREND	C	趋势和常数项选择	滞后阶数间隔选择②
IP	1.405 (0.078)	-0.024 (0.019)	0.738 (0.046)		14.260	常数项	1 到 7
LNIS	1.626 (0.229)	-0.021 (0.067)	1.205 (0.156)		14.247	常数项	1 到 7
LNFR	0.073 (0.005)	-0.028 (0.002)	0.021 (0.004)		10.131	常数项	1 到 7

---

① 括号内数字为标准差。
② 协整检验的滞后区间阶数的确定方法，根据变量的 VAR 回归确定的最优滞后阶数 -1 取得。Eviews10.0 软件处理协整检验的过程：通过对多变量进行 VAR 回归，通过 lag structure 确定最优滞后阶数，一般选取最大滞后阶数逐步缩小，选择最优滞后阶数，滞后阶数选定后，进行协整检验，其中滞后区间选择采用 VAR 回归确定的最优滞后阶数 -1 取得，5 种选择里面用得比较多的是线性趋势及常数项，无趋势有常数项存在少量的选择，剩余的其他选择用得比较少。误差修正模型的选择中长期协整方程的选择也是按照上述的程序实现。最后误差修正模型的选择中考虑到模型的选择，一般对滞后阶数进行比较，选择最优的拟合情况下的滞后阶数。

续表

变量	LNP1	LNV1	LNI1	TREND	C	趋势和常数项选择	滞后阶数间隔选择
LNER	0.150 (0.031)	-0.041 (0.009)	0.063 (0.015)		1.917	常数项	1 到 6
LNRI	1.446 (0.111)	-0.335 (0.037)	0.486 (0.055)	0.015 (0.002)	1.153	线性趋势 常数项	1 到 6
LNFB	1.447 (0.246)	-0.788 (0.070)	0.588 (0.136)		8.136	常数项	1 到 4
LNFA	0.221 (0.176)	-0.180 (0.050)	0.210 (0.078)	0.015 (0.002)	9.828	线性趋势 常数项	1 到 4
LNFV	0.602 (0.061)	0.137 (0.015)	0.414 (0.043)		1.666	常数项	1 到 7

表 4-12　铁矿石期货变量与人民币各个变量间的长期协整方程

变量	LNP2	LNV2	LNI2	TREND	C	趋势和常数项选择	滞后阶数间隔选择
IP	0.648 (0.100)	-1.624 (0.133)	1.672 (0.159)		0.398	常数项	1 到 6
LNIS	1.466 (0.201)	-0.626 (0.216)	1.016 (0.253)		5.218	常数项	1 到 5
LNFR	0.017 (0.019)	0.032 (0.012)	-0.065 (0.014)	0.001 (0.001)	10.634	线性趋势 常数项	1 到 5
LNER	0.391 (0.032)	-0.059 (0.063)	0.228 (0.024)				1 到 5
LNRI	1.459 (0.124)	-0.186 (0.228)	0.104 (0.226)				1 到 5
LNFB	0.474 (0.097)	0.762 (0.102)	-1.220 (0.265)		12.545	常数项	1 到 6

续表

变量	LNP2	LNV2	LNI2	TREND	C	趋势和常数项选择	滞后阶数间隔选择
LNFA	0.075 (0.025)	0.110 (0.013)	-0.239 (0.015)	0.022	11.543	二次方趋势与常数项	1到6
LNFV	0.296 (0.129)	-0.446 (0.104)	0.354 (0.126)		12.318	常数项	2到5

表4-13　PTA期货变量与人民币各个变量间的长期协整方程

变量	LNP3	LNV3	LNI3	TREND	C	趋势和常数项选择	滞后阶数间隔选择
IP	0.776 (0.180)	-0.104 (0.080)	0.158 (0.109)	0.011 (0.001)	5.578	线性趋势常数项	1到3
LNIS	1.281 (0.361)	-0.567 (0.154)	0.925 (0.037)	-0.016 (0.003)	7.491	线性趋势常数项	1到2
LNFR	0.282 (0.063)	-0.111 (0.030)	0.064 (0.037)		8.733	常数项	1到5
LNER	0.868 (0.239)	-0.379 (0.113)	0.130 (0.151)		1.392	常数项	1到5
LNRI	0.062 (0.421)	-0.081 (0.196)	0.816 (0.268)	0.050 (0.003)	4.612	线性趋势常数项	1到4
LNFB	0.338 (0.224)	-0.308 (0.010)	0.418 (0.143)	0.030 (0.002)	5.727	线性趋势常数项	1到3
LNFA	0.559 (0.343)	-0.274 (0.142)	0.123 (0.197)	0.012 (0.002)	8.415	线性趋势常数项	1到4
LNFV	1.253 (0.158)	-0.420 (0.082)	0.543 (0.064)				1到3

从表4-11的协整方程可以得到结论：从长期来说，当国内原油期货价格上涨1个百分点，人民币指标中的人民币国际支付全球市场份额

(IP)、跨境贸易人民币业务结算额（LNIS）、外汇储备（LNFR）、人民币实际有效汇率指数（LNER）、人民币境外直接投资额（LNRI）、外国投资者购买国内资产总额（LNFB）、境外机构和个人持有境内人民币金融资产总额（LNFA）、外汇市场交易额（LNFV）（以下简称人民币各个指标）上涨1.405、1.626、0.073、0.150、1.446、1.447、0.221、0.602个百分点；当国内原油期货成交金额上涨1个百分点，人民币各个指标分别下跌0.024、0.021、0.028、0.041、0.335、0.788、0.180个百分点，其中外汇市场交易额（LNFV）上涨0.137个百分点；当国内原油期货持仓量上涨1个百分点，人民币各个指标分别上涨0.738、1.205、0.021、0.063、0.486、0.588、0.210、0.414个百分点。

因此从长期协整关系来看，国内原油期货价格与国内原油期货持仓量对人民币各个指标的影响是一致的，而国内原油期货成交金额对人民币各个指标的影响与原油期货价格、原油期货持仓量的影响基本是相反的。总体来说，国内原油期货价格、持仓量对人民币各个指标均具有正向的长期影响，成交额具有负向的长期影响。

从表4-12的协整方程可以得到结论：从长期来说，当国内铁矿石期货价格上涨1个百分点，人民币各个指标分别上涨0.648、1.466、0.017、0.391、1.459、0.474、0.075、0.296个百分点；当国内铁矿石期货成交金额上涨1个百分点，人民币指标中的人民币国际支付全球市场份额（IP）、跨境贸易人民币业务结算额（LNIS）、人民币实际有效汇率指数（LNER）、人民币境外直接投资额（LNRI）、外汇市场交易额（LNFV）分别下跌1.624、0.626、0.059、0.186、0.446个百分点，外汇储备（LNFR）、外国投资者购买国内资产总额（LNFB）、境外机构和个人持有境内人民币金融资产总额（LNFA）分别上涨0.032、0.762、0.110个百分点；当国内铁矿石期货持仓量上涨1个百分点，人民币指标中的人民币国际支付全球市场份额（IP）、跨境贸易人民币业务结算额（LNIS）、人民币实际有效汇率指数（LNER）、人民币境外直接投资额（LNRI）、外汇市场交易额（LNFV）分别上涨1.672、1.016、0.228、0.104、0.354个百分点，外汇储备（LNFR）、外国投资者购买国内资产总额（LNFB）、境外机构和个人持有境内人民币金融资产总额（LNFA）分别下跌0.065、1.220、0.239个百分点。

第四章 原油等国际化期货与人民币金融指标关系的实证研究

因此从长期协整关系来看，国内铁矿石期货价格与国内铁矿石期货持仓量对人民币各个指标的影响基本上是一致的，而国内铁矿石期货成交金额对人民币各个指标的影响与铁矿石期货价格、铁矿石期货持仓量的影响多数是相反的。总体来说，国内铁矿石期货价格、持仓量对人民币指标大多具有正向的长期影响，成交额大多具有负向的长期影响。

从表 4-13 的协整方程可以得到结论：从长期来说，当国内 PTA 期货价格上涨 1 个百分点，人民币各个指标分别上涨 0.776、1.281、0.282、0.868、0.062、0.338、0.559、1.253 个百分点；当国内 PTA 期货成交金额上涨 1 个百分点，人民币各个指标分别下跌 0.104、0.567、0.111、0.379、0.081、0.308、0.274、0.420 个百分点；从长期来说，当国内 PTA 期货价格上涨 1 个百分点，人民币各个指标分别上涨 0.158、0.925、0.064、0.130、0.816、0.418、0.123、0.543 个百分点。

因此从长期协整关系来看，国内 PTA 期货价格与持仓量对人民币各个指标的影响是一致的，而国内 PTA 期货成交金额对人民币各个指标的影响与 PTA 期货价格、持仓量的影响是相反的。总体来说，国内 PTA 期货价格、持仓量对人民币各个指标均具有正向的长期影响，成交额具有负向的长期影响。

四、人民币各个指标的短期动态误差修正模型分析

根据 Engle 和 Granger（1987）表达定理，协整系统有三种等价的表达形式：向量自回归 VAR、移动平均 MA 和误差修正模型（Error Correction Model，ECM），其中 ECM 最能直接描述短期波动与长期均衡的综合，应用最为普遍。Engle，Granger（1987）证明了协整序列一定可以表示成误差校正表示形式。因此，当变量序列协整时，应该建立误差校正模型。

我们基于上述建立的原油等国内国际化商品期货（原油、铁矿石、PTA）变量（期货价格、持仓量、成交额）与人民币各个变量间的长期均衡方程分析，建立动态误差修正模型，其中模型中滞后阶数的选择按照 AIC、SC 准则选择最佳滞后阶数，最终得到国际化商品期货变量与人民币各个变量的动态误差修正模型如表 4-14、表 4-15、表 4-16 所示。

表4-14 国内原油期货变量与人民币各个变量指标间短期误差修正模型

误差修正模型	Y1	Y2	Y3	Y4	Y5	Y6	Y7	Y8
EC	-0.777 (1.193)	-0.600 (0.219)	0.138 (0.436)	-1.181 (0.263)	0.591 (1.483)	-1.021 (0.226)	-0.074 (0.080)	-0.034 (0.665)
Y1(-1)	-0.412 (1.143)	Y2(-1) -0.468 (0.252)	Y3(-1) -0.214 (0.521)	Y4(-1) 0.629 (0.241)	Y5(-1) -1.691 (1.388)	Y6(-1) -0.150 (0.172)	Y7(-1) 0.085 (0.176)	Y8(-1) -0.828 (0.710)
Y1(-2)	-0.343 (1.142)	Y2(-2) -0.555 (0.310)	Y3(-2) -0.630 (0.601)	Y4(-2) 0.600 (0.266)	Y5(-2) -1.630 (1.171)	Y6(-2) -0.083 (0.164)	Y7(-2) -0.204 (0.193)	Y8(-2) -0.749 (0.806)
Y1(-3)	-0.388 (1.051)	Y2(-3) -0.461 (0.331)	Y3(-3) 0.010 (0.447)	Y4(-3) 0.955 (0.278)	Y5(-3) -0.807 (0.874)	Y6(-3) 0.120 (0.167)	Y7(-3) 0.024 (0.185)	Y8(-3) -0.503 (0.788)
Y1(-4)	-0.223 (0.906)	Y2(-4) -0.146 (0.323)	Y3(-4) -0.613 (0.435)	Y4(-4) 0.687 (0.254)	Y5(-4) -0.131 (0.510)	Y6(-4) -0.107 (0.137)	Y7(-4) 0.224 (0.169)	Y8(-4) 0.286 (0.708)
Y1(-5)	-0.269 (0.717)	Y2(-5) -0.220 (0.344)	Y3(-5) 0.490 (0.355)	Y4(-5) 0.407 (0.211)	Y5(-5) 0.193 (0.319)			Y8(-5) 0.270 (0.575)
Y1(-6)	0.032 (0.551)	Y2(-6) 0.014 (0.305)	Y3(-6) -0.250 (0.335)	Y4(-6) 0.028 (0.225)	Y5(-6) 0.226 (0.194)			Y8(-6) 0.294 (0.376)
Y1(-7)	0.197 (0.343)	Y2(-7) -0.150 (0.259)	Y3(-7) 0.906 (0.398)					Y8(-7) 0.082 (0.278)
X11(-1)	-1.702 (1.419)	-1.048 (0.473)	-0.001 (0.021)	-0.135 (0.036)	X1(-1) 0.484 (1.586)	-0.903 (0.360)	-0.005 (0.049)	-0.231 (0.421)
X11(-2)	-0.680 (1.173)	-0.095 (0.457)	0.016 (0.027)	-0.115 (0.038)	X1(-2) 1.673 (1.915)	-1.274 (0.450)	-0.083 (0.051)	0.935 (0.464)

158

第四章 原油等国际化期货与人民币金融指标关系的实证研究

续表

误差修正模型	Y1	Y2	Y3	Y4		Y5	Y6	Y7	Y8
X11(-3)	0.108 (0.869)	-0.212 (0.448)	-0.048 (0.024)	-0.059 (0.026)	X1(-3)	0.858 (1.196)	-0.676 (0.417)	-0.068 (0.052)	0.230 (0.602)
X11(-4)	-1.049 (0.860)	-0.156 (0.411)	0.033 (0.025)	-0.079 (0.029)	X1(-4)	1.392 (1.340)	0.541 (0.368)	-0.186 (0.051)	0.339 (0.506)
X11(-5)	-0.806 (0.753)	-0.116 (0.386)	-0.035 (0.023)	-0.025 (0.022)	X1(-5)	-0.401 (0.698)			-0.111 (0.484)
X11(-6)	-1.600 (0.719)	0.135 (0.314)	0.023 (0.017)	-0.011 (0.019)	X1(-6)	0.057 (0.633)			0.114 (0.389)
X11(-7)	0.699 (0.732)	0.577 (0.293)	-0.032 (0.017)		X1(-7)				0.443 (0.344)
X12(-1)	0.073 (0.144)	-0.037 (0.069)	-0.002 (0.015)	0.048 (0.012)	X2(-1)	-0.251 (0.549)	0.773 (0.194)	0.010 (0.018)	-0.021 (0.098)
X12(-2)	0.346 (0.170)	0.066 (0.076)	-0.001 (0.014)	0.041 (0.011)	X2(-2)	-0.122 (0.478)	0.585 (0.178)	0.017 (0.015)	0.180 (0.095)
X12(-3)	0.498 (0.198)	0.020 (0.074)	-0.002 (0.012)	0.041 (0.010)	X2(-3)	-0.238 (0.436)	0.688 (0.157)	0.042 (0.015)	0.084 (0.100)
X12(-4)	0.554 (0.240)	-0.135 (0.071)	-0.002 (0.011)	0.044 (0.009)	X2(-4)	-0.200 (0.358)	0.399 (0.145)	0.019 (0.015)	-0.124 (0.111)

续表

误差修正模型	Y1	Y2	Y3	Y4		Y5	Y6	Y7	Y8
X12(-5)	0.399 (0.290)	-0.182 (0.096)	-0.006 (0.010)	0.035 (0.009)	X2(-5)	-0.238 (0.258)			-0.065 (0.123)
X12(-6)	0.282 (0.283)	-0.163 (0.099)	-0.002 (0.007)	0.023 (0.009)	X2(-6)	-0.136 (0.232)			-0.177 (0.106)
X12(-7)	-0.105 (0.219)	-0.090 (0.090)	0.014 (0.007)		X2(-7)				-0.112 (0.112)
X13(-1)	-0.383 (0.669)	-0.455 (0.212)	-0.011 (0.010)	-0.071 (0.016)	X3(-1)	0.654 (0.744)	-0.693 (0.198)	-0.045 (0.023)	0.3422 (0.240)
X13(-2)	-0.429 (0.485)	-0.362 (0.173)	0.010 (0.010)	-0.066 (0.016)					
X3(-2)	0.612 (0.647)	-0.568 (0.190)	-0.012 (0.022)	0.192 (0.254)					
X13(-3)	-0.488 (0.437)	-0.379 (0.166)	-0.002 (0.010)	-0.055 (0.015)	X3(-3)	0.447 (0.575)	-0.510 (0.183)	-0.061 (0.020)	0.086 (0.291)
X13(-4)	-0.844 (0.379)	-0.268 (0.157)	0.008 (0.010)	-0.043 (0.012)	X3(-4)	0.051 (0.387)	-0.529 (0.170)	-0.024 (0.020)	0.223 (0.263)
X13(-5)	-0.733 (0.380)	-0.071 (0.143)	0.006 (0.008)	-0.025 (0.010)	X3(-5)	-0.031 (0.251)			0.081 (0.216)

第四章 原油等国际化期货与人民币金融指标关系的实证研究

续表

误差修正模型	Y1	Y2	Y3	Y4	Y5	Y6	Y7	Y8
X13(-6)	-0.632	-0.013	0.015	-0.021	-0.213			0.070
	(0.373)	(0.140)	(0.008)	(0.009)	(0.220)			(0.165)
X13(-7)	-0.028	0.086	-0.013		X3(-6)		X3(-7)	0.127
	(0.332)	(0.111)	(0.008)					(0.126)
C	0.0920	0.040	0.002	0.002	0.093	0.051	0.020	
	(0.070)	(0.025)	(0.002)	(0.002)	(0.066)	(0.031)	(0.007)	
R^2	0.876	0.852	0.821	0.787	0.815	0.812	0.657	0.883
调整 R^2	0.512	0.422	0.300	0.433	0.506	0.685	0.423	0.584
残差平方和	0.516	0.125	0.001	0.001	0.755	0.879	0.012	0.176
标准差	0.227	0.112	0.006	0.007	0.224	0.187	0.021	0.126
F值	2.438	1.983	1.577	2.223	2.640	6.362	2.811	2.953
对数似然	30.257	58.704	178.533	163.320	23.718	22.634	115.760	51.772
AIC值	-0.013	-1.435	-7.427	-6.699	0.111	-0.216	-4.547	-1.139
SC值	1.254	-0.169	-6.160	-5.612	1.198	0.522	-3.810	0.086
因变量均值	0.013	0.006	0.001	0.002	0.015	0.017	0.019	-0.002
因变量标准差	0.327	0.147	0.007	0.010	0.319	0.334	0.028	0.196

注：Y1、Y2、Y3、Y4、Y5、Y6、Y7、Y8分别代表 D (IP)、D (LNIS)、D (LNFR)、D (LNER)、D (LNFA)、D (LNRI)、D (LNFB)、D (LNFV)，EC表示误差修正项，X11、X12、X13分别代表 D (LNPI)、D (LNII)、D (LNVI)，C表示常数项。其中，括号内数值分别表示各个一阶差分变量的滞后阶数，括号内数值的负数表示各个误差修正模型方程中各项的标准差（下同）。

表4-15　国内铁矿石期货与人民币各个变量指标间短期误差修正模型

误差修正模型	Y1	Y2	Y3	Y4	Y5	Y6	Y7	Y8
EC	0.937 (0.519)	-0.384 (0.114)	-0.523 (0.124)	0.060 (0.035)	-0.846 (0.206)	0.761 (0.566)	-1.479 (0.189)	-0.641 (0.204)
Y1(-1)	-1.972 (0.765)	Y2(-1) -0.664 (0.204)	Y3(-1) -0.390 (0.179)	Y4(-1) 0.113 (0.262)	Y5(-1) -0.274 (0.201)	Y6(-1) -1.219 (0.498)	Y7(-1) 0.599 (0.106)	Y8(-1)
Y1(-2)	-1.868 (0.732)	Y2(-2) -0.689 (0.232)	Y3(-2) -0.510 (0.227)	Y4(-2) 0.124 (0.257)	Y5(-2) -0.446 (0.213)	Y6(-2) -1.278 (0.479)	Y7(-2) 0.456 (0.141)	Y8(-2) -0.372 (0.175)
Y1(-3)	-1.610 (0.834)	Y2(-3) -0.297 (0.275)	Y3(-3) -0.375 (0.206)	Y4(-3) -0.313 (0.254)	Y5(-3) -0.184 (0.228)	Y6(-3) -0.868 (0.358)	Y7(-3) 0.401 (0.138)	Y8(-3) 0.270 (0.195)
Y1(-4)	-1.312 (0.758)	Y2(-4) -0.224 (0.224)	Y3(-4) -0.109 (0.158)	Y4(-4) -0.166 (0.187)	Y5(-4) -0.308 (0.204)	Y6(-4) -0.997 (0.305)	Y7(-4) 0.489 (0.112)	Y8(-4) 0.430 (0.211)
Y1(-5)	-1.085 (0.584)	Y2(-5) -0.269 (0.205)	Y3(-5) -0.005 (0.158)	Y4(-5) -0.113 (0.196)	Y5(-5) -0.082 (0.171)	Y6(-5) -0.630 (0.331)	Y7(-5) 0.392 (0.119)	Y8(-5) 0.222 (0.199)
Y1(-6)	-0.196 (0.400)				Y5(-6)	Y6(-6) -0.566 (0.254)	Y7(-6) 0.458 (0.113)	
X21(-1)	0.213 (0.653)	-0.367 (0.217)	0.007 (0.010)	0.016 (0.020)	X21(-1) -1.164 (0.405)	1.406 (0.823)	-0.136 (0.032)	
X21(-2)	0.491 (0.700)	-0.397 (0.192)	-0.005 (0.011)	0.021 (0.018)	X21(-2) -1.248 (0.395)	-0.668 (0.685)	-0.161 (0.031)	-0.153 (0.231)

续表

误差修正模型	Y1	Y2	Y3	Y4		Y5	Y6	Y7	Y8
X21(-3)	0.248 (0.641)	-0.015 (0.201)	-0.013 (0.012)	-0.029 (0.019)	X21(-3)	-0.230 (0.421)	1.208 (0.817)	-0.178 (0.035)	0.071 (0.244)
X21(-4)	0.250 (0.665)	-0.390 (0.215)	-0.023 (0.012)	0.016 (0.023)	X21(-4)	-1.136 (0.436)	1.546 (0.884)	-0.194 (0.032)	-0.171 (0.250)
X21(-5)	-1.402 (0.733)	-0.290 (0.224)	-0.021 (0.014)	0.014 (0.024)	X21(-5)	-1.047 (0.471)	0.062 (0.698)	-0.141 (0.032)	-0.151 (0.260)
X21(-6)	-0.278 (1.065)				X21(-6)		1.973 (0.946)	-0.061 (0.037)	
X22(-1)	-1.589 (0.727)	0.202 (0.110)	-0.019 (0.006)	-0.008 (0.008)	X22(-1)	0.284 (0.153)	0.067 (0.390)	-0.186 (0.024)	0.227 (0.092)
X22(-2)	-0.998 (0.729)	0.348 (0.105)	-0.012 (0.005)	-0.019 (0.009)	X22(-2)	0.286 (0.157)	0.483 (0.416)	-0.196 (0.028)	
X22(-3)	-0.804 (0.532)	0.282 (0.101)	-0.005 (0.004)	-0.007 (0.008)	X22(-3)	0.121 (0.133)	0.048 (0.297)	-0.138 (0.024)	0.222 (0.118)
X22(-4)	-0.509 (0.477)	0.345 (0.098)	-0.006 (0.004)	-0.011 (0.008)	X22(-4)	0.328 (0.140)	-0.019 (0.261)	-0.129 (0.017)	0.335 (0.097)
X22(-5)	-0.204 (0.388)	0.169 (0.097)	-0.004 (0.004)	-0.008 (0.008)	X22(-5)	0.113 (0.137)	0.405 (0.252)	-0.107 (0.018)	-0.018 (0.104)

续表

误差修正模型	Y1	Y2	Y3	Y4	Y5	Y6	Y7	Y8
X22(-6)	-0.096 (0.277)					0.204 (0.216)	-0.056 (0.014)	
X23(-1)	1.603 (0.959)	-0.224 (0.165)	0.027 (0.009)	-0.006 (0.014)	-0.112 (0.205)	-0.750 (0.730)	0.349 (0.044)	
X23(-2)	0.891 (0.772)	-0.279 (0.153)	0.031 (0.008)	0.024 (0.014)	0.055 (0.201)	-1.135 (0.611)	0.364 (0.048)	-0.147 (0.129)
X23(-3)	0.645 (0.578)	-0.327 (0.138)	0.025 (0.008)	0.009 (0.013)	-0.305 (0.190)	-0.470 (0.429)	0.278 (0.041)	-0.161 (0.130)
X23(-4)	0.278 (0.420)	-0.453 (0.146)	0.026 (0.009)	0.023 (0.013)	-0.557 (0.214)	-0.199 (0.335)	0.266 (0.033)	-0.225 (0.126)
X23(-5)	0.055 (0.372)	-0.230 (0.131)	0.015 (0.007)	0.018 (0.014)	-0.092 (0.204)	-0.378 (0.324)	0.192 (0.035)	-0.088 (0.142)
X23(-6)	-0.084 (0.319)					0.197 (0.278)	0.063 (0.026)	
C	0.129 (0.069)	0.038 (0.020)	0.003 (0.001)			0.081 (0.050)	0.056 (0.008)	
@TREND(18M03)							-0.003 (0.001)	

续表

误差修正模型	Y1	Y2	Y3	Y4	Y5	Y6	Y7	Y8
R^2	0.739	0.798	0.722	0.566	0.870	0.808	0.948	0.740
调整 R^2	0.235	0.563	0.398	0.109	0.733	0.440	0.837	0.559
残差平方和	1.051	0.169	0.001	0.002	0.531	0.881	0.002	0.389
标准差	0.284	0.097	0.005	0.009	0.167	0.260	0.011	0.130
F值	1.468	3.396	2.225	1.238	6.345	2.194	8.496	4.093
对数似然	15.133	52.547	169.768	144.772	29.696	18.576	142.977	35.880
AIC值	0.557	-1.527	-7.388	-6.189	-0.435	0.381	-5.948	-0.944
SC值	1.666	-0.598	-6.460	-5.302	0.452	1.490	-4.796	-0.225
因变量均值	0.004	0.006	0.001	0.002	0.016	0.016	0.023	-0.002
因变量标准差	0.325	0.147	0.007	0.010	0.323	0.348	0.028	0.196

注：X21，X22，X23 分别代表 D（LNP2），D（LNV2），D（LNI2），下同。

表 4-16　国内 PTA 期货与人民币各个变量指标的短期误差修正模型

误差修正模型	Y1	Y2	Y3	Y4	Y5	Y6	Y7	Y8
EC	-1.824 (0.693)	-0.464 (0.151)	-0.026 (0.124)	-0.057 (0.044)	0.148 (0.185)	-1.822 (0.280)	0.001 (0.043)	-0.162 (0.222)
Y(-1)	0.876 (0.592) [Y1(-1)]	-0.657 (0.172) [Y2(-1)]	-0.398 (0.304) [Y3(-1)]	0.366 (0.290) [Y4(-1)]	-1.089 (0.305) [Y5(-1)]	0.621 (0.212) [Y6(-1)]	0.340 (0.192) [Y7(-1)]	-0.489 (0.271) [Y8(-1)]

续表

误差修正模型	Y1	Y2	Y3	Y4	Y5	Y6	Y7	Y8
Y1(-2)	0.5293 (0.475)	Y2(-2) -0.548 (0.189)	Y3(-2) -0.7124 (0.318)	Y4(-2) 0.333 (0.329)	Y5(-2) -0.647 (0.362)	Y6(-2) 0.530 (0.194)	Y7(-2) -0.066 (0.190)	Y8(-2) -0.559 (0.242)
Y1(-3)	0.306 (0.340)		Y3(-3) -0.683 (0.425)	Y4(-3) -0.311 (0.374)	Y5(-3) 0.135 (0.339)	Y6(-3) 0.498 (0.148)	Y7(-3) -0.307 (0.206)	Y8(-3) -0.301 (0.201)
Y1(-4)			Y3(-4) -0.413 (0.398)	Y4(-4) -0.149 (0.329)	Y5(-4) 0.120 (0.250)		Y7(-4) 0.295 (0.187)	
Y1(-5)			Y3(-5) -0.276 (0.406)	Y4(-5) -0.032 (0.318)				
X31(-1)	0.519 (0.781)	-0.669 (0.274)	0.001 (0.025)	0.003 (0.031)	X31(-1) 0.199 (0.684)	-0.313 (0.528)	-0.087 (0.073)	0.279 (0.357)
X31(-2)	-0.516 (0.681)	-0.469 (0.305)	0.027 (0.027)	-0.007 (0.030)	X31(-2) 0.679 (0.665)	-0.878 (0.450)	0.125 (0.077)	-0.003 (0.322)
X31(-3)	0.032 (0.729)		0.043 (0.030)	0.010 (0.035)	X31(-3) 0.912 (0.616)	-0.115 (0.501)	-0.079 (0.066)	-0.333 (0.361)
X31(-4)			-0.015 (0.028)	-0.038 (0.033)	X31(-4) -0.200 (0.695)		-0.157 (0.069)	
X31(-5)			-0.017 (0.027)	0.024 (0.032)				

第四章 原油等国际化期货与人民币金融指标关系的实证研究

续表

误差修正模型	Y1	Y2	Y3	Y4		Y5	Y6	Y7	Y8
X32(-1)	0.077 (0.147)	0.160 (0.065)	0.003 (0.014)	0.019 (0.015)		0.138 (0.122)	0.431 (0.126)	-0.005 (0.015)	0.093 (0.110)
X32(-2)	0.233 (0.150)	0.068 (0.053)	0.004 (0.015)	0.012 (0.014)	X32(-1)	0.181 (0.155)	0.290 (0.113)	-0.018 (0.018)	0.093 (0.101)
X32(-3)	0.166 (0.148)		0.002 (0.014)	0.008 (0.015)	X32(-2)	0.123 (0.154)	0.197 (0.106)	0.018 (0.020)	0.090 (0.088)
X32(-4)			0.004 (0.011)	0.019 (0.016)	X32(-3)	0.070 (0.130)		0.022 (0.013)	
X22(-5)			0.003 (0.006)	0.012 (0.010)	X32(-4)				
X33(-1)	0.119 (0.331)	-0.069 (0.143)	0.010 (0.012)	-0.031 (0.018)	X33(-1)	0.207 (0.261)	-0.366 (0.244)	-0.007 (0.025)	0.196 (0.155)
X33(-2)	-0.143 (0.332)	0.140 (0.131)	0.014 (0.010)	0.001 (0.018)	X33(-2)	0.383 (0.264)	-0.535 (0.236)	0.084 (0.026)	-0.033 (0.175)
X33(-3)	-0.252 (0.376)		0.007 (0.013)	-0.001 (0.022)	X33(-3)	-0.279 (0.376)	-0.409 (0.250)	-0.022 (0.035)	-0.227 (0.196)
X33(-4)			0.002 (0.015)	-0.005 (0.022)	X33(-4)	-0.598 (0.375)		-0.015 (0.031)	

续表

误差修正模型	Y1	Y2	Y3	Y4	Y5	Y6	Y7	Y8
X33(-5)	-0.015 (0.055)		-0.009 (0.011)	-0.017 (0.018)				
C		0.020 (0.018)	0.005 (0.003)	0.003 (0.002)	0.092 (0.043)	0.016 (0.02)	0.014 (0.010)	
					@TREND (18M03)			
R^2	0.547	0.619	0.561	0.639	0.765	0.810	0.697	0.685
调整 R^2	0.280	0.492	-0.206	0.009	0.530	0.698	0.394	0.521
残差平方和	1.775	0.315	0.001	0.001	0.667	0.716	0.008	0.403
标准差	0.284	0.108	0.008	0.010	0.198	0.180	0.022	0.132
F值	2.042	4.873	0.732	1.014	3.251	7.214	2.302	4.170
对数似然	3.090	35.656	134.102	125.500	19.661	19.428	97.286	29.800
AIC值	0.606	-1.387	-6.594	-6.088	-0.095	-0.302	-4.531	-0.934
SC值	1.222	-0.951	-5.607	-5.101	0.705	0.314	-3.731	-0.362
因变量均值	0.011	0.003	0.001	0.002	0.007	0.030	0.021	0.006
因变量标准差	0.335	0.152	0.007	0.010	0.289	0.328	0.028	0.191

注：X31、X32、X33 分别代表 D（LNP3）、D（LNV3）、D（LNI3）。

第四章 原油等国际化期货与人民币金融指标关系的实证研究

从表 4-14 原油期货变量（期货价格、成交额、持仓量）与人民币各个变量的误差修正模型可以看出，从短期动态来看：人民币国际支付全球市场份额的一阶差分（D（IP））受其自身及原油期货变量对数一阶差分滞后 1 到 7 阶的影响，累积影响分别为 -1.406、-5.030、2.047、3.537 个单位，误差修正项的影响为 -0.777 个单位；跨境贸易人民币业务结算额对数的一阶差分（D（LNIS））受其自身及原油期货变量对数一阶差分滞后 1 到 7 阶的影响，累积影响分别为 -1.986、-0.935、-0.521、-1.462 个单位，误差修正项的影响为 -0.600 个单位；外汇储备对数的一阶差分（D（LNFR））受其自身及原油期货变量对数一阶差分滞后 1 到 6 阶的影响，累积影响分别为 -0.301、-0.044、-0.006、0.013 个单位，误差修正项的影响为 0.138 个单位；人民币实际有效汇率指数对数的一阶差分（D（LNER））受其自身及原油期货变量对数一阶差分滞后 1 到 6 阶的影响，累积影响分别为 3.306、-0.424、0.006、-0.281 个单位，误差修正项的影响为 -1.181 个单位；人民币境外直接投资额对数的一阶差分（D（LNRI））受其自身及原油期货变量对数一阶差分滞后 1 到 7 阶的影响，累积影响分别为 -3.840、-4.063、-1.185、1.520 个单位，误差修正项的影响为 0.591 个单位；外国投资者购买国内资产总额对数的一阶差分（D（LNFB））受其自身及原油期货变量对数一阶差分滞后 1 到 4 阶的影响，累积影响分别为 -0.22、-2.312、2.445、-2.300 个单位，误差修正项的影响为 -1.021 个单位；境外机构和个人持有境内人民币金融资产总额对数的一阶差分（D（LNFA））受其自身及原油期货变量对数一阶差分滞后 1 到 4 阶的影响，累积影响分别为 0.129、-0.342、0.088、-0.142 个单位，误差修正项的影响为 -0.074 个单位；外汇市场交易额对数的一阶差分（D（LNFV））受其自身及原油期货变量对数一阶差分滞后 1 到 7 阶的影响，累积影响分别为 -1.148、1.719、-0.235、1.121 个单位，误差修正项的影响为 -0.034 个单位。

因此，从上述国内原油期货与人民币各个变量指标的短期动态误差修正模型可以看到，人民币指标中人民币国际支付全球市场份额、人民币境外直接投资额、外国投资者购买国内资产总额、外汇市场交易额的对数一阶差分，从短期动态角度来看，受国内原油期货变量对数一阶差分的影响较大，其他人民币指标的对数一阶差分受到的影响相对较小。

以下分别根据国内原油期货变量与人民币各个变量指标的动态误差修正模型作出的人民币各个指标的一阶差分实际值与模型拟合值走势图，从图4-1可以看出，各个模型的拟合效果良好。

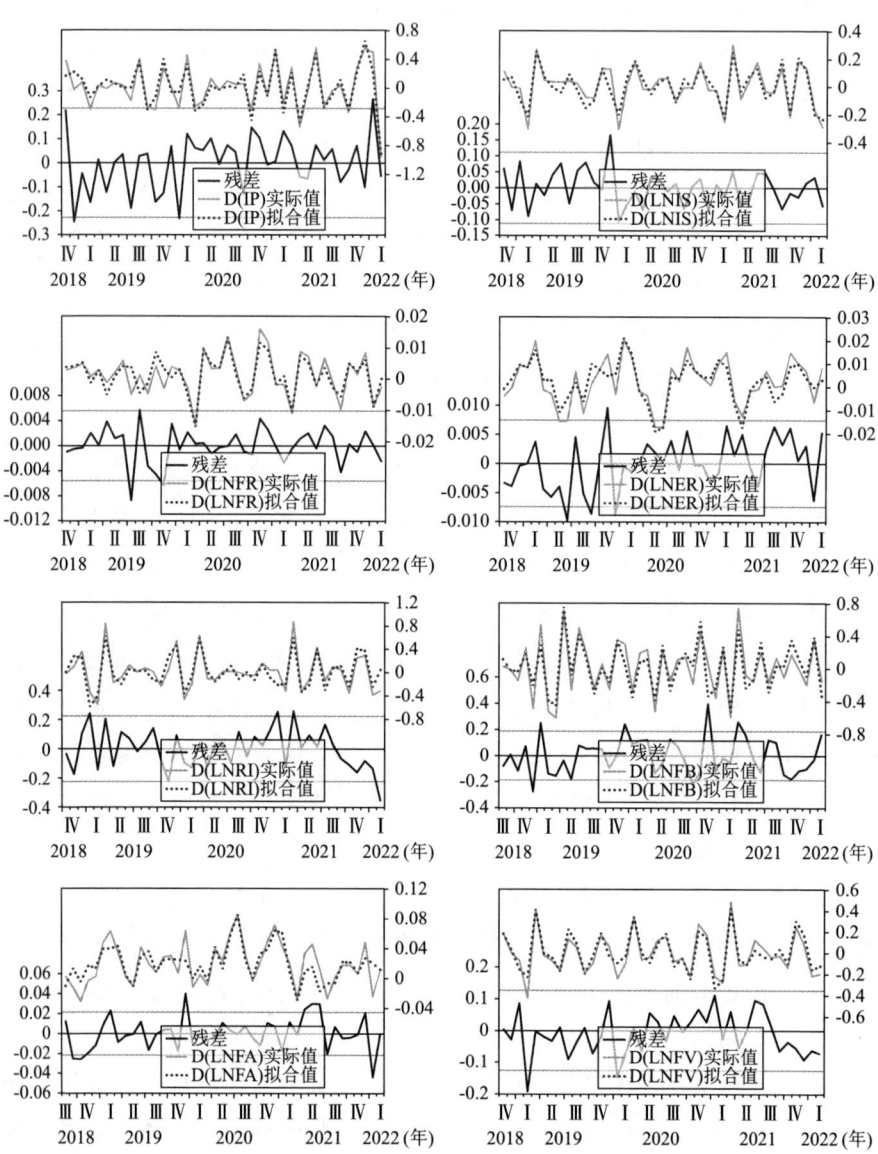

图4-1 原油期货变量与人民币各个变量间的误差修正模型实际值与拟合值图

第四章 原油等国际化期货与人民币金融指标关系的实证研究

从表4-15铁矿石期货变量（期货价格、成交额、持仓量）与人民币各个变量的误差修正模型可以看出，从短期动态来看：人民币国际支付全球市场份额的一阶差分 [D（IP）] 受其自身及铁矿石期货变量对数一阶差分滞后1到6阶的影响，累积影响分别为 -8.043、-0.478、-4.200、3.388个单位，误差修正项的影响为0.937个单位；跨境贸易人民币业务结算额对数的一阶差分 [D（LNIS）] 受其自身及铁矿石期货变量对数一阶差分滞后1到5阶的影响，累积影响分别为 -2.143、-1.459、1.346、-1.513个单位，误差修正项的影响为 -0.384个单位；外汇储备对数的一阶差分 [D（LNFR）] 受其自身及铁矿石期货变量对数一阶差分滞后1到5阶的影响，累积影响为分别为 -1.389、-0.055、-0.046、0.124个单位，误差修正项的影响为 -0.523个单位；人民币实际有效汇率指数对数的一阶差分 [D（LNER）] 受其自身及铁矿石期货变量对数一阶差分滞后1到5阶的影响，累积影响为分别为 -0.355、0.038、-0.053、0.068个单位，误差修正项的影响为0.060个单位；人民币境外直接投资额对数的一阶差分 [D（LNRI）] 受其自身及铁矿石期货变量对数一阶差分滞后1到5阶的影响，累积影响为分别为 -1.294、-4.825、1.132、-1.011个单位，误差修正项的影响为 -0.846个单位；外国投资者购买国内资产总额对数的一阶差分 [D（LNFB）] 受其自身及铁矿石期货变量对数一阶差分滞后1到6阶的影响，累积影响为分别为 -5.558、5.527、1.188、-2.735个单位，误差修正项的影响为0.761个单位；境外机构和个人持有境内人民币金融资产总额对数的一阶差分 [D（LNFA）] 受其自身及铁矿石期货变量对数一阶差分滞后1到6阶的影响，累积影响为分别为2.795、-0.871、-0.812、1.512个单位，误差修正项的影响为 -1.479个单位；外汇市场交易额对数的一阶差分 [D（LNFV）] 受其自身及铁矿石期货变量对数一阶差分滞后1到4阶的影响，累积影响分别为0.550、-0.404、0.766、-0.621个单位，误差修正项的影响为 -0.641个单位。

因此，从上述国内铁矿石期货与人民币各个变量指标的短期动态误差修正模型可以看到，人民币指标中人民币国际支付全球市场份额、跨境贸易人民币业务结算额、人民币境外直接投资额、外国投资者购买国内资产总额的对数一阶差分，从短期动态角度来看，受国内原油期货变量对数一阶差分的影响较大，其他人民币指标的对数一阶差分受到的影响相对较小。

以下分别根据国内铁矿石期货与人民币各个变量指标间的动态误差修正模型作出的人民币各个变量一阶差分的实际值与模型拟合值走势图,从图4-2可以看出,各个模型的拟合效果较好。

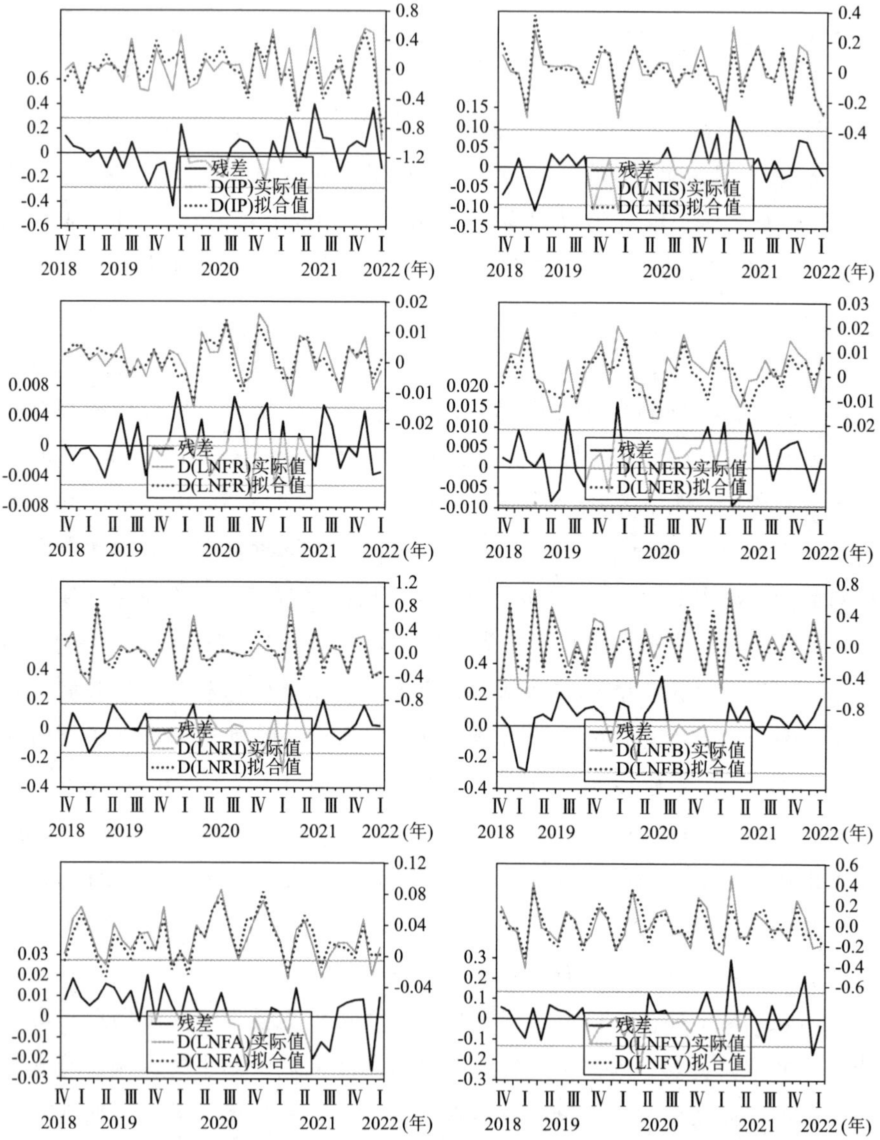

图4-2 铁矿石期货与人民币各个变量指标的误差修正模型实际值与拟合值图

第四章 原油等国际化期货与人民币金融指标关系的实证研究

从上述 PTA 期货变量（期货价格、成交额、持仓量）与人民币各个变量的误差修正模型可以看出，从短期动态来看：人民币国际支付全球市场份额的一阶差分［D（IP）］受其自身及 PTA 期货变量对数一阶差分滞后 1 到 3 阶的影响，累积影响分别为 1.711、0.035、0.476、-0.276 个单位，误差修正项的影响为 -1.824 个单位；跨境贸易人民币业务结算额对数的一阶差分［D（LNIS）］受其自身及 PTA 期货变量对数一阶差分滞后 1 到 2 阶的影响，累积影响分别为 -1.205、-1.138、0.228、0.071 个单位，误差修正项的影响为 -0.464 个单位；外汇储备对数的一阶差分［D（LNFR）］受其自身及 PTA 期货变量对数一阶差分滞后 1 到 5 阶的影响，累积影响分别为 -2.482、0.039、0.016、0.024 个单位，误差修正项的影响为 -0.026 个单位；人民币实际有效汇率指数对数的一阶差分［D（LNER）］受其自身及 PTA 期货变量对数一阶差分滞后 1 到 5 阶的影响，累积影响分别为 0.207、-0.008、0.070、0.053 个单位，误差修正项的影响为 -0.057 个单位；人民币境外直接投资额对数的一阶差分［D（LNRI）］受其自身及 PTA 期货变量对数一阶差分滞后 1 到 4 阶的影响，累积影响分别为 -1.481、1.590、0.512、-0.287 个单位，误差修正项的影响为 0.148 个单位；外国投资者购买国内资产总额对数的一阶差分［D（LNFB）］受其自身及 PTA 期货变量对数一阶差分滞后 1 到 3 阶的影响，累积影响分别为 1.649、-1.306、0.918、-1.31 个单位，误差修正项的影响为 -1.822 个单位；境外机构和个人持有境内人民币金融资产总额对数的一阶差分［D（LNFA）］受其自身及 PTA 期货变量对数一阶差分滞后 1 到 4 阶的影响，累积影响分别为 0.262、-0.198、0.017、0.040 个单位，误差修正项的影响为 0.001 个单位；外汇市场交易额对数的一阶差分［D（LNFV）］受其自身及 PTA 期货变量对数一阶差分滞后 1 到 3 阶的影响，累积影响分别 -1.349、-0.057、0.276、-0.064 个单位，误差修正项的影响为 -0.162 个单位。

因此，从上述国内 PTA 期货与人民币各个变量指标的短期动态误差修正模型可以看到，仅有人民币指标中外国投资者购买国内资产总额的对数一阶差分，从短期动态角度来看，受国内 PTA 期货变量对数一阶差分的影响较大，其他人民币指标的对数一阶差分受到的影响相对较小。

以下分别根据国内 PTA 期货变量与人民币各个变量指标间的动态误差修正模型作出的人民币各个变量的一阶差分的实际值与模型拟合值走势

图,从图 4-3 可以看出,各个模型的拟合效果尚好。

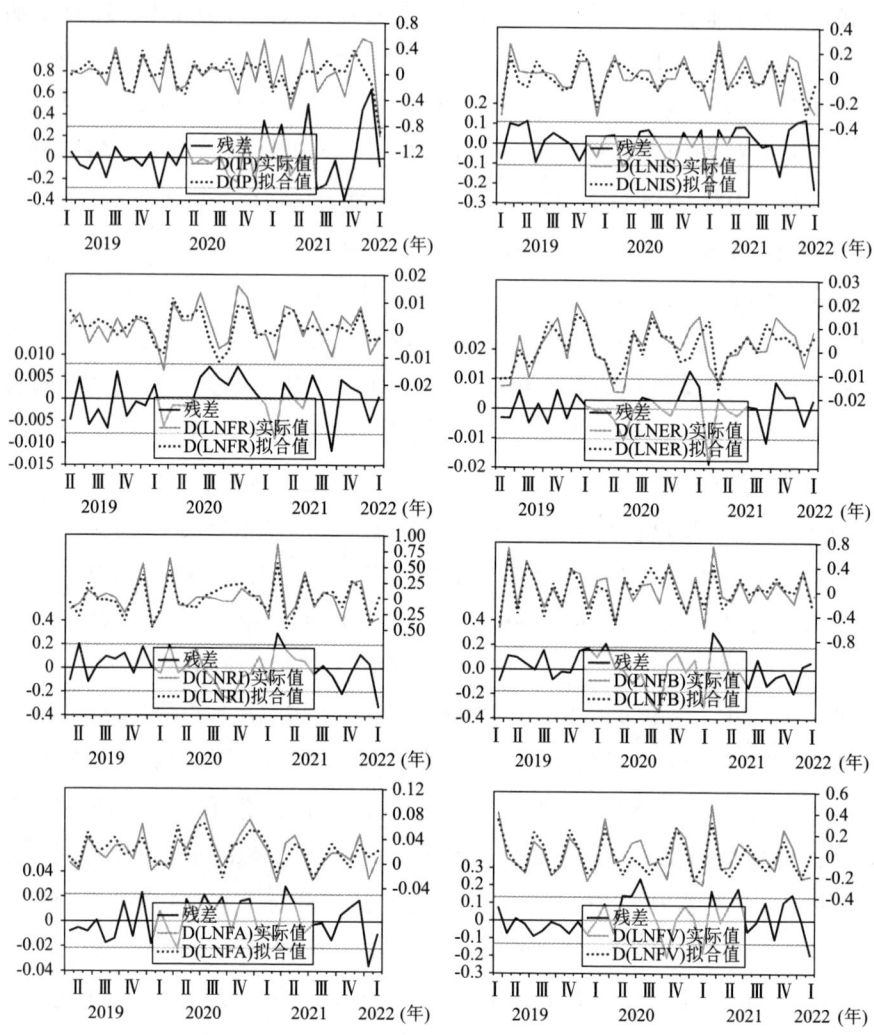

图 4-3 PTA 期货变量与人民币各个变量指标的误差修正模型实际值与拟合值图

第四节 结论与建议

本书基于 2018—2022 年的月度数据,针对国内原油等国际化商品期货(原油、铁矿石、PTA)市场微观变量(期货价格、成交额、持仓量)对

第四章 原油等国际化期货与人民币金融指标关系的实证研究

人民币发展的各个金融变量（人民币国际支付全球市场份额、跨境贸易人民币业务结算额、外汇储备、人民币实际有效汇率指数、人民币境外直接投资额、外国投资者购买国内资产总额、境外机构和个人持有境内人民币金融资产总额、外汇市场交易额）采用协整相关理论模型的定量研究方法，研究原油等国际化商品期货指标对人民币发展的各项指标的影响。

因果检验结果显示，原油等国际化商品期货变量中的期货价格对人民币发展五个变量中部分变量具有较强的引导作用，其中原油及 PTA 期货价格对外汇储备与人民币金融交易变量中的境外机构和个人持有境内人民币金融资产总额具有显著的引导作用；铁矿石期货价格对跨境贸易人民币业务结算额及人民币金融交易指标中的人民币境外直接投资额、外国投资者购买国内资产总额具有显著的引导作用。原油等国际化商品期货变量中的期货持仓量相比期货价格来说，对人民币发展的五个变量中更多变量具有较强的引导作用，其中原油期货持仓量对外汇储备及人民币金融交易变量指标中的人民币境外直接投资额、境外机构和个人持有境内人民币金融资产总额、外汇市场交易额具有较强的引导作用；铁矿石期货持仓量对人民币实际有效汇率指数及人民币金融交易变量中的外汇市场交易额具有显著的引导作用；PTA 期货持仓量对跨境贸易人民币业务结算额、外汇储备及人民币金融交易变量指标中的人民币境外直接投资额、外汇市场交易额具有显著的引导作用；原油等国际化商品期货变量中的期货成交量相比期货价格及持仓量来说，对人民币变量影响较小，其中除了铁矿石期货成交额对人民币国际支付全球市场份额具有显著的引导作用外，原油及 PTA 期货成交额对人民币各个变量指标均没有显著的引导作用。

从原油等国际化商品期货市场三个微观指标对人民币发展的影响来看，三个指标均对人民币发展的五个变量有不同的显著影响，说明原油等国内商品期货国际化的推出有助于人民币发展进程，由于国内国际化商品期货推出时间短，其国际定价能力及影响力与国际上相关商品期货还有一定的差距，需要国内国际化商品期货进一步提升国际影响力。

协整检验显示，原油等国际化商品期货中原油及 PTA 期货价格与持仓量对人民币各个指标的影响是一致的，而两者的成交金额对人民币各个指标的影响是相反的，而铁矿石期货价格与持仓量对人民币各个指标的影响大部分是一致的，成交金额对人民币各个指标的影响大部分是相反的。总体来说，原油等国际化商品期货中原油及PTA期货价格、持仓量对人民币指标具有正向的长期影响，成交额具有负向的长期影响；而铁矿石期货价格对人民币各个指标具有正向的长期影响，持仓量对大部分人民币指标具有正向影响，成交额对大部分人民币指标具有负向影响；从影响强度来看，原油期货价格及持仓量对人民币各个指标的影响强于铁矿石及PTA，而三者的成交金额的影响均较弱，这是由于原油期货是国内第一个面向国际投资者推出的国际化品种，而铁矿石及PTA是基于原有期货品种的基础上面对国际投资者开放，国际投资者参与的规模存在差异。因此，增强原油等国际化商品期货价格的国际定价能力，提升国际化期货品种的持仓量，适当降低成交额有助于进一步推动人民币发展。

建立的误差修正模型显示，原油等国际化商品期货三个品种变量指标（期货价格、成交额、持仓量）对人民币各个变量的短期动态影响是不同的，其中原油期货变量的一阶差分对人民币指标中人民币国际支付全球市场份额、人民币境外直接投资额、外国投资者购买国内资产总额、外汇市场交易额的对数一阶差分影响较大，对其他人民币国际化指标的对数一阶差分影响较小；铁矿石期货变量的一阶差分对人民币指标中人民币国际支付全球市场份额、跨境贸易人民币业务结算额、人民币境外直接投资额、外国投资者购买国内资产总额的对数一阶差分影响较大，对其他人民币指标的对数一阶差分影响较小；PTA期货变量的一阶差分仅对人民币指标中外国投资者购买国内资产总额的对数一阶差分影响较大，对其他人民币指标的对数一阶差分影响较小。采用原油等国际化商品期货变量对人民币各个指标进行模拟显示，采用原油期货变量要优于铁矿石及PTA期货变量的模拟效果，因此，国际化商品期货对人民币发展的影响有较大的差异，总体来看，原油等国际化商品期货指标对人民币指标均有一定的影响，原油与铁矿石比PTA的影响要大，不同的商品市场国际化发展存在差异。

综上所述，国内期货市场原油等品种的国际化对人民币的发展产生了一定的作用，为了进一步扩大期货市场国际化对人民币发展的影响，国内期货市场在国际化的进程中需要不断地改进和完善，不断提升国内期货品种的国际定价能力与影响。从政策法规层面来看，《期货和衍生品法》已经在2022年4月20日，十三届全国人大常委会第三十四次会议表决通过，并于当年8月1日正式施行。期货市场迎来属于自己的法律，期货市

第四章 原油等国际化期货与人民币金融指标关系的实证研究

场在未来的市场建设中，在法律的规范下将会更加有序。期货市场的国际化有了坚实的制度基础，有利于吸引国际机构投资者进入国内的期货市场，不断扩大国内期货市场的国际影响力。从监管角度来看，在充分发挥"五位一体"的市场监管基础上，在《期货和衍生品法》规定的范围内加强对市场的监管，防范市场的恶意炒作及操纵，有利于期货市场国际化的稳健运行，有利于人民币发展的进程。从期货交易所的角度来看，继续扩大特定开放品种范围，深化已开放品种价格影响力，着力推动原油、PTA、铁矿石等期货重点品种在区域定价影响力上形成突破；拓展多元化开放模式，稳步推进海外交割库布局，逐步实现"交易端引进来，交割端走出去"；深入推进制度型开放，不断完善国际化期货品种的市场运行规则，国内几家期货交易所推出的国际化品种发展不均衡，建议在期货品种国际化的推动过程中，应相互取长补短，不断改进品种规则体系，促进不同品种国际化的均衡发展；引入更多境外交易者参与国内市场，优化国际化期货品种的持仓结构，有利于国际化期货品种的健康运行，从而有助于人民币发展。从期货衍生品市场建设的角度来看，《期货和衍生品法》进一步规范了期货及衍生品市场的发展，在《期货和衍生品法》的框架下，建立现货及远期，场内及场外融合的市场体系，不断扩大国际化期货品种的应用场景，不断提升我国的国际化期货品种的定价影响力。积极推动国内期货市场的国际化，有利于国内资本市场健康发展，可以更好地推动人民币的发展，对国民经济的稳健运行也将会产生积极的影响。

最后需要说明：本章的研究主要为原油等期货市场品种国际化对人民币发展金融指标影响进行定量研究的提供一种思路，由于其他国际品种的上市时间相对较短，数据样本也相对较少，本章的研究是基于对三个国际期货品种的代表性研究，其中并未包括所有现有的国际化品种，随着国际化品种的不断增加，运行一段时间后，未来研究品种的范围可以扩大，从整体上研究国际化品种对人民币发展的金融指标影响可能会有更多的结论与启示。此外，从研究方法的角度来看，未来可以探索更多的量化模型研究方法，研究期货国际化对人民币发展的影响。

第五章
国内原油期货对股市非线性影响研究

作为国内第一个国际化期货品种，原油期货的推出对国内期货市场国际化发展具有重要的里程碑作用。随着国内原油期货市场稳健运行，国内原油期货成交量、持仓量持续放大，国际投资者参与度增加，原油期货的国际影响力进一步扩大。国内原油市场成为继 WTI 原油、布伦特原油之后全球第三大原油市场。

为了进一步提升国内原油期货价格发现功能与国际定价能力及影响力，有必要开展针对国内原油期货市场运行规律及影响力的研究。原油期货推出后其价格影响力及功能发挥情况备受国内外关注，由于国内原油期货市场推出已有六年多时间，国内原油期货价格影响不断扩大，从市场表现来看，原油期货价格波动对期货市场及国内资本市场均产生较大的影响，因而需要进一步研究原油期货价格波动对资本市场波动影响的定量程度及复杂作用。因此，本章研究重点集中在研究国内原油期货市场对国内股市的影响，通过采用 Granger 因果关系检验、协整关系检验，研究国内原油期货价格对国内股市的引导关系及长期影响，通过采用非线性平滑转换回归模型（简称 STR）研究，揭示国内原油期货价格收益率的波动对国内股市收益率波动的非线性及非对称的冲击影响，通过研究为原油市场建设及资本市场监管提供新的思路。本章第一节为相关文献研究进展，第二节对中国原油期货市场与股市的关系进行分析,第三节给出研究变量的选取与数据说明,第四节给出实证研究需要选择的理论模型,第五节是原油与股市间协整及相关实证检验,第六节给出原油期货价格收益率对股市收益率影响的 STR 模型实证,第七节为结论与建议。

第一节 相关文献研究进展

近几年来,国内研究原油市场与股市关系文献,从定量研究的角度来看,主要采用了时间序列相关理论及多种计量经济学模型,研究主要集中在对国际原油市场与国内外股市关系方面。江春和陶丹(2013)运用多因素模型,实证研究了国际原油价格波动对国内股市基于行业和公司规模的差异化收益率的影响;赵梦楠等(2014)采用近单整时间序列的 Bonferroni 检验,研究了国际原油价格与中国股市的收益率的关系;胡秋灵和丁美月(2016)运用 VAR – Asymmetric – BEKK 模型研究国际原油价格对我国新能源行业股票价格的波动溢出效应;任仙玲等(2017)借助 VAR – BEKK 模型、Granger 因果关系检验,研究了国际能源市场与中国股票市场之间的波动溢出方向及滞后效应;郦博文等(2017)应用非参数时变 Copula 方法来检验石油价格与全球股票市场间的相关关系;陈晓春和黄媛(2017)构建分位数回归模型,研究国际原油市场与八个亚太股票市场的联动关系;丁绪辉等(2017)建立向量自回归模型、矢量误差修正模型,研究国际石油价格与股票市场的联动效应;方胜和卢新生(2018)基于变系数分位数模型研究不同股票市场态势和原油价格冲击下国际原油价格的变化对中国 A 股市场的影响;黄书培等(2018)采用小波变化及向量自回归模型,研究了不同类型原油价格变动对全球综合股指的动态影响;徐照宜等(2019)基于小波分析方法,对中国股市与国际石油和黄金价格波动之间的相互作用进行研究;钟婉玲等(2020)基于时变 POT 模型、溢出指数模型,研究了中国股票市场与包括国际原油价格在内的宏观经济体系之间的尾部风险溢出效应;任宪汝(2020)采用广义相关测度(GMC)方法对国际原油价格与国际主要股市指数日收益率的非线性和非对称相依性等特征进行了实证分析；李竹芸（2020）采用 VAR 模型和 EGARCH（1，1）模型研究国际原油价格波动对行业股票指数的均值溢出效应和非对称影响。

由于国内原油期货推出时间比较短，研究国内原油期货市场与股市关系的文献比较少，余慧（2020）通过构建 GARCH – Copula – CoVaR 模型，研究了上海原油期货对于石油相关行业股指的风险溢出效应；陈诗敏和郝玉柱（2021）利用 VAR 模型分析了我国原油期货价格与股票价格指数的相关性。

从国外文献来看，近年来，国外有很多文献研究了原油价格与股市的关系，从研究方法角度来说，也是多采用了时间序列相关理论及多种计量模型，Basher 和 Sadorsky（2006）采用了多因子模型，允许无条件和有条件风险因素来研究油价风险与新兴市场股市回报之间的关系。研究认为，油价风险会影响新兴市场的股价回报，其他存在的风险因素如市场风险，总风险，偏度和峰度对个人和机构投资者、管理人员和政策制定者都是有用的。Fayyad 和 Daly（2011）通过 VAR 分析，采用 2005 年 9 月至 2010 年 2 月的日数据。对 7 个国家（科威特、阿曼、阿联酋、巴林、卡塔尔、英国和美国）的油价与股市回报率的关系进行了实证研究。研究表明，在油价上涨后和全球金融危机（GFC）期间，石油对股票回报的预测能力增加；对石油的冲击反应在全球金融危机期间增加；海湾合作委员会（GCC）国家的卡塔尔和阿联酋以及发达国家的英国对石油冲击的反应力高于研究中的其他市场。Arouri 和 Rault（2012）使用面板协整和似不相关回归（SUR）方法研究了海湾合作委员会中油价与股票市场之间的长期联系。研究表明，海湾合作委员会国家的油价和股票市场之间存在协整，而 SUR 结果表明，除沙特阿拉伯外，油价上涨对股价有积极影响。Broadstock 和 Filis（2014）基于 Scalar – BEKK 模型研究了不同类型的油价冲击（供应方、总需求和石油市场特定需求）与中美股票市场回报之间的时变相关性。研究发现，油价冲击与股票回报率之间的相关性明显，具有系统的时效性且具有明显的系统性差异，不同类型的石油冲击对股票市场回报的影响也有很大差异，中国似乎比美国更能抵御油价冲击。Khalifaetal（2014）采用马尔可夫转换（MCMS）模型研究了海湾合作委员会六个国家的股票市场对三个全球市场（标准普尔 500 指数，石油 WTI 价格和 MSCI 指数）的市场的波动性传导模式。研究发现，海湾合作委员会国家股市与全球股票市场的联系比与石油市场的联系更强,石油市场与科威特和阿布扎比股票市场之间存在很强的相互依存关系,存在 WTI 石油市场与迪拜市场的溢出效应,但是与沙特阿拉伯、卡塔尔和阿曼股票市场之间不存在溢出效应;标准普尔 500 指数对科威特和阿曼股市存在溢出效应,卡塔尔股市对标准普尔 500 指数存在溢出效应;MSCI 指数对科威特和沙特阿拉伯股市存在溢出效应。Broadstock 和 Filis (2014) 使用 VAR 和 VECM 模型研究了 1973 年 2 月至 2011 年 12 月期间 12 个欧洲石油进口国的油价冲击对股票回报的影响。研究发现,欧洲实际股价回报对油价冲击的反应可能会有很大差异,这取决于油价变化的根本原因,油价变化对大多数欧洲股市回报率存在负面影响。Caporale 等 (2015) 基于二元 VAR – GARCH – in – mean 模型,利用 1997 年 1 月至 2014 年 2 月期间十个行业指数的周数据,研究了国际原油价格不确定性对中国股价的时变影响。研究发现,除消费者服务、金融以及石油和天然气行业外,在所有情况下,油价波动都会对股票回报产生积极影响。石油和天然气行业被发现在供应方冲击期间对油价不确定性表现出负面反应。相比之下,在预防性需求冲击期间,油价不确定性的影响很小。AlMaadid et al. (2016) 采用 2004—2015 年的周数据,基于 GARCH – BEKK 模型研究国际油价波动对 GCC 八个石油出口国或进口国的股市波动的影响,研究发现海湾合作委员会国家波动性溢出的结果相当复杂,因此,无法制定旨在稳定石油出口国原油价格的一般政策,在制定适当的政策措施时,需要考虑到不同市场之间的具体联系。Zhu. H., et al. (2016) 从行业角度研究了实际原油价格变化与中国实际股市回报之间的依赖关系,使用 Koenker 的分位数回归来衡量依赖的程度和结构,依赖性在行业股票回报的有条件分布中是异质的,研究表明,依赖性是积极的,只存在于看跌的市场中,检测到的结构的存在会破坏开关的依赖性。Bouri, et al. (2017) 使用隐含波动率指数研究国际黄金、原油和印度股市之间的协整和非线性因果关系。研究表明,存在协整关系,黄金和石油隐含波动率对印度股市隐含波动的非线性和积极影响,黄金的隐含波动率与油价之间存在双向因果关系。Fang 和 Egan (2018) 通过考虑极端正回报和极端负回报之间的差异,研究了从油价和中国股票板块的传染效应,采用广义帕累托分布 (GPD) 函数来估计超额回报来计算时变截止值,使用多项对数 (MNL) 模型来检查中国股票与油价相关的共同超支概率。研究表明：油价和股票板块之间的传染效应相对较弱，但绝不能忽略不计；面对动荡时期的油价波动，任何传染的存在都会削弱与石油和中国股票行业投资相关的投资组合多元化的好处；持有石油和中国行业股票投资组合的投资者应特别关注原油价格的极端变化，并采取对冲措施来保护其投资组合免受石油市场的极端冲击。Doko Tchatoka et al.（2019）采用分位数回归模型（QQ），研究了国际油价冲击和 15 国股市收益率的关系。研究发现，当市场表现良好并且油价出现巨大冲击时，中国和印度股市有更高的回报。此外，当石油出口国（加拿大、俄罗斯、挪威）和适度依赖石油的国家（马来西亚、菲律宾和泰国）的市场表现良好时，大规模的正油价冲击往往会导致更高的股市回报。在大多数情况下，油价大幅负冲击会进一步压低已经表现不佳的市场，在研究的大多数国家中，油价冲击与股市回报率之间的分布关系随着时间的推移表现并不稳定。此外，在美国市场观察到的正负油价冲击之间的不对称效应在大多数国家都不明显。Ji et al.（2020）采用结构性 VAR 模型和基于时变 Copula – GARCH 的 CoVaR 方法，研究了金砖国家股票回报与不同类型石油冲击之间的动态依赖性和风险溢出效应。研究表明，金砖国家股票回报率与石油冲击之间的依赖性是时变的，并且根据石油市场的冲击类型表现出不同的行为，一般来说，每个国家的 CoVaRs 的形状都相对不同，这取决于其特殊的市场情况和国内政策，所有金砖国家，从石油特定需求冲击到股票回报率都存在重大风险溢出，巴西、俄罗斯和印度，基于石油总需求冲击和石油特定需求冲击，上下风险溢出效应显著不对称。Hashmi et al.（2021）采用分位数 ARDL 模型，研究了石油出口国（俄罗斯、墨西哥、委内瑞拉和挪威）和石油进口国（印度、中国、日本和挪威）股票市场在牛市、熊市和正常状态下受国际油价的短期和长期的非对称影响。研究发现，在短期内除挪威以外的所有国家的股市面对油价冲击都表现出不对称效应；石油价格在短期和长期对所有抽样国的股市价格冲击方面都受到不对称的影响。Ma et al.（2021）利用面板向量自回归模型研究国际原油市场供给、需求等冲击对中国 16 家上市银行股票收益率的影响。研究发现，受石油供应冲击影响的第 2 个月，银行风险略有上升，第 3 个月至第 10 个月转为负值；全球需求冲击对银行业风险的影响明显为负，并在 10 个月后恢复；石油特定需求冲击在前 3 个月短暂而迅速地降低了银行业的风险，并在第 4 个月恢复正常；石油投机性冲击的

第五章 国内原油期货对股市非线性影响研究

影响在前4个月并不显著，但在第5个月至第8个月增加了银行风险水平；石油冲击对国有银行的影响不存在，对非国有银行的风险水平有重大影响。

从已有的文献来看，大部分的研究成果是基于线性模型基础上，Balcilar et al.（2015）认为在研究原油与股票市场方面，忽视潜在的非线性关系可能会导致错误的结论。因此，国外有部分文献，从非线性角度研究了国际原油价格波动对股市收益率冲击的非对称影响，Bittlingmayer（2005）研究发现国际原油价格与美国股票价格的负相关关系反映了美国股市对美国卷入中东战争的反应，油价大幅上涨与欧佩克行动和其他原因相关的股价大幅下跌，国债收益率大幅上涨和隐含股票波动率增加更多；美国国防军备股与美国干预中东期间的油价走势呈正相关；地缘政治冲突与油价呈正相关，但与股价呈负相关。Park 和 Ratti（2008）研究了国际原油价格冲击对美国和13个欧洲国家实际股票回报率的影响。研究发现对美国来说，油价波动加剧会显著压低实际股票回报率。油价冲击对美国和大多数其他国家实际股票回报率变化的贡献大于利率。实际油价的上涨与美国短期利率的大幅上升有关，13个欧洲国家中有8个在一两个月内短期利率大幅上升。几乎没有证据表明欧洲石油进口国的正负油价冲击对实际股票回报的不对称影响。Mohanty et al.（2011）使用国家层面和行业层面的股票回报数据研究了海湾合作委员会中的国家原油价格变化与股票回报之间的关系。研究显示，在国家层面，除科威特外，股票市场对油价冲击有重大的积极影响。在行业层面，20个行业中只有12个行业对石油冲击的具体回报率的反应非常积极。另外，研究还发现油价变化对国家层面和行业层面的股市回报具有不对称的影响。Sim 和 Zhou（2015）通过一种新的分位数对分位数（QQ）方法研究了国际原油价格与美国股票之间的关系，构建油价冲击分位数对美国股票回报率影响的估计。研究发现，当美国市场表现良好时（即美国高回报率），大的负向油价冲击（即低油价冲击分位数）可能会对美国股市产生积极影响，负向油价冲击会影响美国股市，但正向油价冲击的影响较弱，表明油价与美国股票的关系是不对称的。Reboredo 和 Ugolini（2016）采用检验股票回报的有条件和无条件分位数分布函数中的相等假设，研究了分位数和国际原油价格变动对不同股票回报分位数的影响。通过分析三个发达经济体（美国、英国和欧盟）和五个金砖国家（巴西、俄罗斯、印度、中国和南非）2000—2014年的股票回报数据，发现金融危机前国际原油价格上下波动对股价分位数的影响要比金融危机爆发后小得多；危机爆发前大多数国家和危机爆发后所有国家的下行溢出效应大于上行溢出效应；油价小幅正负波动在危机爆发前后均未对任何股票回报率产生影响。

Granger 和 Teräsvirta（1993）提出平滑转换自回归模型，并且 Teräsvirta（1994）对 STAR 模型作了进一步的完善，模型提出后在经济金融领域得到一些有效的应用，但是应用在原油价格波动与股市方面的研究文献比较少。Nidhaleddine Ben Cheikh 等（2018）采用了非线性平滑转换回归模型研究了国际原油价格对海湾合作委员会国家（GCC）股票市场的冲击影响。研究表明，GCC 部分国家存在股市回报的不对称反应，就科威特而言，油价的负变化对股票回报的影响大于油价的正变化；阿曼和卡塔尔的股票市场对油价的大幅变化比对油价小幅变化更敏感。研究结果强调了经济稳定和改革政策可能会降低股票回报对油价变化的敏感性，特别是在存在不对称行为方面。

研究原油价格与股市关系的定量方法有多种时间序列模型及计量模型，学者们在多个角度进行研究，也取得很多研究成果，尤其是采用 STR 类模型研究国际原油价格与国际股市关系为我们研究国内原油期货与国内股市关系提供了一条新的思路。因此，本章采用 STR 模型对国内原油期货价格对股市非线性非对称影响的研究，在国内尚属首次。运用 STR 模型既解决了线性回归模型只能刻画国内原油价格变动与股市线性关系的问题，又能通过转换函数克服转换机制的突变性，解决了门限回归模型不能平滑描述原油价格变动影响股市的区间转换问题。

第二节　原油市场与中国股市

上海国际能源交易中心推出的原油期货经过六年多的市场运行，市场运行机制不断完善，市场影响力不断扩大。以下作出国内原油期货与国际最有影响力的原油期货价格（布伦特原油、WTI 原油期货价格）时序图（见图 5-1），从图 5-1 中可以看到，国内原油期货价格与布伦特原油、WTI 原油期货价格具有较好的相关性。

第五章 国内原油期货对股市非线性影响研究

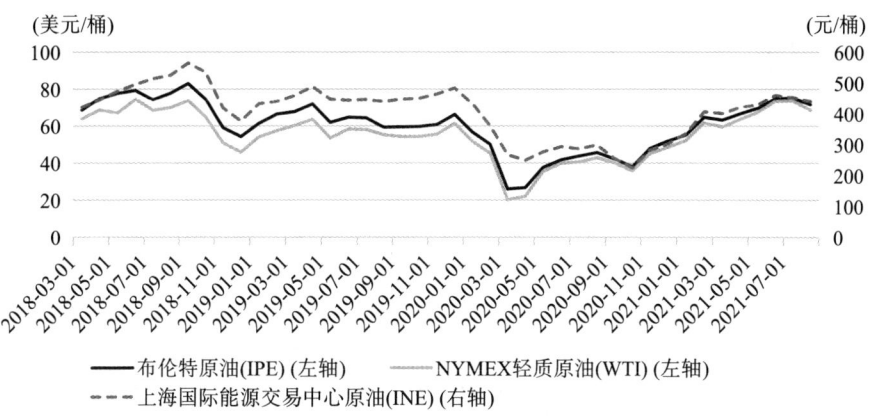

图 5-1 国内原油（INE）与国际原油（IPE，WTI）时序图

数据来源：上海国际能源交易中心、IPE、NYMEX。

国内股市经过 30 多年的发展，股市规模不断扩大，对国民经济产生了巨大的推动作用，截至 2023 年底，中国股市上市公司总数 5,107 家（包括 A 股与 B 股），总市值 773,130.71 亿元（见图 5-2、图 5-3）。

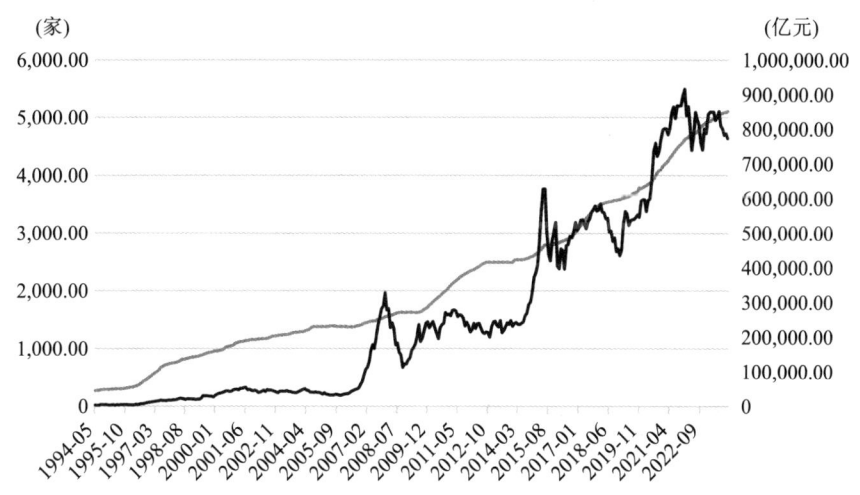

图 5-2 中国股市总市值与上市公司总数

数据来源：上海证券交易所、深圳证券交易所。

从股市市值与 GDP 关系来看，截至 2023 年底，GDP 总值为 1,260,582 亿元（现价计），股市市值占 GDP 比重为 61.331%。

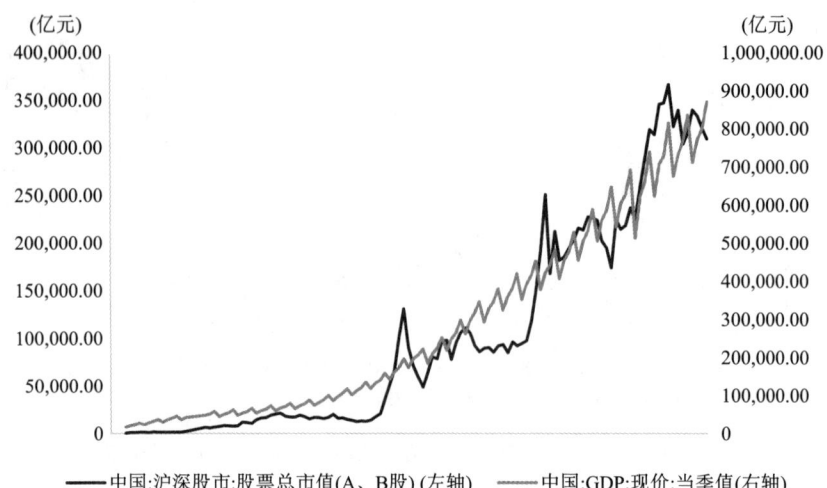

图 5-3　中国股市总市值和中国 GDP

数据来源：国家统计局、中国证监会。

从原油期货价格对股市的影响机制来看，原油期货作为大宗商品的龙头品种，其价格的波动对商品市场有比较大的影响，大宗商品价格的涨跌影响企业的生产成本，从而影响上市公司的利润，从投资市场来说，上市公司的估值随着上市公司利润变化而变化，从而影响到上市公司的股价。因此，大宗商品的价格波动影响上市公司股价波动，从而影响股指的波动。以下我们作出国内原油期货价格与股指的时序图（见图 5-4、图 5-5）：

图 5-4　国内原油期货价格与上证综指

数据来源：上海国际能源交易中心、上海证券交易所。

186

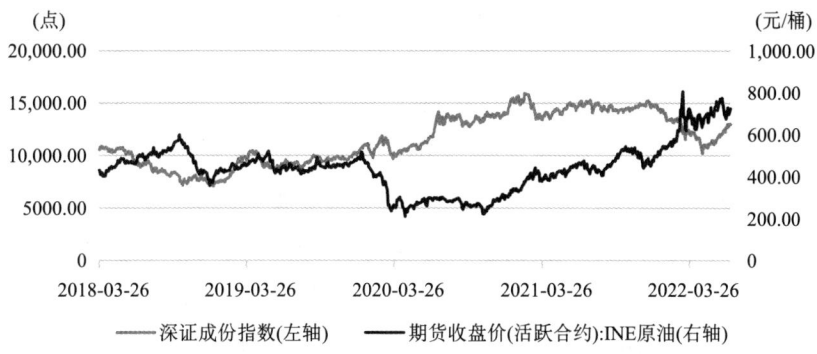

图 5-5　国内原油期货价格与深成指

数据来源：上海国际能源交易中心、深圳证券交易所。

从图 5-4、图 5-5 可以看出，国内原油期货价格波动与沪深股市指数具有较强的关联性，尤其是在 2018 年底，国内原油期货价格大幅下跌，国内沪深股市指数也有大幅下跌；2020 年第一季度由于新冠疫情的影响，国内原油期货价格暴跌，国内沪深股市均受到一定的影响。

第三节　研究变量的选取与数据说明

一、原油与股市及相关变量选取说明

本书研究原油价格波动对中国股市的影响，样本数据选择从国内原油期货推出时间 2018 年 3 月开始，到 2022 年 7 月的日度数据进行模型实证研究。

国内原油价格变量选取：我们选择上海国际能源交易中心的原油期货价格作为国内原油期货价格变量。国内原油现货价格选择国内影响力较大的中国南海原油现货价格与胜利油田原油现货价格，通过比较分析，选择国内原油期货价格作为原油价格变量[①]，采用主力合约收盘价日数据，对

---

① 通过对国内原油期货价格与国内大庆原油、胜利原油现货价格的相关性及因果关系检验，可以知道国内原油期货价格与现货价格相关性较高，并且期货价格对现货价格具有较强的引导关系，具体检验结果省略。

选取数据取对数处理，原油价格收益率采用原油期货价格一阶差分：$D\ln p_t = \ln p_t - \ln p_{t-1}$。

国内股市变量的选取：证券市场作为金融市场的主要组成部分，在社会资金的分配过程中起着重要的作用，证券市场发展情况如何，对整个社会有着巨大的影响。上海证券交易所和深圳证券交易所①推出了多种股价指数。上海证券交易所推出的上证综指代表了整体国内主板上市公司；深成指是深交所挂牌的上市公司抽取权重较大的上市公司，进行加权平均所得到的指数，代表国内创业板等上市公司。从市场影响来说，上证综指、深证成指均具有较大的市场影响力，因此，本书选取上证综合指数、深证成指作为股价指数指标。采用指数收盘价格的日数据，对选取数据取对数处理，计算股指收益率，分别采用上证综指、深证成指对数的一阶差分，即分别采用 $D\ln shi_t$、$D\ln szi_t$ 表示。

控制变量的选取：借鉴 Nidhaleddine Ben Cheikh，et al.（2018）研究美原油价格波动对 GCC 国家股市冲击，采用了摩根士丹利资本国际指数（MSCI）与3月美债收益率作为控制变量的选择方法，选取 MSCI 指数收益率和国内市场化利率，作为原油价格与股市关系的控制变量。因为 MSCI 指数和国内市场化利率是影响国内股票市场的主要外部因素。在市场经济发达的国家，国债利率是金融市场的基础利率，但我国国债市场总体规模尚小，还不足以引导市场利率。国内利率市场化建设不断发展，目前存贷款利率还没有完全放开，但银行同业拆借市场发展迅速，能够反映货币市场的资金供求状况，因此，本书从银行间同业拆借加权平均利率（1天、7天、14天、21天、1月、2月、3月、4月、6月、9月、1年期）中选取7天期利率作为市场利率变量②，采用 i_t 表示。MSCI 指数采用指数收盘价日数据，对选取数据取对数处理，MSCI 指数收益率采用其对数一阶差分，用 $D\ln msci_t$ 表示。

二、研究变量的日数据处理及说明

对于期货价格来说，每个期货合约都将在一定时间到期，比如国内原

---

① 北京证券交易所于2021.9.3成立，由于成立时间比较短，没有纳入研究范围。
② 采用所有期限的银行同业拆借加权利率与上证综指、深成指进行相关性及因果关系检验，结果7天期利率与股指相关性更高，有更显著的因果关系，主要检验结果限于篇幅省略。

第五章 国内原油期货对股市非线性影响研究

油期货合约均是 12 个月到期，因此，为克服期货价格的不连续性，本书选取成交量最大的期货合约每天的收盘价格序列作为代表，形成期货连续价格合约。由于本书选择的国内原油期货价格数据与国外期货价格数据在某些具体时间不匹配，我们将不匹配的数据删除，得到连续的时间序列数据。最后本书选取国内原油期货价格、上证综指、深证成指、银行同业拆借 7 天期利率、MSCI 全球指数连续价格日数据共 1,039 个数据。样本时间段：2018 年 3 月 26 日至 2022 年 7 月 5 日。数据来源：上海国际能源交易中心、上海证券交易所、深圳证券交易所、中国人民银行、MSCI。后面数据处理及模型研究采用 Eviews10.0 软件及 JMulTi 软件。

相比已有的研究，比如 Mohanty et al.、Arouri 和 Rault、Akoum et al. (2012)、Nidhaleddine Ben Cheikh et al. (2018) 等研究国外原油与国外股市关系，时间跨度均比较长，虽然国内原油期货推出时间比较短，但是从国内原油期货推出以后来看，国内外原油价格波动均对国内股市产生一定的影响，尤其是近两年来的国外原油期货暴跌暴涨对股市产生较大冲击影响，研究最新的冲击影响情况具有很好的现实意义。

以下给出各个变量及变量收益率描述性统计量（见表 5-1、表 5-2），并且给出了各个变量之间及各个变量收益率之间的相关系数（见表 5-3、表 5-4）。

表 5-1　　　　　　　各个变量的对数的描述统计量

变量	LNP	LNSHI	LNSZI	LNI	LNMSCI
均值	6.055	8.047	9.330	0.999	6.514
中值	6.099	8.044	9.310	0.987	6.465
最大值	6.693	8.220	9.678	1.537	6.787
最小值	5.350	7.810	8.866	0.500	6.132
标准差	0.267	0.103	0.217	0.185	0.153
偏度	-0.355	-0.211	-0.221	-0.158	0.297
峰度	2.913	1.9570	1.845	2.695	1.794
JB 统计量	22.206	54.772	66.185	8.350	78.257
P 值	0.000	0.000	0.000	0.015	0.000
总平方和	6,291.459	8,360.581	9,693.467	1,038.991	6,767.664

续表

变量	LNP	LNSHI	LNSZI	LNI	LNMSCI
离差平方和	73.861	10.932	48.710	35.545	24.392
观测值	1,039	1,039	1,039	1,039	1,039

注：P 表示国内原油期货价格、SHI 表示上证综指、SZI 表示深证成指、I 表示银行同业拆借加权 7 天期利率、MSCI 表示摩根士丹利资本国际指数，LN 表示取对数，下同。数据来源：中国人民银行，上海能源交易中心，Wind 资讯终端，下同。

表 5-2　　各个变量收益率的描述统计量

变量	DLNP	DLNSHI	DLNSZI	DLNI	DLNMSCI
均值	0.001	7.97E-05	1.98E-04	-0.001	2.22E-04
中值	0.0011	2.84E-04	2.75E-04	0.003	0.001
最大值	0.0971	0.056	0.054	0.382	0.0780
最小值	-0.1411	-0.080	-0.088	-0.450	-0.096
标准差	0.0241	0.012	0.015	0.095	0.011
偏度	-0.275	-0.625	-0.541	-0.166	-1.270
峰度	5.804	7.762	5.713	3.950	20.461
JB 统计量	353.068	1,048.271	369.030	43.793	13,466.22
P 值	0.000	0.000	0.000	0.000	0.000
总平方和	0.520	0.083	0.205	-0.583	0.230
总离差平方和	0.619	0.143	0.241	9.276	0.124
观测值个数	1,038	1,038	1,038	1,038	1,038

注：D 表示一阶差分，下同。

表 5-3　　各个变量之间的相关系数

变量	LNP	LNSHI	LNSZI	LNI	LNMSCI
LNP	1				
LNSHI	-0.009	1			
LNSZI	-0.183	0.957	1		
LNI	0.092	-0.416	-0.551	1	
LNMSCI	0.291	0.854	0.828	-0.480	1

第五章　国内原油期货对股市非线性影响研究

表 5-4　　　　　各个变量收益率之间的相关系数

变量	DLNP	DLNSHI	DLNSZI	DLNI	DLNMSCI
DLNP	1				
DLNSHI	0.233	1			
DLNSZI	0.171	0.932	1		
DLNI	-0.012	-0.026	-0.044	1	
DLNMSCI	0.190	0.318	0.305	-0.063	1

表 5-1 和 5-2 分别给出了原油期货、沪深股市及相关变量的描述性统计，从结果可以看出，收益率变量数据分布比各变量原数据分布表现出的尖峰厚尾特征更明显；表 5-3 显示了原油期货价格与沪深股指及相关变量的相关系数，从结果可以看出，原油期货价格与沪深股指存在负相关关系，且与深市股指相关关系强于沪市股指，原油期货价格与同业拆借加权 7 天期利率、MSCI 表示摩根士丹利资本国际指数表现出正向相关关系；表 5-4 显示了原油期货价格收益率与沪深股指收益率及相关变量之间的相关系数，从结果可以看出，原油期货价格收益率与沪深股指收益率之间存在强弱基本相似的正向相关关系，原油期货价格收益率与同业拆借加权 7 天期利率收益率表现出弱的负向相关关系，与 MSCI 表示摩根士丹利资本国际指数收益率表现出正向相关关系。

第四节　模型的选择与说明

一、基本的平滑转换自回归模型（STR 模型）

针对研究的问题，本书采用 Granger 和 Teräsvirta（1993）提出的平滑转换自回归模型（smooth transition autoregressive，简称 STR 模型），也被称为非线性区制转换模型（nonlinear regime-switching models）。STR 模型一般表达式如下：

$$y_t = \theta_1 x_t + \theta_2 x_t G(s_t; \gamma, c) + u_t \qquad (式5.1)$$

其中：θ_1、θ_2 是系数，$G(s_t;\gamma,c)$ 是控制 STR 模型非线性动态的转换函数。$G(s_t;\gamma,c)$ 是 0 和 1 之间的连续函数；s_t 是转换变量，γ 是区制转换的速度，c 是门限值，$u_t \sim iid(0,\sigma^2)$。当模型（5.1）中转换函数形式如下：

$$G(s_t;\gamma,c) = [1 + \exp\{-\gamma(s_t - c)\}]^{-1}, \gamma > 0 \qquad （式5.2）$$

则模型（5.1）为 LSTR1 模型，其中当 $s_t - c \to -\infty$，$G(s_t;\gamma,c) \to 0$，模型的系数为 θ_1；如果 $s_t - c \to +\infty$，$G(s_t;\gamma,c) \to 1$，则模型系数为 $\theta_1 + \theta_2$；如果 $s_t = c$，$G(s_t;\gamma,c) = 0.5$，则模型系数为 $\theta_1 + \theta_2/2$。

当模型（式5.1）中的转换函数为指数形式：

$$G(s_t;\gamma,c) = 1 - \exp\{-\gamma(s_t - c)^2\}, \gamma > 0 \qquad （式5.3）$$

则模型（式5.1）为 ESTR 模型。其中当 $s_t - c \to \pm\infty$，$G(s_t;\gamma,c) \to 1$，则模型系数为 $\theta_1 + \theta_2$；如果 $s_t = c$，$G(s_t;\gamma,c) \to 0$，则系数为 θ_1。

当模型（式5.1）中的转换函数形式为：

$$G(s_t;\gamma,c) = [1 + \exp\{-\gamma(s_t - c_1)(s_t - c_2)\}]^{-1}, \gamma > 0, c_1 \leq c_2$$

$$（式5.4）$$

则模型（式5.1）为 LSTR2 模型。其中转换函数值关于 $(c_1 + c_2)/2$ 对称，当 $s_t \to \pm\infty$，$G(s_t;\gamma,c) \to 1$；当 $c_1 \leq s_t \leq c_2$，$\gamma \to \infty$ 时，$G(s_t;\gamma,c) \to 0$；当 s_t 在其他值处时，$G(s_t;\gamma,c) \to 1$。

LSTR1 与 ESTR 两类模型研究不同的非线性情况。LSTR1 模型应用于计算原油价格变化方向（负或正油价冲击）的非对称问题，特别是当阈值接近于零时；ESTR 模型是研究原油价格变化幅度冲击的非对称问题。

二、沪深两市收益率的非线性模型设定

本书将国内原油期货价格对沪市、深市影响的基础模型设定分别如下：

$$Dlnshi_t = \alpha_1 + \sum_{j=1}^{n_1} \lambda_{1j} Dlnshi_{t-j} + \sum_{j=0}^{n_2} \varphi_{1j} Dlnmsci_{t-j} + \sum_{j=0}^{n_3} \delta_{1j} Dlni_{t-j} +$$

$$\sum_{j=0}^{n_4} \beta_{1j} Dlnp_{t-j} + \varepsilon_{1t} \qquad （式5.5）$$

第五章 国内原油期货对股市非线性影响研究

$$Dlnszi_t = \alpha_2 + \sum_{j=1}^{m_1} \lambda_{2j} Dlnszi_{t-j} + \sum_{j=0}^{m_2} \varphi_{2j} Dlnmsci_{t-j} + \sum_{j=0}^{m_3} \delta_{2j} Dlni_{t-j} +$$

$$\sum_{j=0}^{m_4} \beta_{2j} Dlnp_{t-j} + \varepsilon_{2t} \qquad (式5.6)$$

其中，n_1，m_1 分别表示沪市、深市收益率滞后阶数，n_2，m_2 分别表示两种情况下的摩根士丹利资本国际指数收益率滞后阶数，n_3，m_3 分别表示两种情况下的银行同业拆借 7 天期利率收益率滞后阶数，n_4，m_4 分别表示两种情况下的国内原油期货价格收益率滞后阶数；λ、φ，δ，β 分别为模型系数，ε_{1t}，ε_{2t} 表示随机扰动项。为了研究原油价格波动对沪市、深市冲击的非线性影响，我们采用非线性 STR 模型进行检验，在上述基础模型中引入转换函数，建立沪深两市收益率的非线性模型如下：

$$Dlnshi_t = \alpha_1 + \sum_{j=1}^{n_1} \lambda_{1j} Dlnshi_{t-j} + \sum_{j=0}^{n_2} \varphi_{1j} Dlnmsci_{t-j} + \sum_{j=0}^{n_3} \delta_{1j} Dlni_{t-j} +$$

$$\sum_{j=0}^{n_4} \beta_{1j} Dlnp_{t-j} + \left(A_1 + \sum_{j=1}^{n_1} B_{1j} Dlnshi_{t-j} + \sum_{j=0}^{n_2} C_{1j} Dlnmsci_{t-j} + \sum_{j=0}^{n_3} E_{1j} Dlni_{t-j} + \right.$$

$$\left. \sum_{j=0}^{n_4} \phi_{1j} Dlnp_{t-j} \right) G(s_{1t}; \gamma_1, c_1) + \varepsilon_{1t} \qquad (式5.7)$$

$$Dlnszi_t = \alpha_2 + \sum_{j=1}^{m_1} \lambda_{2j} Dlnszi_{t-j} + \sum_{j=0}^{m_2} \varphi_{2j} Dlnmsci_{t-j} + \sum_{j=0}^{m_3} \delta_{2j} Dlni_{t-j} +$$

$$\sum_{j=0}^{m_4} \beta_{2j} Dlnp_{t-j} + \left(A_2 + \sum_{j=1}^{m_1} B_{2j} Dlnszi_{t-j} + \sum_{j=0}^{m_2} C_{2j} Dlnmsci_{t-j} + \sum_{j=0}^{m_3} E_{2j} Dlni_{t-j} + \right.$$

$$\left. \sum_{j=0}^{m_4} \phi_{2j} Dlnp_{t-j} \right) G(s_{2t}; \gamma_2, c_2) + \varepsilon_{2t} \qquad (式5.8)$$

其中，当原油期货价格收益率作为转换变量时，$s_t = Dlnp_{t-j}$；以上所有变量均为收益率序列，数据均是一阶差分平稳的。

按照方程 5.6 和方程 5.7，原油期货价格变化对沪深两市收益率的长期影响分别为：

$$\left[\sum_{j=0}^{n} \beta_{1j} + \sum_{j=0}^{n} \phi_{1j} G(s_{1t}; \gamma_1, c_1) \right] \bigg/ \left[1 - \sum_{j=1}^{n} \lambda_{1j} \right], \left[\sum_{j=0}^{m} \beta_{2j} + \right.$$

$$\left. \sum_{j=0}^{m} \phi_{2j} G(s_{2t}; \gamma_2, c_2) \right] \bigg/ \left[1 - \sum_{j=1}^{m} \lambda_{2j} \right]。方程式 5.7 和方程式 5.8 中变量的滞后长度选择，按照 van Dijk et al.（2002）提出的从一般到特殊的方法选择最终阶数。我们按照从最大滞后阶数 N = 10 开始，然后逐步减少滞后

阶数，直到相应的参数 t 统计量的绝对值小于 1。

对 LSTR1 模型来说，原油期货价格对沪深股市收益率的影响依赖于转换变量 $D\ln p_{t-j}$ 是否小于或者大于门限值 c，如果 $(D\ln p_{t-j} - c_1) \to -\infty$（负向油价冲击），对沪市股市价格收益率的影响为：$\sum_{j=0}^{n}\beta_{1j} \Big/ \Big(1 - \sum_{j=1}^{n}\lambda_{1j}\Big)$，如果 $(D\ln p_{t-j} - c_2) \to -\infty$（负向油价冲击），对深市股市价格收益率的影响为：$\sum_{j=0}^{m}\beta_{2j} \Big/ \Big(1 - \sum_{j=1}^{m}\lambda_{2j}\Big)$；如果 $(D\ln p_{t-j} - c_1) \to +\infty$（正向油价冲击），原油期货价格对沪市股市价格收益率的影响为：$\Big(\sum_{j=0}^{n}\beta_{1j} + \sum_{j=0}^{n}\phi_{1j}\Big) \Big/ \Big(1 - \sum_{j=1}^{n}\lambda_{1j}\Big)$，如果 $(D\ln p_{t-j} - c_2) \to +\infty$（正向油价冲击），原油期货价格对深市股市价格收益率的影响为：$\Big(\sum_{j=0}^{m}\beta_{2j} + \sum_{j=0}^{m}\phi_{2j}\Big) \Big/ \Big(1 - \sum_{j=1}^{m}\lambda_{2j}\Big)$。

对 ESTR 模型来说，原油期货价格变化的影响依赖于 $D\ln p_{t-j}$ 是否接近于或者远离于门限值 c，而不依赖于 $(D\ln p_{t-j} - c)$ 是正值还是负值，因此，假如 $(D\ln p_{t-j} - c_1) \to \pm\infty$（较大的油价冲击），对沪市股市收益率的冲击影响为：$\Big(\sum_{j=0}^{n}\beta_{1j} + \sum_{j=0}^{n}\phi_{1j}\Big) \Big/ \Big(1 - \sum_{j=1}^{n}\lambda_{1j}\Big)$，假如 $(D\ln p_{t-j} - c_2) \to \pm\infty$（较大的油价冲击），对深市股市收益率的冲击影响为：$\Big(\sum_{j=0}^{m}\beta_{2j} + \sum_{j=0}^{m}\phi_{2j}\Big) \Big/ \Big(1 - \sum_{j=1}^{m}\lambda_{2j}\Big)$。假如 $D\ln p_{t-j} = c_1$（较小的油价冲击），对沪市股市收益率的冲击影响为：$\sum_{j=0}^{n}\beta_{1j} \Big/ \Big(1 - \sum_{j=1}^{n}\lambda_{1j}\Big)$，假如 $D\ln p_{t-j} = c_2$（较小的油价冲击），对深市股市收益率的冲击影响为：$\sum_{j=0}^{m}\beta_{2j} \Big/ \Big(1 - \sum_{j=1}^{m}\lambda_{2j}\Big)$。

我们采用 STR 模型检验非线性，用来选择原油期货价格收益率变量合适的滞后阶数作为阈值变量，以及最合适的转换函数形式。对滞后原油价格收益率 $D\ln p_{t-j}$ 来说，进行线性检验。然后，对 STR 方程式 5.7 和方程式 5.8 的参数采用非线性最小二乘法（nonlinear least squares，NLS）进行估计。

第五章 国内原油期货对股市非线性影响研究

第五节 原油与股市间协整及相关实证检验

一、原油与股市及相关变量日数据平稳性检验

本书对选取的变量对数进行数据平稳性检验，平稳性检验常用单位根检验方法，单位根检验方法很多，一般有 DF、ADF 检验和 Philips 的非参数检验（PP 检验）。本书采用最常用的 Engle 和 Granger（1987）基于残差的 ADF 检验。在检验中保证残差项不相关的前提下，我们采用 AIC 准则与 SC 准则，确定在二者值同时为最小时的滞后阶数为最佳滞后阶数①。具体检验结果如表 5 – 5 所示。

表 5 – 5　　　　各个变量对数的 ADF 单位根检验结果

变量	ADF 值	检验类型 (c, t, n)	1% 临界值	5% 临界值	10% 临界值	DW 值	是否平稳
LNP	-0.973	(c, 0, 2)	-3.436	-2.864	-2.568	1.999	否
LNSHI	-3.071	(c, t, 0)	-3.967	-3.414	-3.129	2.008	否
LNSZI	-2.113	(c, t, 0)	-3.967	-3.414	-3.129	1.975	否
LNI	-1.610	(c, 0, 19)	-3.437	-2.864	-2.568	2.000	否
LNMSCI	-2.201	(c, t, 10)	-3.967	-3.414	-3.129	2.001	否
ΔLNP	-21.296	(0, 0, 1)	-2.567	-1.941	-1.616	1.999	是
ΔLNSHI	-32.567	(0, 0, 0)	-2.567	-1.941	-1.616	1.996	是
ΔLNSZI	-31.944	(0, 0, 0)	-2.567	-1.941	-1.616	1.997	是
ΔLNI	-11.694	(0, 0, 18)	-2.567	-1.941	-1.616	2.000	是
ΔLNMSCI	-9.724	(0, 0, 9)	-2.567	-1.941	-1.616	2.002	是

注：Δ 表示一阶差分，(c, t, n) 中 c 表示截距，t 表示时间趋势，n 表示滞后阶数。

---

① 在检验中对是否包含趋势等问题，我们通过变量的时序图观察，如果序列好像包含有趋势，选择序列回归中既有常数又有趋势；如果序列没有表现任何趋势且有非零均值，回归中应仅有常数；如果序列在零均值波动，检验回归中应既不含有常数又不含有趋势。

单位根检验结果显示：本书选取的变量时间序列数据对数序列在 1%、5%、10% 临界值情况下均是非平稳序列；各个变量时间序列数据的一阶差分序列在 1%、5%、10% 临界值情况下均是平稳序列，因此，本书选取的变量序列均是含有一个单位根的平稳序列。

二、原油期货价格与沪深股指及相关变量间的因果关系检验

我们对选取的各个变量作 Granger 因果关系检验，由于因果关系检验对滞后阶数较为敏感，在实际检验中，根据 AIC、SC 准则，当二者值最小时为最佳滞后阶数。具体检验结果如表 5-6、表 5-7 所示。

表 5-6　　　　　　各个变量间的因果关系检验结果

零假设	样本数（个）	F 统计量	接受零假设的概率（%）
LNSHI 不是 LNP 的 Granger 原因	1,035	1.746	0.138
LNP 不是 LNSHI 的 Granger 原因		2.218	0.065
LNSZI 不是 LNP 的 Granger 原因	1,035	1.047	0.382
LNP 不是 LNSZI 的 Granger 原因		3.394	0.009
LNI 不是 LNSHI 的 Granger 原因	1,038	13.338	0.0003
LNSHI 不是 LNI 的 Granger 原因		3.158	0.076
LNMSCI 不是 LNSHI 的 Granger 原因	1,035	8.542	9.E-07
LNSHI 不是 LNMSCI 的 Granger 原因		2.863	0.022
LNI 不是 LNSZI 的 Granger 原因	1,036	4.481	0.004
LNSZI 不是 LNI 的 Granger 原因		2.187	0.088
LNMSCI 不是 LNSZI 的 Granger 原因	1,035	4.502	0.001
LNSZI 不是 LNMSCI 的 Granger 原因		2.162	0.071

由表 5-6 因果关系检验结果可以看到：在 10% 的显著性水平下，国内原油期货价格对国内沪深股指具有单向的引导作用，并且对深证成指的引导作用大于上证综指的引导作用；银行同业拆借加权 7 天期利率（LNI）在 10% 的显著性水平下与沪深股指具有较强双向引导作用，其中对上证综指的引导作用大于深证成指的引导作用；摩根士丹利资本国际指数（LNMSCI）在 10% 的显著性水平下与国内沪深股指具有双向的引导作用，

其中摩根士丹利资本国际指数对沪深股指的引导作用大于沪深股指对其的引导作用。

表 5-7　　　　各个差分变量间的因果关系检验结果

零假设	样本数（个）	F 统计量	接受零假设的概率（%）
DLNP 不是 DLNSHI 的 Granger 原因	1,034	1.673	0.154
DLNSHI 不是 DLNP 的 Granger 原因		1.507	0.198
DLNI 不是 DLNSHI 的 Granger 原因	1,034	0.360	0.837
DLNSHI 不是 DLNI 的 Granger 原因		0.837	0.502
DLNMSCI 不是 DLNSHI 的 Granger 原因	1,034	6.858	2.E-05
DLNSHI 不是 DLNMSCI 的 Granger 原因		2.214	0.066
DLNP 不是 DLNSZI 的 Granger 原因	1,034	2.451	0.045
DLNSZI 不是 DLNP 的 Granger 原因		1.128	0.342
DLNI 不是 DLNSZI 的 Granger 原因	1,034	0.803	0.523
DLNSZI 不是 DLNI 的 Granger 原因		1.119	0.346
DLNMSCI 不是 DLNSZI 的 Granger 原因	1,034	4.502	0.001
DLNSZI 不是 DLNMSCI 的 Granger 原因		1.154	0.330

由表 5-7 因果关系检验结果可以看到：在 10% 的显著性水平下，国内原油期货价格收益率对深证成指具有较强的单向引导作用，对上证综指的引导作用较弱；摩根士丹利资本国际指数（LNMSCI）收益率与国内上证综指收益率具有双向的引导作用，对深证成指具有单向的引导作用；银行同业拆借加权 7 天期利率（LNI）收益率在 10% 的显著性水平下与国内两市股指之间不具有引导作用。

三、沪深股指与原油期货价格及相关变量间的长期协整关系检验

由上述 Granger 因果关系检验可知：国内原油期货价格、国内银行同业拆借加权 7 天期利率及摩根士丹利资本国际指数均是沪深股指的 Granger 原因，我们将其视为内生变量，因此本书选择国内原油期货价格、银行同业拆借加权 7 天期利率及摩根士丹利资本国际指数与沪深股指的长期协整关系作检验。

首先，我们采用 Johansen（1988）基于 MLE 检验，检验上证综指与国内原油期货价格、国内银行同业拆借加权 7 天期利率及摩根士丹利资本国际指数之间的协整关系，通过检验选取滞后阶数为 1 到 2，根据 Johansen 特征根最大值统计量与迹统计量来判断是否存在协整关系（具体检验结果见表 5-8）。

表 5-8　　　　　上证综指与其他变量间协整关系检验结果

无协整假设	协整迹检验				协整最大特征根检验			
	特征值	迹检验统计值	0.05临界值	P**	特征值	最大特征根统计值	0.05临界值	P**
无*	0.030	46.503	40.175	0.010	0.030	32.089	24.159	0.003
至多1个	0.010	14.414	24.276	0.503	0.010	10.238	17.797	0.461
至多2个	0.004	4.176	12.321	0.685	0.004	4.145	11.225	0.605
至多3个	0.000	0.031	4.130	0.886	0.000	0.031	4.130	0.886

注：1. 在 0.05 水平下存在一个协整方程。

2. * 号表示在 0.05 水平下拒绝零假设；** 号为 MacKinnon - Haug - Michelis（1999）p 值。

两种检验结果均显示，在 5% 显著性水平下，上证综指与国内原油期货价格、国内银行同业拆借加权 7 天期利率及摩根士丹利资本国际指数之间存在 1 种协整关系。

根据 SC、AIC 准则确定最佳滞后阶数的方程形式，最终选取的最大化特征根对应的协整方程如下（无趋势，不包含截距，括号内是标准差）：

$$LNSHI = -0.260\ LNP + 1.003\ LNI + 1.324\ LNMSCI \quad （式5.9）$$
$$(0.105) \qquad (0.146) \qquad (0.092)$$

从协整方程式 5.9 可以得到结论：从长期来说，当国内原油期货价格、国内银行同业拆借加权 7 天期利率、MSCI 指数上涨 1 个百分点，上证综指分别下跌 0.260 个百分点、上涨 1.003 个百分点、上涨 1.324 个百分点。

其次，我们采用 Johansen（1988）的 MLE 检验，检验深证成指与国内原油期货价格、国内银行同业拆借加权 7 天期利率及摩根士丹利资本国际指数之间的协整关系，通过检验选取滞后阶数为 1 到 3，根据 Johansen 特征根最大值统计量与迹统计量来判断是否存在协整关系（具体检验结果见表 5-9）。

表 5-9　　深证成指与其他变量间协整关系检验结果

无协整假设	协整迹检验				协整最大特征根检验			
	特征值	迹检验统计值	0.05临界值	P**	特征值	最大特征根统计值	0.05临界值	P**
无*	0.030	55.016	54.079	0.041	0.030	31.821	28.588	0.019
至多1个	0.012	23.195	35.193	0.515	0.012	12.267	22.300	0.629
至多2个	0.008	10.928	20.262	0.549	0.008	8.325	15.892	0.509
至多3个	0.003	2.603	9.165	0.657	0.003	2.603	9.165	0.657

注：1. 在0.05水平下存在一个协整方程。

2. *号表示在0.05水平下拒绝零假设；** 号为 MacKinnon – Haug – Michelis (1999) p 值。

以上两种检验结果均显示，在5%显著性水平下，深证成指与国内原油期货价格、国内银行同业拆借加权7天期利率及摩根士丹利资本国际指数之间存在1种协整关系。

根据 SC、AIC 准则确定最佳滞后阶数的方程形式，最终选取的最大化特征根对应的协整方程如下（无趋势下包含截距，括号内表示标准差）：

$$LNSZI = -0.270 LNP - 0.999 LNI + 0.678 LNMSCI + 7.537 \quad （式5.10）$$
$$\quad\quad\quad (0.111) \quad\quad (0.189) \quad\quad (0.221) \quad\quad (1.420)$$

从协整方程式5.10可以得到结论：从长期来说，当国内原油期货价格、国内银行同业拆借加权7天期利率、MSCI指数上涨1个百分点，深证成指分别下跌0.270个百分点、下跌0.999个百分点、上涨0.678个百分点。

第六节　原油期货价格收益率对股市收益率影响的 STR 模型实证

一、非线性检验与转换函数的确定

STR 模型非线性检验中涉及滞后阶数的选择问题，我们采用线性模型中 VAR 模型滞后阶数选择的方法，从最大滞后阶数10阶开始，根据 AIC、SC 等准则，最终选择沪、深两市股市收益率模型的最佳滞后阶数为分别为

3阶、4阶。

根据 Teräsvirita（1998）的研究方法确定选取非线性方程的形式。通过对 STR 模型进行递归 Lagrang 乘数检验确定转换函数的形式，沪、深两市股市收益率模型非线性具体检验结果分别如表 5 – 10 所示：

表 5 – 10　　　沪深两市股市收益率模型非线性检验结果①

类别	转换变量	F	F4	F3	F2	模型形式
沪市	dlnp（t）	2.820e – 07	2.520e – 02	2.206e – 01	6.040e – 08	LSTR1
	dlnp（t – 1）	9.702e – 03	1.362e – 02	3.148e – 02	5.540e – 01	LSTR1
	dlnp（t – 2）	3.996e – 04	2.752e – 01	4.438e – 04	3.733e – 02	LSTR2
	dlnp（t – 3）*	9.569e – 08	6.155e – 02	1.499e – 04	5.721e – 05	LSTR1
深市	dlnp（t）*	2.034e – 13	2.079e – 05	5.964e – 09	1.668e – 02	LSTR2
	dlnp（t – 1）	1.112e – 03	8.498e – 02	4.845e – 03	7.096e – 02	LSTR2
	dlnp（t – 2）	6.257e – 02	7.674e – 02	2.029e – 01	2.898e – 01	Linear
	dlnp（t – 3）	5.187e – 01	2.029e – 01	7.962e – 01	5.146e – 01	Linear
	dlnp（t – 4）	2.573e – 01	4.770e – 01	5.011e – 01	1.125e – 01	Linear

注：F、F4、F3 和 F2 分别表示 H0、H4、H3 和 H2 假设下的统计量（H0 是线性假设：$\beta_1 = \beta_2 = \beta_3 = 0$；$H2$：$\beta_3 = 0$；H3：$\beta_2 = 0 | \beta_3 = 0$；H4：$\beta_1 | \beta_2 = \beta_3 = 0$，如果对 H3 的检验以 P 值比较最强拒绝，选择 LSTR2 模型，若最强拒绝 H4 则选择 LSTR 模型），其对应的每一列数字为 F 统计量的概率 P 值，* 号表示检验结果显著。

对沪市收益率模型来说，检验结果显示国内原油期货价格对数差分的三阶滞后 dlnp（t – 3）具有非线性效应，并且模型建议为 LSTR1，原序列不具有非线性效应。

对深市收益率模型来说，检验结果显示国内原油期货价格当期在对数差分 dlnp（t）具有非线性效应，并且模型建议为 LSTR2，原序列不具有非线性效应。

二、沪市 STR 模型的参数估计

为进一步刻画国内原油期货价格波动对沪市影响机制的变化趋势与具

---

① 非线性检验通过 Jmulti 软件完成，先将处理好的数据存储成 xls 形式文件，通过软件中 import data 功能提取需要的数据，数据提取成功后设置数据的日期格式，通过 rename 功能将变量根据研究的需要进行重新命名，完成后根据后续要求进行相关的检验。

体路径，对以上模型进一步估计。确定转换变量与模型形式后，对转换函数中平滑参数 γ 和阈值 c 进行估计。采用二维格点搜索的方法确定沪市收益率模型转换函数中的平滑参数 γ 和阈值 c 的初值，通过构造平滑参数 γ 区间为［0.500，10.000］，位置参数 c 的区间为［-0.088，0.054］得到平滑参数 γ 和阈值 c 的初值分别为 1.915、-0.024，（见图 5-6、图 5-7），利用这两个初始值，采用 Newton-Raphson 迭代法，最大化似然函数，计算出模型的参数估计值（见表 5-11）。

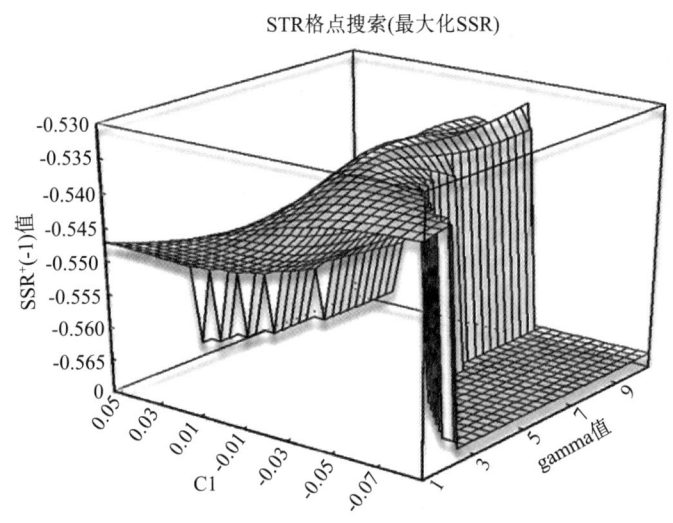

图 5-6　沪市 STR 模型格点搜索图

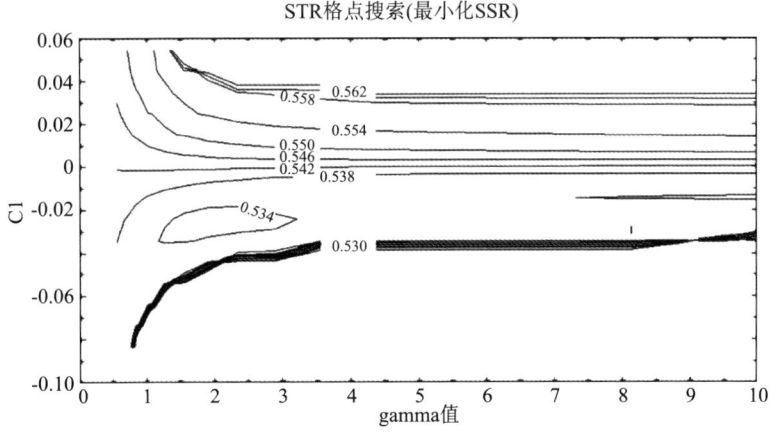

图 5-7　沪市 STR 模型格点搜索等高线图

表 5-11　　沪市 STR 模型参数估计结果

变量	初始值	估计值	标准差	t-统计量	p-值
——线性部分——					
CONST	0.019	0.022	0.017	1.255	0.210
dlnshi (t-3)	-0.470	-0.516	0.214	-2.410	0.016
dlnp (t)	0.831	0.893	0.331	2.702	0.007
dlni (t)	-0.061	-0.069	0.058	-1.195	0.232
dlnmsci (t-1)	-1.135	-1.248	0.582	-2.144	0.032
dlni (t-1)	-0.050	-0.054	0.059	-0.907	0.365
dlnp (t-2)	0.357	0.375	0.250	1.504	0.133
dlnmsci (t-2)	0.356	0.374	0.305	1.228	0.220
dlni (t-2)	-0.073	-0.084	0.069	-1.260	0.208
dlnp (t-3)	0.379	0.444	0.411	1.081	0.280
dlnmsci (t-3)	1.556	1.659	0.515	3.225	0.001
——非线性部分——					
CONST	-0.020	-0.023	0.019	-1.213	0.225
dlnshi (t-1)	-0.003	-0.003	0.035	-0.089	0.929
dlnshi (t-2)	0.022	0.022	0.034	0.645	0.519
dlnshi (t-3)	0.518	0.566	0.232	2.443	0.015
dlnp (t)	-0.767	-0.832	0.357	-2.330	0.020
dlnmsci (t)	0.382	0.383	0.085	4.481	0.000
dlni (t)	0.068	0.076	0.063	1.202	0.230
dlnp (t-1)	-0.049	-0.048	0.058	-0.837	0.403
dlnmsci (t-1)	1.645	1.761	0.614	2.866	0.004
dlni (t-1)	0.053	0.057	0.065	0.874	0.382
dlnp (t-2)	-0.343	-0.362	0.279	-1.297	0.195
dlnmsci (t-2)	-0.232	-0.253	0.350	-0.723	0.470
dlni (t-2)	0.084	0.096	0.072	1.330	0.184
dlnp (t-3)	-0.329	-0.388	0.371	-1.047	0.295
dlnmsci (t-3)	-1.693	-1.800	0.541	-3.324	0.001
dlni (t-3)	0.015	0.015	0.010	1.630	0.103
γ	1.915	1.764	0.640	2.757	0.006
C1	-0.024	-0.026	0.006	-4.190	0.000

续表

变量	初始值	估计值	标准差	t-统计量	p-值
AIC		-7.514e+00			
SC		-7.375e+00			
HQ		-7.461e+00			
R^2		1.358e-01			
调整 R^2		0.137			
转换变量的方差		0.0002			
转换变量的标准差		0.015			
残差方差		0.001			
残差标准差		0.023			

由表 5-11 估计结果可知,参数估计的 P 值有 93.1% 均小于 0.5,模型估计效果良好,由上述表中结果可确定具体的模型方程如下:

$$dlnshi_t = 0.022 - 0.516 dlnshi_{t-3} + 0.893 dlnp_t + 0.375 dlnp_{t-2} + 0.444 dlnp_{t-3} - 0.069 dlni_t - 0.054 dlni_{t-1} - 0.084 dlni_{t-2} - 1.248 dlnmsci_{t-1} + 0.374 dlnmsci_{t-2} + 1.659 dlnmsci_{t-3} + (-0.023 - 0.003 dlnshi_{t-1} + 0.022 dlnshi_{t-2} + 0.566 dlnshi_{t-3} - 0.832 dlnp_t - 0.048 dlnp_{t-1} - 0.362 dlnp_{t-2} - 0.388 dlnp_{t-3} + 0.076 dlni + 0.057 dlni_{t-1} + 0.096 dlni_{t-2} + 0.015 dlni_{t-3} + 0.383 dlnmsci_t + 1.761 dlnmsci_{t-1} - 0.253 dlnmsci_{t-2} - 1.800 dlnmsci_{t-3}) G(dlnp_{t-1}, \gamma, c) + \varepsilon_t$$ （式 5.11）

其中转换函数:

$$G(dlnp_{t-3}; \gamma, c) = [1 + \exp\{-1.764(dlnp_{t-3} + 0.026)\}]^{-1}$$ （式 5.12）

从上述估计结果中可以看到,模型中 C1 估计值为 -0.026,说明当转换变量 dlnp（t-3）小于门限值 -0.026 时,转换函数值接近于 0,模型中的非线性影响消失,此时国内原油期货价格收益率与国内沪市收益率之间只存在线性关系,股市收益率波动受其国内原油价格收益率当期及滞后二期、三期及 MSCI 指数收益率滞后一期、三期影响较大,国内原油期货价格收益率当期及滞后二期、三期对当期股市收益率波动有正向拉动作用,每单位对股市收益率拉动作用累积约为 1.712 个单位；MSCI 指数收益率滞后三期分别对股市收益率影响较大,但是累积影响较小,每单位对股市收益率拉动作用累积约为 0.785 单位；同业拆借利率收益率对沪市收益率影响比较小,每单位对沪市收益率拉动作用累积约为 -0.207 单位。当转换变量 dlnp（t-3）大于门限值 -0.026 时，模型中的非线性影响开始显现，非线性部分对国内沪市收益率影响随着转换变量值的增大而增大，这说明国内原油期货价格收益率波动大会加剧非线性部分对沪市收益率波动的影响力度。表 5-11 中模型平滑转换系数 γ 值为 1.764，数值较小，说明模型中两种机制转换速度较小。从模型中（见图 5-8）可以计算得到，原油价格收益率对沪市收益率长期的正向冲击影响为：

$$(\sum_{j=0}^{n}\beta_{1j} + \sum_{j=0}^{n}\varphi_{1j})/(1 - \sum_{j=1}^{n}\lambda_{1j}) = (0.893 + 0.375 + 0.444 - 0.832 - 0.048 - 0.362 - 0.388)/(1 + 0.516) = 0.054 \quad (式5.13)$$

从模型中可以计算得到，原油价格收益率对沪市收益率的长期负向冲击影响为：

$$\sum_{j=0}^{n}\beta_{1j}/(1 - \sum_{j=1}^{n}\lambda_{1j}) = (0.893 + 0.375 + 0.444)/(1 + 0.516) = 1.130 \quad (式5.14)$$

由此可见，原油期货价格收益率对沪市收益率的正负向冲击是非对称的，原油期货价格收益率的负向冲击影响要大于正向冲击影响，总体来说负向冲击对国内沪市的影响较大。

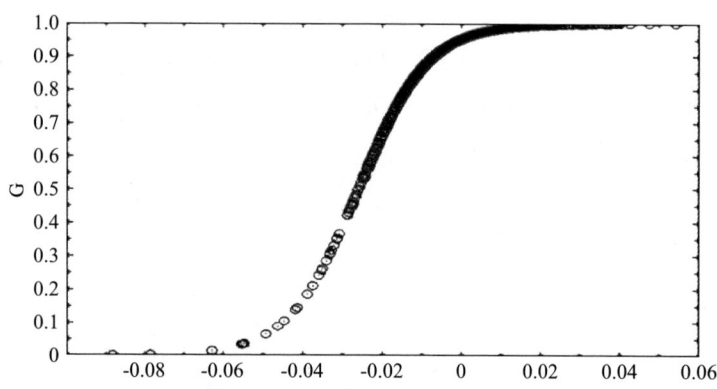

图 5-8　沪市 STR 模型 G 函数的散点图 [转换变量 dlnp(t-3)]

上述 LSTR1 模型能较好地反映了国内原油期货价格收益率与沪市收益率波动之间存在非线性非对称关系，实际值与拟合值效果较好，以下给出模型实际值与拟合值见图 5-9：

第五章 国内原油期货对股市非线性影响研究

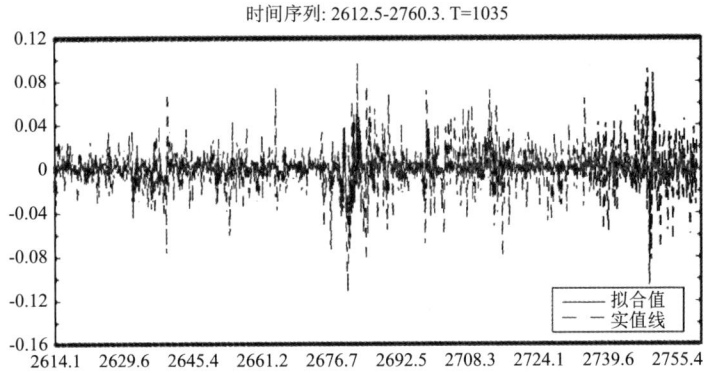

图 5-9 沪市股指收益率实际值与拟合值图

三、深市 STR 模型的参数估计

为进一步刻画国内原油期货价格波动对国内深市影响机制的变化趋势与具体路径，对以上模型进一步估计。确定转换变量与模型形式后，对转换函数中平滑参数 γ 和阈值 C 进行估计。采用二维格点搜索的方法确定深市收益率模型转换函数中的平滑参数 γ 和阈值 C1、C2 的初值，通过构造平滑参数 γ 区间为 [0.5, 10.0]，位置参数 C 的区间为 [-0.088, 0.054] 得到平滑参数 γ 和阈值 C1、C2 的初值分别为 10.000、-0.029、0.040（见下图 5-10、图 5-11），利用这两个初始值，采用 Newton-Raphson 迭代法，求出模型的极大似然函数，从而计算出模型的参数估计值（见表 5-12）。

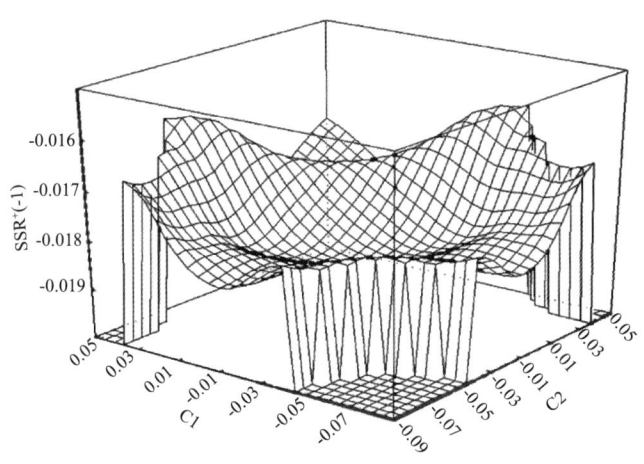

图 5-10 深市 STR 模型格点搜索图

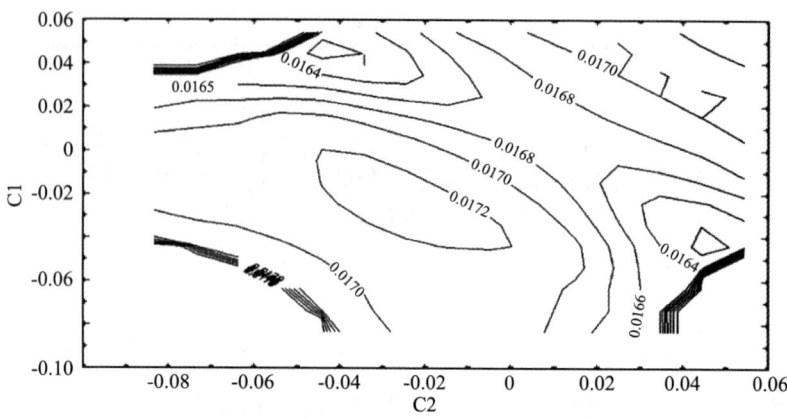

图 5-11 深市 STR 模型格点搜索等高线图

表 5-12 深市 STR 模型参数估计结果

变量	初始值	估计值	标准差	t-统计量	p-值
——线性部分——					
dlnszi（t-2）	0.060	0.063	0.030	2.096	0.036
dlnszi（t-3）	-0.021	-0.020	0.030	-0.660	0.510
dlnszi（t-4）	0.020	0.021	0.030	0.676	0.499
dlnp（t）	0.677	0.676	0.010	65.668	0.000
dlnmsci（t）	0.049	0.048	0.013	3.698	0.000
dlni（t-1）	-0.002	-0.002	0.002	-1.251	0.211
dlnmsci（t-1）	0.034	0.034	0.012	2.852	0.004
dlnp（t-2）	-0.030	-0.031	0.023	-1.344	0.179
dlni（t-2）	-0.003	-0.003	0.002	-2.244	0.025
dlnmsci（t-2）	0.011	0.012	0.013	0.879	0.380
dlnp（t-3）	0.021	0.020	0.023	0.846	0.398
dlnmsci（t-3）	0.014	0.014	0.013	1.070	0.285
dlnp（t-4）	-0.031	-0.030	0.023	-1.294	0.196
dlnmsci（t-4）	-0.015	-0.015	0.013	-1.218	0.224
——非线性部分——					
CONST	0.001	0.001	0.001	0.782	0.434
dlnszi（t-1）	-0.432	-0.505	0.194	-2.606	0.009
dlnszi（t-3）	0.603	0.551	0.197	2.794	0.005
dlnszi（t-4）	-0.440	-0.339	0.167	-2.026	0.043

续表

变量	初始值	估计值	标准差	t-统计量	p-值
dlnp(t)	0.120	0.118	0.034	3.455	0.001
dlni(t)	0.046	0.051	0.016	3.245	0.001
dlnmsci(t)	0.132	0.119	0.071	1.683	0.093
dlnp(t-1)	0.602	0.656	0.198	3.320	0.001
dlni(t-1)	-0.021	-0.019	0.009	-2.181	0.029
dlnp(t-2)	0.028	0.018	0.047	0.393	0.695
dlni(t-2)	-0.014	-0.015	0.013	-1.208	0.228
dlnmsci(t-2)	-0.087	-0.084	0.072	-1.169	0.243
dlnp(t-3)	-0.576	-0.515	0.145	-3.565	0.001
dlni(t-3)	-0.013	-0.011	0.010	-1.106	0.269
dlnp(t-4)	0.496	0.368	0.129	2.853	0.004
dlni(t-4)	-0.018	-0.016	0.011	-1.456	0.146
γ	10.000	51.952	272.583	0.191	0.849
C1	-0.029	-0.028	0.001	-43.433	0.000
C2	0.040	0.039	0.001	32.131	0.000
AIC			-1.103e+01		
SC			-1.087e+01		
HQ			-1.097e+01		
R^2			8.898e-01		
调整 R^2			0.890		
转换变量的方差			0.0002		
转换变量的标准差			0.015		
残差方差			0.000		
残差标准差			0.004		

由上述表 5-12 估计结果可知，参数估计的 P 值有 91.0% 均小于 0.5，模型估计效果良好。由上述表中结果可确定具体的模型方程如下：

$dlnszi_t = 0.063dlnszi_{t-2} - 0.020dlnszi_{t-3} + 0.020dlnszi_{t-4} + 0.676dlnp_t - 0.031dlnp_{t-2} + 0.020dlnp_{t-3} - 0.030dlnp_{t-4} - 0.002dlni_{t-1} - 0.003dlni_{t-2} + 0.048dlnmsci_t + 0.034dlnmsci_{t-1} + 0.012dlnmsci_{t-2} + 0.014dlnmsci_{t-3} - 0.015dlnmsci_{t-4} + (0.001 - 0.505dlnszi_{t-1} + 0.551dlnszi_{t-3} - 0.339dlnszi_{t-4} + 0.118dlnp_t + 0.656dlnp_{t-1} + 0.018dlnp_{t-2} - 0.515dlnp_{t-3} + 0.368dlnp_{t-4} +$

$0.051d\ln i_t - 0.019d\ln i_{t-1} - 0.015d\ln i_{t-2} - 0.011d\ln i_{t-3} - 0.016d\ln i_{t-4} + 0.119d\ln msci_t - 0.084d\ln msci_{t-2})G(d\ln p_{t-1},\gamma,c) + \varepsilon_t$ （式5.15）

其中的转换函数为：

$G(d\ln p_t,\gamma,c) = [1 + \exp\{-272.583(d\ln p_t + 0.028)(d\ln p_t - 0.039)\}]^{-1}$
（式5.16）

由上述模型估计结果可以看到，γ 的参数为272.583，说明模型体制转换速度比较大，当选择原油期货价格收益率当期作为转换变量时，存在两个位置参数，模型存在三种转换机制（见图5-12），当 dlnp（t）= 0.005 时，转换函数 G = 0，模型的非线性部分消失，表现出线性形式，可以看到，原油期货价格当期及滞后二期、三期、四期收益率对深市股市收益率有不同的影响，累积影响为0.691；同业拆借利率收益率及 MSCI 指数收益率对深市股市收益率的影响比较小，累积影响分别为 -0.005、0.078，因此，原油期货价格收益率与深市股市收益率表现出较强的正向联系。当转换变量 dlnp（t）居于区间［-0.028, 0.039］时，转换函数 G = 0.5，原油期货价格收益率对深市股市收益率产生非线性影响，当转换变量 dlnp（t）小于 -0.028 或者大于 0.039 时，转换函数向1转换，模型中非线性影响逐步加大。

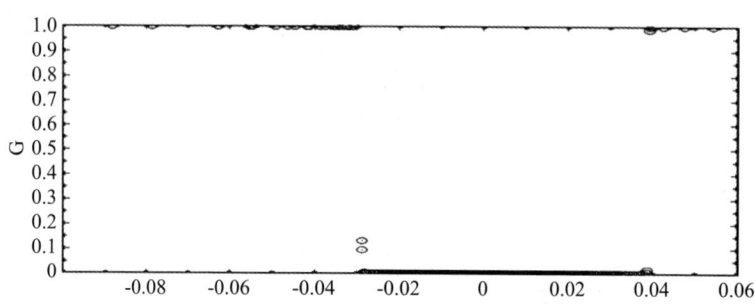

图5-12 深市 STR 模型 G 函数的散点图 ［转换变量 dlnp(t)］

从模型中可以计算得到，原油价格收益率对深市股市收益率的长期正向冲击影响为：

$(\sum_{j=0}^{m}\beta_{2j} + \sum_{j=0}^{m}\phi_{2j})/(1 - \sum_{j=1}^{m}\lambda_{2j}) = (0.676 - 0.031 + 0.020 - 0.030 + 0.118 + 0.656 + 0.018 - 0.515 + 0.368)/(1 - 0.063 + 0.020 - 0.021) = 1.368$
（式5.17）

从模型中可以计算得到,原油价格收益率对深市股市收益率的长期负向冲击影响为:

$$\sum_{j=0}^{m}\beta_{2j}/(1-\sum_{j=1}^{m}\lambda_{2j}) = (0.676-0.031+0.020)/(1-0.063+0.020-0.021) = 0.710 \qquad (式5.18)$$

由此可见,原油期货价格收益率对深市股市收益率的冲击是非线性非对称的,原油期货价格收益率正负向冲击影响存在非线性非对称性,长期正向冲击大于长期的负向冲击影响,二者差异接近两倍。

上述 LSTR2 模型能较好地反映了国内原油期货价格收益率与深市股市收益率波动之间存在的非线性非对称关系,实际值与拟合值效果良好,以下给出模型实际值与拟合值图(见图 5-13):

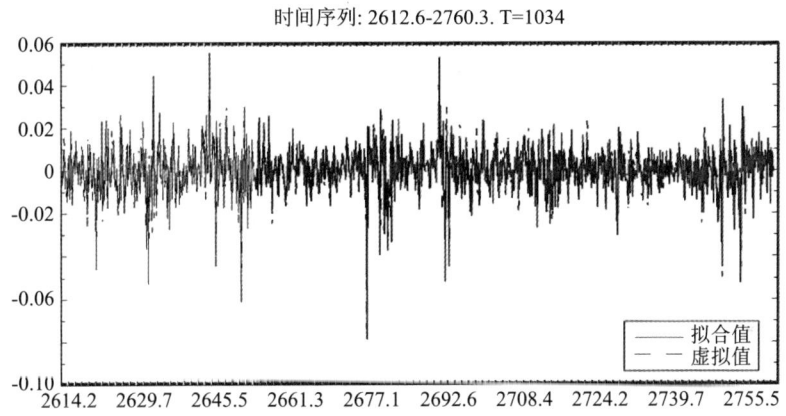

图 5-13 深市股指收益率实际值与拟合值图

第七节 结论与建议

本章基于 2018 年 3 月至 2022 年 7 月的日数据,通过 Granger 因果关系、协整关系检验及非线性 STR 模型研究了国内原油期货价格对国内沪深股市的非线性影响作用,研究得到诸多有价值的结论。

因果关系检验结果显示:国内原油期货价格对国内沪深股市均具有单向的引导作用,并且对深证成指的引导作用大于上证综指的引导作用;从收益率角度看，国内原油期货价格收益率对深证成指具有较强的单向引导作用，对上证综指的引导作用较弱。银行同业拆借加权 7 天期利率、摩根士丹利资本国际指数与国内沪深股指具有双向的引导作用；从收益率角度看，摩根士丹利资本国际指数收益率与国内上证综指收益率具有双向的引导作用，对深证成指具有单向的引导作用；银行同业拆借加权 7 天期利率收益率与国内两市股指之间不具有引导作用。

协整检验结果显示：国内原油期货价格与国内沪深股指存在长期的协整关系，从长期来看，当国内原油期货价格、国内银行同业拆借加权 7 天期利率、MSCI 指数上涨 1 个百分点，上证综指分别下跌 0.260 个百分点、上涨 1.003 个百分点、上涨 1.324 个百分点；从长期来看，当国内原油期货价格、国内银行同业拆借加权 7 天期利率、MSCI 指数上涨 1 个百分点，深证成指分别下跌 0.270 个百分点、下跌 0.999 个百分点、上涨 0.678 个百分点。因此，从长期来看，原油期货价格对沪深股市具有相近的负向影响。

我们对沪深股市收益率构建的 STR 模型实证分析了国内原油期货价格收益率对国内股指收益率的作用机制，结论显示：原油期货价格收益率对沪深股市收益率均存在非线性影响，但是影响的机制不同，对沪市股市收益率来说，在国内原油期货价格收益率的三阶滞后具有非线性效应，对深市股市收益率来说，在国内原油期货价格收益率当期具有非线性效应，两者具有不同的转换函数形式。原油期货价格收益率对国内沪市股指收益率的非线性影响情况：当转换变量小于门限值时，模型中的非线性影响消失，此时国内原油期货价格收益率与国内沪市收益率之间只存在线性关系，股市收益率波动受其国内原油价格收益率当期及滞后二期、三期影响较大，国内原油期货价格收益率当期及滞后二期、三期对当期股市收益率波动有正向拉动作用，每单位对股市收益率拉动作用累积约为 1.712 个单位；当转换变量大于门限值时，模型中的非线性影响开始显现，非线性部分对国内沪市收益率影响随着转换变量值的增大而增大，这说明国内原油期货价格收益率波动过大会加剧非线性部分对沪市收益率波动的影响力度，两种机制转换速度较小。原油期货价格收益率对国内深市股指收益率的非线性影响情况：影响存在三种转换机制，当转换变量为高低门限值均值时，表现出线性形式，原油期货价格当期及滞后二期、三期、四期收益

第五章 国内原油期货对股市非线性影响研究

率对深市股市收益率有不同的影响,累积影响为 0.691,原油期货价格收益率与深市股市收益率表现出较强的正向联系;当转换变量居于高低门限值区间内时,原油期货价格收益率对深市股市收益率产生非线性影响,当转换变量在高低门限值区间之外时,非线性影响逐步加大,其中模型体制转换速度比较大。

研究显示,原油期货价格收益率对沪深股市收益率非线性非对称影响是不同的,原油期货价格收益率对沪市股市收益率的正负向冲击是非线性非对称的,原油期货价格收益率的负向冲击影响要大于正向冲击影响,总体来说负向冲击对沪市股市的影响较大;原油期货价格收益率对深市股市收益率的正负向冲击也是非线性非对称的,然而,原油期货价格收益率的正向冲击影响要大于负向冲击影响,总体来说正向冲击对深市股市的影响较大,两者差异接近两倍。

因此,国内原油期货价格收益率对国内股市的非线性冲击有一定的影响,然而国内股市面临的油价波动冲击风险主要来自国际原油市场。虽然国内原油市场从成交量、持仓量来看已经成为国际第三大原油期货市场,但是从国际定价能力及影响力来看,还落后于 WTI 和布伦特原油期货。从维护中国资本市场稳健发展的角度来看,需要一个平稳发展原油期货市场,要保持中国国际化原油期货市场的稳健运行,原油期货需要提升国际定价能力与国际影响力,从而减少对国际原油市场的依赖。为了进一步提升国内原油期货的定价能力与国际影响力,需要多方面的共同努力,(1) 通过各种途径吸引国际机构投资者进入国内原油期货市场。(2) 不断加快国内原油期货交割的全球布局,尽可能在全球主要的贸易集散地设立原油交割库,根据全球主要贸易的油种增加交割品种,满足全球机构交易者的需求。(3) 不断根据变化的全球能源市场情况,改进国内原油期货市场的交易制度,进一步提升国内原油期货的国际化程度。(4) 从市场体系建设方面来看,建立现货与远期,场内与场外融合的原油市场体系,提升国内原油期货的定价能力及影响力。(5) 在期货法的框架内,加强对国内原油期货市场发展监管,确保原油期货市场平稳发展,更好地减缓原油价格波动对国内股市的冲击影响,为国内证券期货市场健康发展、国民经济的稳健运行带来积极影响。

最后需要说明:本章的研究可以为国内原油期货推出后对相关资本市

场的定量影响提供新的研究思路。国内原油期货上市时间相对较短，研究以日均数据为基础，未来随着国内原油期货交易的不断发展，研究样本时间段可以扩大到更长的范围，可采用不同频度时间序列数据，比如采用周度、月度、季度及年度数据，会得到更多有用结论。此外，从研究方法的角度来看，未来可以探索更多的量化模型研究方法，可以多角度研究国内原油期货对其他相关市场的定量影响，可以更好地服务国内原油期货市场的建设。

第六章

原油期权对原油市场波动非对称性影响研究

国外的期权市场发展比较早，18世纪在欧洲及美国市场就已经出现了期权交易，20世纪70年代初，美国的芝加哥期权交易所采用标准化的期权合约后，海外期权市场得到了快速的发展。国内期货市场虽然经过了30多年的发展，但是期权的推出却比较晚，2015年2月9日，在上海证券交易所上市的上证50ETF期权，是我国的第一个期权品种。商品期权的上市则更晚一些，2017年3月31日上市的豆粕期权是国内第一个商品期权，截至2023年，国内商品期权上市品种达到39个，商品期权的推出有力地推动了国内期货市场发展。

原油期货作为国内第一个国际化的商品期货于2018年3月26日上市，原油期货的推出对国内商品期货国际化建设具有重要意义。经过3年多的发展，2021年6月21日，国内原油期货市场迎来了原油期权品种，原油期权是国内首批以人民币计价的国际化期权品种，原油期权的上市完善了国内原油市场结构，提高了原油期货市场的价格发现效率，丰富了油企的避险工具，提升了原油产业链企业风险管理的手段。2021年6月原油期权上市到2022年10月22日原油期权月度成交量及持仓量走势见图6-1。

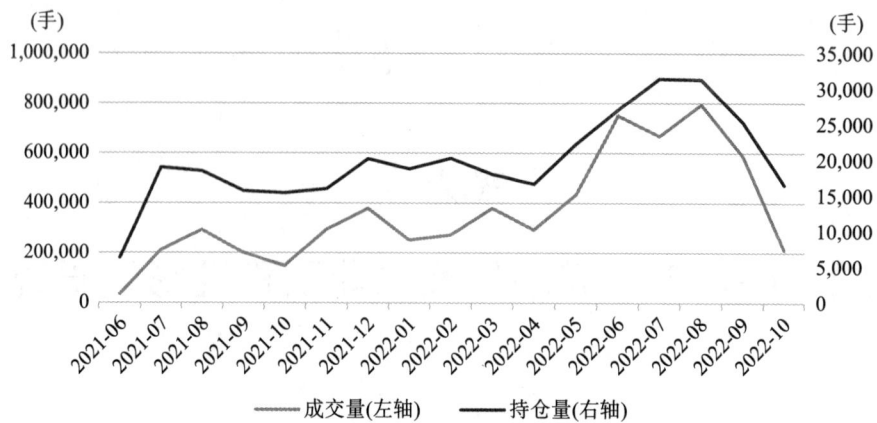

图 6-1 原油期权成交量及持仓量走势图

数据来源：上海国际能源交易中心网站。

从图 6-1 中可以看到，原油期权的成交量及持仓量在 2021 年 6 月—2022 年 8 月这个时间段，基本上是逐步增加的，市场的活跃度比较高，2022 年 8 月—10 月成交量及持仓量出现下滑，市场的活跃度降低。从总体规模来看，截至 2022 年 10 月 22 日，原油期权上市以来成交量累计达到 6,206,794 手，成交金额累计 6,005,797.94 万元，持仓量累计 338,872 手。原油期权市场的规模不断扩大，对原油期货市场的影响也越来越大。

为了进一步研究原油期权推出对原油期货市场的作用及影响，本书采用 GARCH 模型族对原油期权推出前后对原油期货市场波动的全面影响进行实证分析，发现原油期权推出对原油期货市场的作用影响及局限性，为国内进一步发展商品期权市场提供有价值的建议。本章内容如下：第一节相关研究文献综述，第二节相关理论模型设定，第三节变量选择及数据描述性统计分析，第四节相关检验，第五节全样本下原油期权推出对原油期货变量波动率影响的实证分析，第六节考虑新冠疫情影响的原油期货变量波动率分析，第七节原油期权推出前后原油期货变量非对称性 EGARCH 模型估计，第八节给出主要结论及相关政策建议。

第六章　原油期权对原油市场波动非对称性影响研究

第一节　相关研究文献综述

国内外关于期权的研究文献有很多，其中关于期权推出对标的资产市场影响的研究大多集中在资本市场，集中在商品市场的研究相对比较少。国内外文献研究的结果也存在较大的差异。

国外有部分文献研究认为期权推出降低标的市场波动。例如，Roll (1977) 研究发现期权的推出和交易可以降低标的现货市场的波动性，因为期权的推出和交易可能会促使那些掌握大量信息的投资者将他们的资金转移到期权市场中。Hakansson (1982) 的研究发现在引入期权后，标的现货市场的波动性会显著降低。引入期权会增加投资者的选择策略集，提高投资者风险收益机会，从而增强市场的有效性，改变不完全金融市场的状态。Damodaran 和 Subrahmanyam (1992) 研究了美国的期权市场和现货市场后发现，期权的推出和交易对标的现货市场的波动性能起到一定的抑制作用。Kumar et al. (1995) 研究发现东京证交所股指期权上市后，标的指数的波动率和成交量都有所下降。Kumar et al. (1998) 研究发现美国股票期权的推出在降低标的股票市场波动的同时，提高了现货股票市场的质量。Wang et al. (2009) 研究发现在中国香港市场上股指期权交易降低了H股市场的波动性。Bhaumik 和 Bose (2009) 研究发现在印度金融市场，期权推出后的标的市场波动性减弱。Liu S (2009) 运用控制变量的方法研究发现 S&P100 股指期权的引入交易抑制了标的股票的波动，但是对金融市场的价格和整体的系统性风险并没有显著的影响，并且股指期权交易并非是标的股票市场异常波动的原因。Galloway 和 Miller (2010) 研究发现股指期权的引入不会加剧股指期货市场的波动性，期权的交易对现货市场的波动性能起到一定的抑制作用。

国外有部分文献研究认为期权推出增强了标的市场波动。例如，Robbani et al. (2005) 通过采用 GARCH 模型研究发现，道琼斯指数期权推出后，由道琼斯指数所对标的 30 家股票的波动性明显加剧。Filis (2007，2011) 研究发现在希腊股票市场希腊个股期权的推出增加了标的市场的波动，同时希腊市场也变得更加有效。Han（2014）研究发现香港恒生指数期权上市初期，期权市场加剧了现货市场的波动性，而从长期来看，随着市场的稳定，期权也逐渐减弱现货市场的波动。

国外有部分文献研究认为期权推出对标的市场波动没有明显影响。例如，Kabirm（1999）研究发现在荷兰金融市场，期权发行并上市之后，标的市场的波动性并没有明显变化。Antoniou 和 Koutmos（2004）借助 GARCH 模型，研究发现日经 225 指数和德国 DAX 指数作为标的市场股指期权上市后，这两个指数都没有发生明显的波动变化。Mazouz（2004）对 CBOE 期权上市对股票波动率的影响进行了研究，发现期权上市并没有对标的股票的波动性产生显著影响。Floros 和 Vougas（2006）以 GARCH 簇模型作为实证分析工具，研究发现股指期货的上市交易对标的市场波动性影响有限，无法从经济意义上准确判断。

国外还有部分文献认为期权的推出对标的市场的影响要结合相关情况才能确定，例如，Ma 和 Rao（1988）研究认为不能一以概之地说引入期权是增加还是降低了现货市场的波动，影响的具体特征要视标的现货市场自身的运行情况而定，如果该标的现货市场自身是充分、有效的，那么期权的推出和交易将会进一步增强市场的有效性，降低市场的波动性；反之，则会加剧市场的波动性。Ronel（2004）的研究认为引入期权对标的现货市场的影响存在一定的突变效应，因为抛开市场整体的影响，直接研究期权对现货市场的影响存在一定困难。因为如果金融市场是不完全、不充分的，金融衍生品的引入交易对现货市场的影响则会呈现出离散性和跳跃性，缺乏平滑性特征。

从国内文献来看，部分文献研究认为期权推出降低标的市场波动。有部分文献研究美国标准普尔 100 指数期权推出后，认为标的指数波动率有所降低，例如，刘庞庞（2017）、盛积良和冯玉兰（2018）。有部分文献采用多种计量方法研究国内上证 50 指数期权推出后，认为标的指数波动率有所降低，如吴国维（2015）、李邢军（2016）、苏志伟和王小青（2016）、张静和宋福铁（2016）、毛杰（2017）、张元芳（2018）等。有部分文献对国内商品期货期权推出对商品期货市场影响作了研究，研究认为商品期权推出降低了标的商品期货的波动性，例如，缴建巍（2018）采用 GARCH 族模型研究发现白糖期权和豆粕期推出在一定程度

第六章 原油期权对原油市场波动非对称性影响研究

上抑制了标的期货市场价格的波动性,而且提高了标的市场信息处理效率,同时白糖期货市场中的杠杆效应有所改善。涂腾(2018)研究发现随着豆粕期权的上市,标的期货市场价格的波动性和非对称性都有所降低。王一如(2020)研究发现白糖和铜期权推出后,标的期货市场价格的整体波动性和非对称现象都有所降低,而且信息处理效率有所提升。罗亮(2022)研究发现天然橡胶商品期权的上市能够减少标的期货市场的价格波动。

从国内文献来看,部分文献研究认为期权推出增强了标的市场波动。有些学者采用多种计量方法研究国内外股指等期权推出后,认为标的指数波动率有所增强,如熊熊等(2011)采用多元 GARCH 模型研究发现引入 KOSPI200 股指期权之后,KOSPI200 指数市场和指数期货市场的波动性都有所放大。王琦(2013)研究发现韩国 KOSPI200 股指期权上市增强了其标的现货指数收益率的波动性。赵尚梅和孙桂平(2015)采用的是 Agent 实验仿真方法研究发现我国股指期权的推出加剧了标的股票市场的波动性。刘亚明等(2017)采用 GARCH 类模型,研究发现国内 50ETF 期权推出后标的指数波动性有所提高,坏消息更会加剧标的市场的波动,同时杠杆效应有所增加。关于商品期权推出增强标的市场波动的研究比较少,仅有刘奇扬和左敏(2022)研究发现棉花期货价格收益率序列存在波动集聚性,同时无论是否发生新冠疫情,棉花期权推出不仅会加剧棉花期货收益率的波动性,还降低了棉花期货市场的整体波动性和非对称现象。

从国内文献来看,部分文献研究认为期权推出对标的市场波动没有明显影响。有些学者采用多种计量方法研究国内外股指期权推出后,认为标的指数波动率没有明显增强,如郭城(2014)研究了全球范围内 9 个典型的股指期权,认为期权的推出对标的市场波动性影响无规律可循,可能由其他原因引起波动性变化。樊文俊(2015)研究发现 50ETF 期权推出对标的指数波动性无显著影响。张文慧(2016)研究发现 50ETF 期权推出对标的成分股波动性无显著影响。关于商品期权推出对标的市场波动没有影响的研究比较少,仅有郭晨光等(2021)从日度数据研究发现白糖期权上市后白糖期货的价格波动并没有显著变化,但从 5 分钟高频数据看,白糖期权上市后白糖期货市场的"毛刺"现象有所缓解,表明期权发挥了抑制期货交易中短期非理性波动的作用。

综上所述，国内外关于期权推出对标的资产影响的研究文献大多是关于国内外股票市场的期权推出对标的股指或股票波动率的影响方面的，研究结论具有多样性。关于商品期货期权推出对标的商品期货波动率影响的研究相对比较少，研究方法大多采用各种 ARCH、GARCH 等方法。从已有的文献来看，研究商品期权推出对标的期货的影响均是集中在对商品期货价格波动性单变量的影响方面，目前针对原油期权推出对原油期货的影响及对多变量影响方面的研究还是一个空白。因此，本书研究采用 GARCH 模型族方法研究原油期权推出对原油期货市场微观变量（期货价格、成交量、持仓量、库存）波动性及非对称性杠杆效应的影响，期望得到有价值的结论，为中国期货市场发展提供有价值的参考。

第二节 研究模型的设定

一、原油期货市场变量波动的 GARCH 模型设定

Engle（1982）在研究通货膨胀时提出了自回归条件异方差（Autoregressive Conditional Heteroskedastic，ARCH）模型，Bollerslev（1986）在 ARCH 模型基础上提出了 GARCH 模型，该模型可以允许条件方差对收益率产生影响。因此原油期货变量（价格、成交量、持仓量、库存）波动的 GARCH（q，p）模型方差方程可以设定为：

$$\sigma_t^2 = \alpha_0 + \sum_{i=1}^{p} \alpha_i \varepsilon_{t-i}^2 + \sum_{j=1}^{q} \beta_j \sigma_{t-j}^2 \qquad （式6.1）$$

其中，p 是 ARCH 项的阶数，q 是 GARCH 项的阶数，$p>0$，$q \geq 0$，$\alpha_0 > 0$，$\alpha_i \geq 0$，$\beta_j \geq 0$，$\sum_{i=1}^{p}\alpha_i + \sum_{j=1}^{q}\beta_j < 1$。模型反映出原油期货相关指标当期波动率大小受前期波动性信息的影响，当 $\sum_{i=1}^{p}\alpha_i + \sum_{j=1}^{q}\beta_j$ 值越接近于 1，表示信息冲击对波动性影响时间越持久。

第六章 原油期权对原油市场波动非对称性影响研究

为了进一步研究原油期权推出后对原油期货市场波动的影响，我们在原油期货变量（价格、成交量、持仓量、库存）波动的 GARCH（q, p）模型中引入虚拟变量，则引入虚拟变量的模型设定如下：

$$\sigma_t^2 = \alpha_0 + \sum_{i=1}^{p}\alpha_i\varepsilon_{t-i}^2 + \sum_{j=1}^{q}\beta_j\sigma_{t-j}^2 + \lambda_1 D_1 \qquad (式6.2)$$

其中，D_1 为虚拟变量，即 $D_1 = \begin{cases} 0 & 原油期权推出前 \\ 1 & 原油期权推出后 \end{cases}$，$\lambda_1$ 是虚拟变量的系数，当 $\lambda_1 > 0$ 时，说明原油期货变量价格收益率、成交量、持仓量及库存变化的波动加剧；当 $\lambda_1 < 0$ 时，说明原油期货变量价格收益率、成交量、持仓量及库存变化的波动降低；当 $\lambda_1 = 0$ 时，说明原油期货变量价格收益率、成交量、持仓量及库存变化的波动没有显著变化。

由于原油期权推出前发生了新冠疫情，考虑到新冠疫情可能对原油期货市场变量波动的影响，我们对期权推出前发生新冠疫情对原油期货市场波动的影响进行分析，引入虚拟变量 D2 加入模型（式6.1），比较分析原油期权推出前发生新冠疫情对原油市场的影响，模型设定如下：

$$\sigma_t^2 = \alpha_0 + \sum_{i=1}^{p}\alpha_i\varepsilon_{t-i}^2 + \sum_{j=1}^{q}\beta_j\sigma_{t-j}^2 + \lambda_2 D_2 \qquad (式6.3)$$

其中，$D_2 = \begin{cases} 0 & 新冠疫情发生前 \\ 1 & 新冠疫情发生后到原油期权推出前 \end{cases}$，$\lambda_2$ 是虚拟变量的系数，当 $\lambda_2 > 0$ 时，说明原油期货变量价格收益率、成交量、持仓量及库存变化的波动加剧；当 $\lambda_2 < 0$ 时，说明原油期货变量价格收益率、成交量、持仓量及库存变化的波动降低；当 $\lambda_2 = 0$ 时，说明原油期货变量价格收益率、成交量、持仓量及库存变化的波动没有显著变化。

考虑到新冠疫情的影响，为了更加精确地区分原油期权推出对原油期货市场波动的影响，将新冠疫情发生后到原油期权推出前与推出后进行比较，我们引入虚拟变量 D3 加入模型（式6.1），模型设定如下：

$$\sigma_t^2 = \alpha_0 + \sum_{i=1}^{p}\alpha_i\varepsilon_{t-i}^2 + \sum_{j=1}^{q}\beta_j\sigma_{t-j}^2 + \lambda_3 D_3 \qquad (式6.4)$$

其中，$D_3 = \begin{cases} 0 & 新冠疫情发生后到原油期权推出前 \\ 1 & 原油期权推出后 \end{cases}$，$\lambda_3$ 是虚拟变量的系数，当 $\lambda_3 > 0$ 时，说明原油期货变量价格收益率、成交量、持仓量及库存变化的波动加剧；当 $\lambda_3 < 0$ 时，说明原油期货变量价格收益率、成交量、

持仓量及库存变化的波动降低;当 $\lambda_3 = 0$ 时,说明原油期货变量价格收益率、成交量、持仓量及库存变化的波动没有显著变化。

二、原油期货市场变量波动的非对称 EGARCH 模型设定

非对称杠杆效应体现了波动性传导的单向性,或者一定程度的风险态度差异,杠杆效应可以通过 GARCH 模型引入一定的非对称性来实现,由于市场波动和反应的非对称性具有多种结构形式和表示方法,有一些对 GARCH 模型的推广形式,如 EGARCH 模型等,应用比较广泛。我们根据 Nelson (1991) 提出的 EGARCH 模型,设定原油期货变量(价格收、成交量、持仓量、库存)波动的条件方差方程为:

$$\ln\sigma_t^2 = \omega + \beta\ln\sigma_{t-1}^2 + \alpha\left|\frac{\varepsilon_{t-1}}{\sigma_{t-1}}\right| + \gamma\frac{\varepsilon_{t-1}}{\sigma_{t-1}} \qquad (式6.5)$$

好消息($\varepsilon_t > 0$)和坏消息($\varepsilon_t < 0$)对条件方差有不同的影响,好消息影响因子为 $\alpha + \gamma$,坏消息的影响因子为 $\alpha - \gamma$;如果 $\gamma \neq 0$,则冲击反应存在非对称性及杠杆效应;如果 $\gamma < 0$,利空消息对波动率的影响大于利多消息的影响;如果 $\gamma > 0$,则利多消息对波动率的影响大于利空消息的影响。如果 $\gamma = 0$,则不存在非对称性及杠杆效应。令:

$$f\left(\frac{\varepsilon_t}{\sigma_t}\right) = \alpha\left|\frac{\varepsilon_{t-1}}{\sigma_{t-1}}\right| + \gamma\frac{\varepsilon_{t-1}}{\sigma_{t-1}} \qquad (式6.6)$$

则 $f(\cdot)$ 为信息冲击曲线。

基于基本 EGARCH 模型形式,我们对原油期货变量(价格收益率、成交量、持仓量)波动的 EGARCH 模型多阶形式的方差方程设定为:

$$\ln\sigma_t^2 = \omega + \sum_{j=1}^{p}\beta_j\ln\sigma_{t-j}^2 + \sum_{i=1}^{q}\left(\alpha_i\left|\frac{\varepsilon_{t-i}}{\sigma_{t-i}}\right| + \gamma_i\frac{\varepsilon_{t-i}}{\sigma_{t-i}}\right) \qquad (式6.7)$$

好消息($\varepsilon_t > 0$)和坏消息($\varepsilon_t < 0$)对条件方差有不同的影响,好消息影响因子为 $\sum_{i=1}^{q}(\alpha_i + \gamma_i)$,坏消息的影响因子为 $\sum_{i=1}^{q}(\alpha_i - \gamma_i)$,如果 $\sum_{i=1}^{q}\gamma_i \neq 0$,则存在杠杆效应,如果 $\sum_{i=1}^{q}\gamma_i = 0$,则不存在杠杆效应。

第六章 原油期权对原油市场波动非对称性影响研究

第三节 变量选择与数据描述性统计分析

一、变量选择与数据处理

以 2018 年 3 月 26 日上海国际能源中心上市的国际原油期货为研究标的，选择原油期货价格、成交量、持仓量及库存为变量指标。原油期货价格选择成交量最大的活跃合约日收盘价格链接成连续价格时间序列，成交量指标选择原油期货合约总的日成交量，持仓量指标选择的是活跃合约日持仓量，库存指标选择原油期货日库存量。选择样本时间区间为 2018 年 3 月 26 日至 2022 年 9 月 22 日。去掉节假日共有有效数据 1,095 个①。其中原油库存量在原油期货上市初期没有，即 2018 年 3 月 26 日至 2018 年 6 月 25 日原油库存为 0，为了研究需要，用 1 补足。

对选取的数据进行取对数处理，其中原油期货价格收益率为原油期货价格对数的一阶差分，即：$R_t = D\ln P_t = \ln P_t - \ln P_{t-1}$，其中 R_t 为 t 日的原油期货价格收益率，P_t 为 t 日原油期货价格，P_{t-1} 为 $t-1$ 日原油期货价格。对原油期货成交量，持仓量及库存量分别做对数的一阶差分处理，分别得到原油期货成交量，持仓量及库存量波动指标如下：$D\ln Q_t = \ln Q_t - \ln Q_{t-1}$、$D\ln I_t = \ln I_t - \ln I_{t-1}$、$D\ln S_t = \ln S_t - \ln S_{t-1}$，其中 Q、I、S 分别表示原油期货成交量、持仓量、库存量（见图 6-2）。

从图 6-2 中可以看到，原油期货价格及成交量、持仓量、库存量对数一阶差分波动图均表现出波动集聚效应。因此可以判断原油期货价格及成交量、持仓量、库存量对数一阶差分序列可能存在异方差。本书以 2021 年 6 月 21 日原油期权上市作为时间分界点，对原油期货价格收益率来说在原油期权上市前后，其波动率没有显著的变化，在个别时间段有波动率增大的情况，这种现象的出现可能和新冠疫情的影响有关系；对成交量及持仓

---

① 数据来源：上海国际能源交易中心。

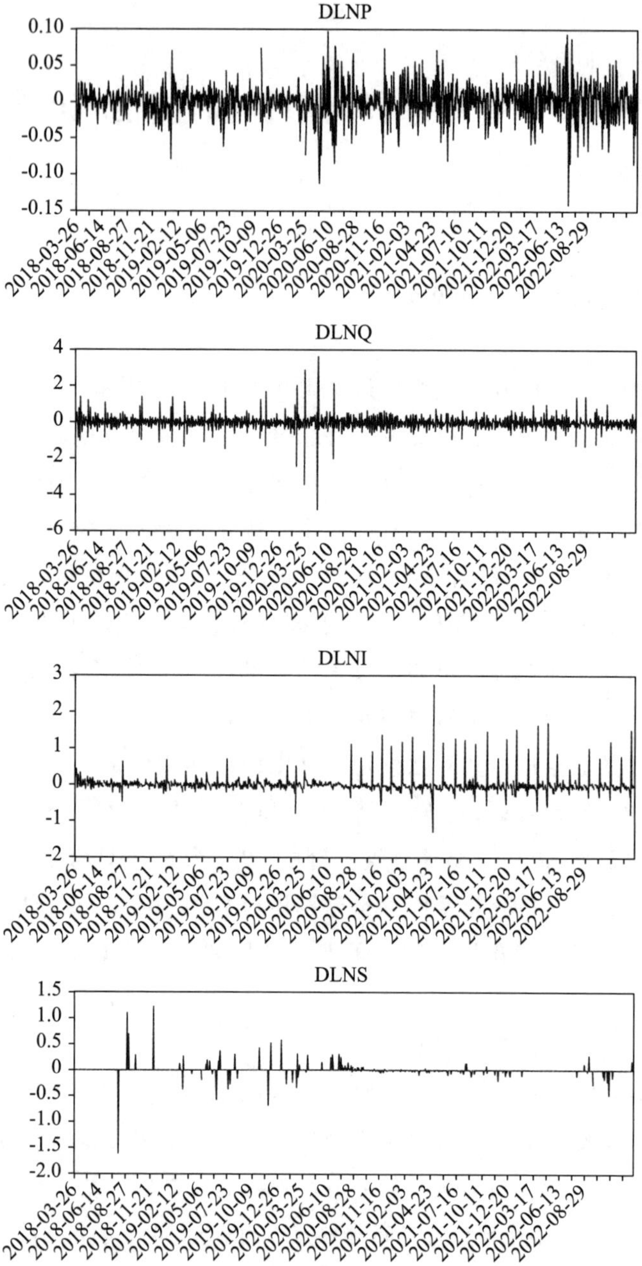

图 6-2　原油期货价格、成交量、持仓量及库存量对数一阶差分图

量及库存量波动来看，三者在原油期权推出前后波动性均有较大的变化，均表现出原油期权推出后波动性降低的情况。

二、数据描述性统计分析

由于原油期权推出时已经有新冠疫情存在，世界卫生组织将疫情全球大流行的时间点定为 2020 年 3 月 11 日，因此，我们采用世界卫生组织的观点确定疫情流行的时间点，为了更好地分析原油期权推出对原油期货市场波动的影响情况，我们将选择的样本分成以下几种情况：全样本（2018 年 3 月 26 日至 2022 年 9 月 22 日）、疫情发生前（2018 年 3 月 26 日至 2020 年 3 月 11 日）、疫情发生后到原油期权推出前（2020 年 3 月 11 日至 2021 年 6 月 21 日）、原油期权推出前（2018 年 3 月 26 日至 2021 年 6 月 21 日）、原油期权推出后（2021 年 6 月 21 日至 2022 年 9 月 22 日）。以下给出几种情况下的描述性统计，具体情况如表 6-1 所示：

表 6-1　　　　　　　　　描述性统计量

时间区间	变量	均值	中位数	最大值	最小值	标准差	偏度	峰度	JB 统计量
全样本	DLNP	0.000	0.001	0.097	-0.141	0.025	-0.274	5.612	324.694
	DLNQ	0.001	-0.008	3.636	-4.802	0.426	-0.773	31.166	3,6271.51
	DLNI	0.002	-0.022	2.771	-1.299	0.236	4.348	37.083	56,397.28
	DLNS	0.001	0.000	1.224	-1.609	0.097	-0.838	120.6431	630,996.4
疫情发生前	DLNP1	-0.001	0.001	0.075	-0.095	0.019	-0.591	5.845	187.806
	DLNQ1	-0.004	0.001	2.887	-4.803	0.500	-1.932	29.621	14,321.490
	DLNI1	0.005	-0.006	0.703	-0.804	0.121	0.958	14.089	2,506.218
	DLNS1	0.004	0.000	1.224	-1.609	0.137	-0.705	67.968	83,575.880
疫情发生后至原油期权推出前	DLNP2	0.001	0.000	0.097	-0.112	0.029	-0.062	4.239	20.030
	DLNQ2	0.012	-0.019	3.636	-1.994	0.397	2.435	28.321	8,588.200
	DLNI2	0.001	-0.034	2.771	-1.298	0.302	4.270	32.704	12,338.510
	DLNS2	0.005	0.000	0.308	-0.119	0.044	3.929	23.723	6,344.327
原油期权推出前	DLNP3	0.000	0.001	0.097	-0.112	0.023	-0.183	5.4447	199.882
	DLNQ3	0.002	-0.004	3.636	-4.803	0.462	-0.880	30.775	25,333.40
	DLNI3	0.003	-0.018	2.771	-1.299	0.212	4.967	53.998	88,293.52
	DLNS3	0.004	0.000	1.224	-1.609	0.110	-0.732	98.677	29,9482.7

续表

时间区间	变量	均值	中位数	最大值	最小值	标准差	偏度	峰度	JB 统计量
原油期权推出后	DLNP4	0.001	0.003	0.094	-0.141	0.028	-0.422	5.404	83.545
	DLNQ4	-0.001	-0.020	1.435	-1.318	0.318	0.249	7.749	293.539
	DLNI4	-0.001	-0.035	1.709	-0.820	0.289	3.452	19.065	3,936.493
	DLNS4	-0.006	0.000	0.283	-0.475	0.046	-4.154	49.732	29,006.290

从表 6-1 可以看到，几种情况下所有样本峰度值均大于 3，偏度值部分大于 0，部分小于 0，说明各个指标均表现出尖峰后尾特征及部分表现长左拖尾和部分长右拖尾的分布特征；在 1% 的显著性水平下，JB 统计量均拒绝正态分布假设，表明在几种情况下各个指标序列均不满足正态分布。从标准差来看，原油期权推出后原油价格收益波动及持仓量波动比原油期权推出前数值略大，没有显著变化，而原油期货成交量及库存波动在原油期权推出后数值变小，存在显著变化。由于原油期权推出前一年疫情就已经发生，疫情出现对原油期货市场波动产生较大的影响，对比疫情发生前与疫情发生后到原油期权推出之前的数据可以发现，原油期货价格及持仓量波动均增强，原油成交量及库存波动减弱。我们再对比疫情发生后到原油期权推出之前与原油期权推出后的两个时间段，可以看到在这两个时间段疫情均对原油期货市场有影响，原油期权推出后，除了原油期货库存量波动变化不显著外，原油期货价格收益波动、成交量波动、持仓量波动比疫情发生后到原油期权推出之前均有所降低。因此，从日数据来看，原油期权的上市对原油期货市场波动有一定的影响，在不考虑疫情情况下，虽然原油期货价格及持仓量波动变化不大，但是原油期货成交量及库存波动明显减弱；在考虑疫情的影响情况下，疫情的发生前后，原油期货价格及持仓量波动均增强，成交量及库存波动减弱；考虑在疫情期间情况下，原油期权的推出降低了原油期货市场价格收益、成交量、持仓量的波动，库存波动增强。以上描述性统计在一定程度上描述了原油期权推出对原油期货市场波动的影响，具体的影响程度还需要进一步的模型实证分析。

第四节 实证相关检验

一、数据平稳性的单位根检验

我们对选取的原油期货价格、成交量、持仓量及库存对数一阶差分序列在三种情况下的平稳性作单位根检验,采用常用的单位根检验的 ADF 检验法,检验结果如表 6-2 所示:

表 6-2 各个变量对数一阶差分的 ADF 单位根检验结果

时间区间	变量	ADF 值	检验类型(c, t, n)	1%临界值	5%临界值	10%临界值	DW 值	是否平稳
全样本	DLNP	-32.935	(0, 0, 0)	-2.567	-1.941	-1.617	2.000	是
	DLNQ	-18.292	(0, 0, 0)	-2.567	-1.941	-1.617	1.996	是
	DLNI	-16.935	(0, 0, 0)	-2.567	-1.941	-1.617	2.007	是
	DLNS	-32.041	(0, 0, 0)	-2.567	-1.941	-1.617	2.000	是
疫情发生前	DLNP1	-18.566	(0, 0, 0)	-2.570	-1.941	-1.616	1.944	是
	DLNQ1	-15.077	(0, 0, 0)	-2.570	-1.941	-1.616	1.988	是
	DLNI1	-9.716	(0, 0, 0)	-2.570	-1.942	-1.616	2.003	是
	DLNS1	-11.379	(0, 0, 0)	-2.570	-1.941	-1.616	2.001	是
疫情发生至原油期权推出前	DLNP2	-17.937	(0, 0, 0)	-2.572	-1.942	-1.616	2.032	是
	DLNQ2	-16.917	(0, 0, 0)	-2.573	-1.942	-1.616	2.029	是
	DLNI2	-20.700	(0, 0, 0)	-2.572	-1.942	-1.616	2.035	是
	DLNS2	-6.487	(0, 0, 0)	-2.573	-1.942	-1.616	2.031	是
原油期权推出前	DLNP3	-25.932	(0, 0, 0)	-2.568	-1.941	-1.616	2.003	是
	DLNQ3	-19.406	(0, 0, 0)	-2.568	-1.941	-1.616	2.019	是
	DLNI3	-31.881	(0, 0, 0)	-2.568	-1.941	-1.616	2.021	是
	DLNS3	-27.092	(0, 0, 0)	-2.568	-1.941	-1.616	2.000	是

续表

时间区间	变量	ADF值	检验类型（c, t, n）	1%临界值	5%临界值	10%临界值	DW值	是否平稳
原油期权推出后	DLNP4	-19.667	(0, 0, 0)	-2.572	-1.942	-1.616	1.994	是
	DLNQ4	-14.131	(0, 0, 0)	-2.573	-1.942	-1.616	2.041	是
	DLNI4	-15.590	(0, 0, 0)	-2.573	-1.942	-1.616	2.033	是
	DLNS4	-17.351	(0, 0, 0)	-2.572	-1.942	-1.616	2.001	是

注：Δ表示一阶差分，(c、t、n)中c表示截距，t表示时间趋势，n表示滞后阶数。*表示在5%、10%显著性水平下显著。

通过单位根ADF检验结果可以看到，在1%、5%、10%显著性水平下，原油期货价格、成交量、持仓量、库存对数一阶差分序列均是平稳的，可以采用ARMA模型进行后续模型实证分析。

二、ARCH效应检验

根据原油期货价格、成交量、持仓量、库存对数一阶差分序列的自相关与偏自相关函数图像确定各个ARMA模型阶数（限于篇幅，具体图像省略）。通过原油期货价格收益自相关与偏自相关函数图像可知不存在一方拖尾一方截尾的现象，同时二者图均存在一定拖尾现象，可以考虑ARMA模型。根据AIC、SC等信息准则确定滞后阶数，最后得到原油期货价格收益ARMA模型为ARMA (1,1)；通过原油期货成交量对数一阶差分序列自相关与偏自相关函数图像可知偏自相关系数二阶截尾，自相关系数二阶结尾，可以确定原油期货成交量对数一阶差分序列ARMA模型为ARMA (2,2)；通过原油期货持仓量对数一阶差分序列自相关与偏自相关函数图像可知偏自相关系数与自相关系数均存在截尾，可以确定原油期货持仓量对数一阶差分序列ARMA模型为ARMA (17, 1)；通过原油期货库存对数一阶差分序列自相关与偏自相关函数图像可知不存在一方拖尾一方截尾的现象，同时二者图均存在一定拖尾现象，根据AIC、SC等信息准则确定滞后阶数，最后得到原油期货库存对数一阶差分序列ARMA模型为ARMA (1,1)。

然后进行ARCH效应检验，即对原油期货价格、成交量、持仓量、库存对数一阶差分序列各个ARMA模型：ARMA (1,1)、ARMA (2,2)、

ARMA (17, 1)、ARMA (1, 1) 残差的平方作自相关检验。根据 AIC、SC 等信息准则确定各个 ARCH 模型的最佳的滞后阶数，分别为 3 阶、3 阶、2 阶、17 阶，具体检验结果如表 6-3 所示：

表 6-3　　　　各个 ARMA 模型 ARCH 效应检验结果

模型	F 统计量	P 值	nR^2	卡方检验 P 值
期货价格收益 ARMA (1, 1)	47.350	0.000	126.093	0.000
成交量波动 ARMA (2, 2)	12.810	0.000	37.253	0.000
持仓量波动 ARMA (1, 1)	38.764	0.000	72.575	0.000
库存波动 ARMA (1, 1)	5.494	0.000	87.288	0.000

注：其中 n 表示观测值数量，R^2 表示拟合优度。

从表 6-3 中可以看到，四种情况下 F 统计量及卡方统计量对应的 P 值均为 0，说明原油期货价格、成交量、持仓量、库存对数一阶差分序均存在 ARCH 效应。

第五节　全样本下原油期权推出对原油期货变量波动率影响的实证分析

我们选定的原油期货变量：期货价格、成交量、持仓量、库存量对数差分序列 ARMA 模型残差均存在 ARCH 效应，因此我们对各个变量的对数差分序列波动 GARCH 模型进行实证估计，首先根据 AIC、SC 等信息准则确定 GARCH 模型的最佳滞后阶数（限于篇幅，具体检验省略），可知原油期货价格收益率、成交量、持仓量、库存量波动的 GARCH 模型均为 GARCH (1, 1) 模型。

一、加入虚拟变量 D1 的 GARCH 模型估计

考虑原油期权推出前后原油期货相关变量波动率的变化情况，对加入虚拟变量 D1 的原油期货价格收益率、成交量及持仓量波动的 GARCH (1, 1) 模型进行估计，结果如表 6-4 所示：

表6-4　加入虚拟变量 D1 的各个 GARCH (1, 1) 模型估计

模型	变量	系数	标准差	Z 统计量	P 值
原油期货价格收益率 GARCH (1, 1) 模型估计	C1	2.140E-05	0.000	4.057	0.000
	α_1	0.137	0.020	6.752	0.000
	β_1	0.823	0.023	35.522	0.000
	λ_1	2.390E-05	0.000	2.572	0.010
原油期货成交量波动 GARCH (1, 1) 模型估计	C2	0.086	0.006	14.022	0.000
	α_2	0.320	0.035	9.130	0.000
	β_2	0.127	0.050	2.543	0.011
	λ_2	-0.034	0.004	-9.248	0.000
原油期货持仓量 GARCH (1, 1) 模型估计	C3	0.280	1.231	0.227	0.820
	α_3	0.041	0.163	0.252	0.801
	β_3	0.672	0.153	4.402	0.000
	λ_3	-0.014	0.055	-0.262	0.793
原油期货库存 GARCH (1, 1) 模型估计	C4	0.003	0.000	9.311	0.000
	α_4	0.040	0.007	6.115	0.000
	β_4	0.781	0.021	36.692	0.000
	λ_4	-0.003	0.000	-9.277	0.000

注：其中 C 为常数项，α 是 ARCH 项系数，β 是 GARCH 项系数，λ 是哑变量系数，下同。

对上述加入虚拟变量 D1 的原油期货各个变量波动的 GARCH (1, 1) 模型进行 ARCH 效应检验，结果如表6-5所示：

表6-5　加入虚拟变量 D1 的 GARCH (1, 1) 模型 ARCH 效应检验

加入虚拟变量 D1 原油期货价格收益率 GARCH (1, 1) 模型 ARCH 效应检验	F 统计量	0.452	P 值	0.501
	nR^2	0.453	P 值	0.501
加入虚拟变量 D1 原油期货成交量波动的 GARCH (1, 1) 模型 ARCH 效应检验	F 统计量	0.067	P 值	0.795
	nR^2	0.068	P 值	0.795
加入虚拟变量 D1 原油期货持仓量波动的 GARCH (1, 1) 模型 ARCH 效应检验	F 统计量	1.437	P 值	0.158
	nR^2	14.329	P 值	0.159
加入虚拟变量 D1 原油期货库存波动的 GARCH (1, 1) 模型 ARCH 效应检验	F 统计量	0.085	P 值	0.771
	nR^2	0.085	P 值	0.771

由上述 ARCH 效应检验结果可以看到，检验统计量均不显著，对应的

第六章 原油期权对原油市场波动非对称性影响研究

P 值均大于 10%,说明模型均有效拟合了残差序列的条件异方差性,引入虚拟变量 D1 的各个 GARCH 模型的设定是有效的,根据上述检验结果得到结论如下:

(1) 对加入虚拟变量 D1 原油期货价格收益率 GARCH (1,1) 模型估计来说,ARCH 项与 GARCH 系数 α_1、β_1 均显著大于 0,说明前一期波动率对当期有正向影响,满足波动率集群特性。α_1 与 β_1 之和为 0.9599,接近于 1,说明信息冲击对原油期货价格收益率产生较长时间的波动性影响。ARCH 项系数 α_1 较小,说明新信息对原油期货价格波动性冲击较小,消化新信息的速度较慢。GARCH 系数 β_1 较大说明历史信息冲击影响较大。虚拟变量系数 λ_1 大于 0 并在 1% 水平下显著,说明原油期权推出后加剧了原油期货价格收益的波动性,由于系数值比较小,加剧程度十分有限。

(2) 对加入虚拟变量 D1 原油期货成交量波动的 GARCH (1,1) 模型估计结果来说,ARCH 项与 GARCH 系数 α_2、β_2 均显著大于 0,说明前一期波动率对当期有正向影响,满足波动率集群特性。α_2 与 β_2 之和为 0.4474,说明信息冲击对原油期货成交量波动产生较短时间的波动性影响。ARCH 项系数 α_2 较大,说明新信息对原油期货成交量波动性冲击较大,消化新信息的速度较快。GARCH 系数 β_2 较小,说明历史信息冲击影响较小。虚拟变量系数 λ_2 为负值并在 1% 水平下显著,说明原油期权推出后降低了原油期货成交量的波动性,由于系数值比较小,降低的程度有限。

(3) 对加入虚拟变量 D1 原油期货持仓量波动的 GARCH (1,1) 模型估计结果来说,ARCH 项与 GARCH 系数 α_3、β_3 均大于 0,说明前一期波动率对当期有正向影响,满足波动率集群特性。α_3 与 β_3 之和为 0.7135,说明信息冲击对原油期货持仓量产生较长时间的波动性影响。ARCH 项系数 α_3 较小且不显著,说明新信息对原油期货持仓量波动性冲击较小,消化新信息的速度较慢。GARCH 系数 β_3 较大,说明历史信息冲击影响较大。虚拟变量系数 λ_3 为负值且不显著,说明原油期权推出后降低了原油期货持仓量波动的波动性,由于系数值比较小,降低的程度有限。

(4) 对加入虚拟变量 D1 原油期货库存波动的 GARCH (1,1) 模型估计结果来说,ARCH 项与 GARCH 系数 α_4、β_4 均显著大于 0,说明前一期波动率对当期有正向影响,满足波动率集群特性。α_4 与 β_4 之和为 0.8213,说明信息冲击对原油期货持仓量产生较长时间的波动性影响。ARCH 项系

数 α_4 较小,说明新信息对原油期货持仓量波动性冲击较小,消化新信息的速度较慢。GARCH 系数 β_4 较大,说明历史信息冲击影响较大。虚拟变量系数 λ_4 为负值并在 1% 水平下显著,说明原油期权推出后降低了原油期货库存的波动性,由于系数值比较小,降低的程度有限。

二、原油期权推出前后 GARCH 模型估计

为了进一步深入分析信息冲击对原油期货变量波动的影响及对信息处理速度的影响,分别对原油期货推出前后 GARCH 模型进行比较分析。具体模型实证结果如表 6-6 所示:

表 6-6　原油期权推出前后原油期货变量波动 GARCH 估计比较

模型	系数变量	原油期权推出前				原油期权推出后			
		系数	标准差	Z 统计量	P 值	系数	标准差	Z 统计量	P 值
原油期货价格收益波动 GARCH(1,1) 模型估计	C1	0.000	0.000	3.618	0.000	0.000	0.000	2.281	0.023
	α_1	0.156	0.027	5.854	0.000	0.090	0.030	3.025	0.003
	β_1	0.812	0.027	30.022	0.000	0.850	0.050	17.147	0.000
原油期货成交量波动 GARCH(1,1) 模型估计	C2	0.051	0.016	3.251	0.001	0.100	0.097	1.031	0.303
	α_2	0.255	0.105	2.416	0.016	0.150	0.142	1.055	0.291
	β_2	0.336	0.157	2.141	0.032	0.600	0.373	1.608	0.108
原油期货持仓量波动 GARCH(1,1) 模型估计	C3	0.016	0.003	4.998	0.000	0.028	0.008	3.614	0.000
	α_3	0.031	0.012	2.683	0.007	0.142	0.070	2.028	0.043
	β_3	0.480	0.094	5.123	0.000	0.505	0.032	15.971	0.000
原油期货库存波动 GARCH(1,1) 模型估计	C4	0.000	0.000	23.791	0.000	0.000	0.000	13.021	0.000
	α_4	0.008	0.001	11.071	0.000	0.074	0.006	12.935	0.000
	β_4	0.965	0.002	591.218	0.000	0.914	0.004	255.654	0.000

由表 6-6 中原油期权推出前后原油期货变量波动 GARCH 估计结果可以看到:

(1) 原油期货价格收益波动 GARCH(1,1) 模型估计结果中 $\alpha_1 + \beta_1$ 值在原油期权推出前后值分别为:0.9731,0.9400,有微小的减弱,表示信息的冲击对原油期货价格收益波动性影响的持续性在微小减弱,即波动的长期记忆性有微小减弱,并且 α_1 值有所减弱,β_1 值有所增强,表示原

油期权推出后,新市场信息产生的冲击在减弱,对原油期货价格波动性影响在减弱,吸收新信息的速度在减弱,而历史信息对波动产生的冲击影响在增强,说明原油期权推出后,原油期货价格市场处理信息速度有所下降。

(2) 原油期货成交量波动 GARCH (1, 1) 模型估计结果中 $\alpha_2 + \beta_2$ 值在原油期权推出前后值分别为:0.5906、0.7500,有一定的增强,表示信息的冲击对原油期货价格收益波动性影响的持续性在增强,即波动的长期记忆性有一定的增强,并且 α_2 值有所减弱,β_2 值有所增强,表示原油期权推出后,新市场信息产生的冲击在减弱,对原油期货成交量波动性影响在减弱,吸收新信息的速度在减弱,而历史信息对波动产生的冲击影响在增强,说明原油期权推出后,原油期货成交量市场处理信息速度总的来说有一定的增强。

(3) 原油期货持仓量波动 GARCH (1, 1) 模型估计结果中 $\alpha_3 + \beta_3$ 值在原油期权推出前后值分别为:0.5112、0.6472,有一定的增强,表示信息的冲击对原油期货持仓量波动性影响的持续性在增强,即波动的长期记忆性有一定的增强,并且 α_3、β_3 值有所增强,表示原油期权推出后,新市场信息产生的冲击在增强,对原油期货持仓量波动性影响在增强,吸收新信息的速度在增强,历史信息对波动产生的冲击影响也在增强,说明原油期权推出后,原油期货市场持仓量处理信息速度有所增强。

(4) 原油期货库存波动 GARCH (1, 1) 模型估计结果中 $\alpha_4 + \beta_4$ 值在原油期权推出前后值分别为:0.9738、0.9879,有一定的增强,表示信息的冲击对原油期货持仓量波动性影响的持续性在增强,即波动的长期记忆性有一定的增强,并且 α_4 值有所增强,β_4 值有所减弱,表示原油期权推出后,新市场信息产生的冲击在增强,对原油期货库存波动性影响在增强,吸收新信息的速度在增强,而历史信息对波动产生的冲击影响在减弱,说明原油期权推出后,原油期货库存市场处理信息速度有所增强。

第六节 考虑新冠疫情影响的原油期货变量波动率分析

通过以上分析,单纯从考虑原油期权推出前后对原油期货市场波动的影响来看,期权推出对原油期货微观市场指标(期货价格、成交量、持仓量、库存）波动的影响有限，其中仅对期货成交量及库存的波动有减弱的影响，对期货价格及持仓量波动有增强的影响。出现这种现象的原因可能是由于新冠疫情的影响，下面我们对新冠疫情出现前后原油期货市场变量波动的情况进行分析。

一、加入虚拟变量 D2（疫情发生）的原油期货变量 GARCH 模型估计

考虑到新冠疫情对原油期货市场波动的影响，我们对原油期货市场变量（期货价格、成交量、持仓量、库存）波动的 GARCH 模型加入虚拟变量 D2，即当疫情发生之前 D2 值为 0，疫情发生之后到原油期权推出之前 D2 值为 1。首先我们确定各个变量的 ARMA 的形式，根据原油期货价格、成交量、持仓量、库存对数一阶差分序列的自相关与偏自相关函数图像确定各个 ARMA 模型阶数（限于篇幅，具体图像省略）。经过检验得到期权推出前的原油期货价格、成交量、持仓量、库存对数一阶差分序列各个 ARMA 模型分别为：ARMA（1，1）、ARMA（2，2）、ARMA（17，1）、ARMA（1，1）（限于篇幅，具体检验省略）。然后对 GARCH 模型作估计，具体结果如表 6-7 所示：

表 6-7 加入虚拟变量 D2（疫情发生）的各个 GARCH（1，1）模型估计

模型	α	β	λ	$\alpha+\beta$
原油期货价格收益率 GARCH（1，1）模型估计	0.161 (0.000)	0.778 (0.000)	2.2E-05 (0.072)	0.939
原油期货成交量波动 GARCH（1，1）模型估计	0.479 (0.000)	0.104 (0.024)	-0.057 (0.000)	0.583
原油期货持仓量 GARCH（1，1）模型估计	0.071 (0.004)	0.256 (0.000)	-0.007 (0.005)	0.327
原油期货库存 GARCH（1，1）模型估计	0.009 (0.000)	0.953 (0.000)	-0.001 (0.000)	0.963

注：表中括号内数值为 p 值，λ 为虚拟变量系数，下同。对上述的加入虚拟变量 D2 的原油期货各个变量波动的 GARCH（1，1）模型进行 ARCH 效应检验，结果均通过检验，各个模型均有效拟合了残差序列的条件异方差性，说明引入虚拟变量 D2 的各个 GARCH 模型的设定都是有效的（限于篇幅，具体检验结果省略）。

第六章 原油期权对原油市场波动非对称性影响研究

根据以上检验结果可以得到如下结论:

(1) 对加入虚拟变量 D2 原油期货价格收益率 GARCH (1, 1) 模型估计来说,ARCH 项与 GARCH 系数 α、β 均显著大于 0,说明前一期波动率对当期有正向影响,满足波动率集群特性。α 与 β 之和为 0.9389,接近于 1,说明信息冲击对原油期货价格收益率均产生较长时间的波动性影响。ARCH 项系数 α 较小,说明新信息对原油期货价格波动性冲击较小,消化新信息的速度较慢。GARCH 系数 β 较大说明历史信息冲击影响较大。虚拟变量系数 λ 大于 0,在 10% 水平下显著,新冠疫情出现对原油期货价格收益的波动性影响增强。

(2) 对加入虚拟变量 D2 原油期货成交量波动的 GARCH (1, 1) 模型估计结果来说,ARCH 项与 GARCH 系数 α、β 均显著大于 0,说明前一期波动率对当期有正向影响,满足波动率集群特性。α 与 β 之和为 0.5826,说明信息冲击对原油期货成交量产生较短时间的波动性影响。ARCH 项系数 α 较大,说明新信息对原油期货成交量波动性冲击较大,消化新信息的速度较快。GARCH 系数 β 较小,说明历史信息冲击影响较小。虚拟变量系数 λ 为负值并在 1% 水平下显著,说明新冠疫情出现后,降低了原油期货成交量的波动性,由于系数值比较小,降低的程度有限。

(3) 对加入虚拟变量 D2 原油期货持仓量波动的 GARCH (1, 1) 模型估计结果来说,ARCH 项与 GARCH 系数 α、β 均显著大于 0,说明前一期波动率对当期有正向影响,满足波动率集群特性。α 与 β 之和为 0.3266,说明信息冲击对原油期货持仓量产生较短时间的波动性影响。ARCH 项系数 α 较小,说明新信息对原油期货持仓量波动性冲击较小,消化新信息的速度较慢。GARCH 系数 β 较大,说明历史信息冲击影响较大。虚拟变量系数 λ 为负值并在 1% 水平下显著,说明新冠疫情出现后,降低了原油期货持仓量的波动性,由于系数值比较小,降低的程度有限。

(4) 对加入虚拟变量 D2 原油期货库存波动的 GARCH (1, 1) 模型估计结果来说,ARCH 项与 GARCH 系数 α、β 均显著大于 0,说明前一期波动率对当期有正向影响,满足波动率集群特性。α 与 β 之和为 0.9626,说明信息冲击对原油期货持仓量产生较长时间的波动性影响。ARCH 项系数 α 较小,说明新信息对原油期货持仓量波动性冲击较小,消化新信息的速度较慢。GARCH 系数 β 较大,说明历史信息冲击影响较大。虚拟变量系

数 λ 为负值并在 1% 水平下显著,说明新冠疫情出现后,降低了原油期货库存的波动性,由于系数值比较小,降低的程度有限。

综上所述,在原油期权推出前,新冠疫情出现对原油期货市场变量波动有一定的影响,一定程度增强了原油期货价格收益率波动,降低了原油期货成交量、持仓量及库存波动率。

二、新冠疫情出现后原油期权推出对原油期货变量波动率影响的分析

由上述分析可知,新冠疫情的出现对原油期货市场各个变量波动性具有一定的影响,为了更深入研究原油期权推出前后对原油期货市场变量波动性的影响,我们对疫情出现后原油期权推出前、后分别对原油期货市场变量波动性的影响进行分析,对原油期货市场变量(期货价格、成交量、持仓量、库存)波动的 GARCH 模型加入虚拟变量 D3,即当疫情发生后到原油期权推出之前 D3 值为 0,原油期权推出之后 D3 值为 1,对 GARCH 模型作估计。首先根据原油期货价格、成交量、持仓量、库存对数一阶差分序列的自相关与偏自相关函数图像确定各个 ARMA 模型阶数(限于篇幅,具体图像省略)。经过检验得到原油期货价格、成交量、持仓量、库存对数一阶差分序列各个 ARMA 模型分别为:ARMA(1,1)、ARMA(3,1)、ARMA(17,2)、ARMA(1,1)(限于篇幅,具体检验省略)。

加入虚拟变量 D3 的 GARCH 模型估计。加入虚拟变量 D3 的原油期货各个市场变量的 GARCH(1,1)模型估计结果如表 6-8 所示:

表 6-8　加入虚拟变量 D3 的各个 GARCH(1,1)模型估计结果

模型	α	β	λ	α + β
原油期货价格收益率 GARCH(1,1)模型估计	0.113 (0.000)	0.831 (0.000)	1.15E - 05 (0.276)	0.944
原油期货成交量波动 GARCH(1,1)模型估计	0.088 (0.088)	0.343 (0.442)	-0.013 (0.273)	0.431
原油期货持仓量 GARCH(1,1)模型估计	0.046 (0.000)	0.510 (0.000)	-0.007 (0.000)	0.556

第六章 原油期权对原油市场波动非对称性影响研究

续表

模型	α	β	λ	α + β
原油期货库存GARCH（1，1）模型估计	0.054 (0.252)	0.403 (0.068)	-0.001 (0.069)	0.457

注：对上述的加入虚拟变量D3的原油期货各个变量波动的GARCH(1,1)模型分别在两个时间区间内进行ARCH效应检验，结果均通过检验，各个模型均有效拟合了残差序列的条件异方差性，说明引入虚拟变量D3的各个GARCH模型的设定均是有效的（限于篇幅，具体检验结果省略）。

由上述估计结果可知：

（1）对加入虚拟变量D3原油期货价格收益率GARCH（1，1）模型估计来说，ARCH项与GARCH系数 α、β 均显著大于0，说明前一期波动率对当期有正向影响，满足波动率集群特性。α 与 β 之和为0.944，接近于1，说明信息冲击对原油期货价格收益率产生较长时间的波动性影响；ARCH项系数 α 较小，说明新信息对原油期货价格波动性冲击较小，消化新信息的速度较慢。GARCH系数 β 较大说明历史信息冲击影响较大。虚拟变量系数 λ 值为1.150E-05，不显著，说明新冠疫情发生后，原油期权推出前与原油期货推出后相比，原油期货价格收益的波动性增强不显著，基本没有什么变化。

（2）对加入虚拟变量D3原油期货成交量波动的GARCH（1，1）模型估计结果来说，ARCH项与GARCH系数 α、β 均大于0，说明前一期波动率对当期有正向影响，满足波动率集群特性。α 与 β 之和为0.431，说明信息冲击对原油期货成交量产生较短时间的波动性影响。ARCH项系数 α 较大，说明新信息对原油期货成交量波动性冲击较大，消化新信息的速度较快。GARCH系数 β 较小，说明历史信息冲击影响较小；虚拟变量系数 λ 为-0.013，说明新冠疫情发生后，原油期权推出后降低了原油期货成交量的波动性，由于系数值均不够显著，影响的程度均有限。

（3）对加入虚拟变量D3原油期货持仓量波动的GARCH（1，1）模型估计结果来说，ARCH项与GARCH系数 α、β 均显著大于0，说明前一期波动率对当期有正向影响，满足波动率集群特性。α 与 β 之和为0.556，说明信息冲击对原油期货持仓量产生较短时间的波动性影响。ARCH项系数 α 较小，说明新信息对原油期货持仓量波动性冲击较小，消化新信息的速度较慢。GARCH系数 β 较大，说明历史信息冲击影响较大。虚拟变量系

数 λ 为 -0.007 并在 1% 水平下显著，说明新冠疫情发生后，原油期权的推出降低了原油期货持仓量的波动性，由于系数值比较小，降低的程度有限。

（4）对加入虚拟变量 D3 原油期货库存波动的 GARCH（1，1）模型估计结果来说，ARCH 项与 GARCH 系数 α、β 均大于 0，说明前一期波动率对当期有正向影响，满足波动率集群特性。α 与 β 之和为 0.457，说明信息冲击对原油期货持仓量产生较短时间的波动性影响。ARCH 项系数 α 较小，说明新信息对原油期货持仓量波动性冲击较小，消化新信息的速度较慢。GARCH 系数 β 较大，说明历史信息冲击影响较大。虚拟变量系数 λ 为 -0.001 并在 10% 水平下显著，说明新冠疫情发生后，原油期权推出降低了原油期货库存的波动性。由于系数值较小，影响的程度有限。

综上所述，在新冠疫情出现后原油期权推出对原油期货市场变量波动有一定的影响，在一定程度上增强了原油期货价格收益率波动，降低了原油期货成交量、持仓量及库存波动率。和原油期权推出前新冠疫情出现对原油期货市场变量波动相比，原油期货价格收益率波动增强程度减弱，成交量波动减弱程度降低，持仓量与库存波动率降低没有明显差异。

第七节　原油期权推出前后原油期货变量非对称性 EGARCH 模型估计

前述我们对全样本区间原油期权推出对原油期货市场各个变量波动、原油期权推出前新冠疫情发生对原油期货市场各个变量波动及新冠疫情发生后原油期权推出前、后原油期货市场的各个变量波动 GARCH 模型估计，分别进行了比较分析，采用 EGARCH 模型估计分析原油期权推出前、后原油期货市场变量波动非对称性杠杆效应变化。

一、全样本下 EGARCH 模型估计

以下分析在全样本区间，原油期货市场各个变量波动非对称杠杆效应 EGARCH 模型估计。为了和前述估计 GARCH（1，1）模型保持一致，我们将采用 EGARCH（1，1）模型进行实证估计，具体估计结果如表 6-9 所示：

表 6-9　　　　　　　全样本下 EGARCH 模型估计

模型	变量	系数	标准差	Z 统计量	P 值
原油期货价格收益波动 EGARCH (1, 1) 模型估计	ω_1	-0.652	0.104	-6.248	0.000
	α_1	0.292	0.033	8.881	0.000
	γ_1	-0.044	0.016	-2.660	0.008
	β_1	0.943	0.012	77.480	0.000
原油期货成交量波动 EGARCH (1, 1) 模型估计	ω_2	-2.479	0.132	-18.776	0.000
	α_2	0.778	0.098	7.964	0.000
	γ_2	-0.151	0.058	-2.617	0.009
	β_2	0.123	0.053	2.316	0.021
原油期货持仓量波动 EGARCH (1, 1) 模型估计	ω_2	-1.732	0.088	-19.665	0.000
	α_3	0.761	0.042	18.154	0.000
	γ_3	-0.741	0.041	-18.243	0.000
	β_3	0.709	0.019	37.314	0.000
原油期货库存波动 EGARCH (1, 1) 模型估计	ω_4	-7.042	0.435	-16.192	0.000
	α_4	0.065	0.014	4.575	0.000
	γ_4	-0.017	0.004	-4.089	0.000
	β_4	0.314	0.036	8.745	0.000

注：其中 ω 是常数项，α、β、γ 为系数，以下类同。

对上述的原油期货各个变量波动的 EGARCH (1, 1) 模型进行 ARCH 效应检验，结果如表 6-10 所示：

表 6-10　　　全样本下 EGARCH (1, 1) 模型 ARCH 效应检验

原油期货价格收益率 EGARCH (1, 1) 模型 ARCH 效应检验	F 统计量	0.329	P 值	0.566
	nR^2	0.330	P 值	0.566
原油期货成交量波动的 EGARCH (1, 1) 模型 ARCH 效应检验	F 统计量	0.106	P 值	0.745
	nR^2	0.106	P 值	0.744
原油期货持仓量波动的 EGARCH (1, 1) 模型 ARCH 效应检验	F 统计量	0.017	P 值	0.895
	nR^2	0.017	P 值	0.895
原油期货库存波动的 EGARCH (1, 1) 模型 ARCH 效应检验	F 统计量	0.009	P 值	0.924
	nR^2	0.009	P 值	0.924

由上述 ARCH 效应检验结果可以看到，检验统计量均不显著，对应的

P值均大于10%,说明模型均有效拟合了残差序列的条件异方差性,说明各个EGARCH模型的设定是有效的,根据上述检验结果得到结论如下:

(1) 原油期货价格收益波动EGARCH模型中非对称系数为 -0.044,表明序列存在弱的负的非对称杠杆效应,利空消息的影响大于利多消息的影响;利多消息对原油期货价格收益波动带来 $\alpha_1 + \gamma_1 = 0.248$ 倍的冲击影响;利空消息对原油期货价格收益波动带来 $\alpha_1 - \gamma_1 = 0.336$ 倍的冲击影响。

(2) 原油期货成交量波动EGARCH模型中非对称系数为 -0.151,表明序列存在负的非对称杠杆效应,利空消息的影响大于利多消息的影响;利多消息对原油期货成交量波动带来 $\alpha_2 + \gamma_2 = 0.627$ 倍的冲击影响;利空消息对原油期货成交量波动带来 $\alpha_2 - \gamma_2 = 0.929$ 倍的冲击影响。

(3) 原油期货持仓量波动EGARCH模型中非对称系数为 -0.741,表明序列存在负的较强的非对称杠杆效应,利空消息的影响远大于利多消息的影响;利多消息对原油期货持仓量波动带来 $\alpha_2 + \gamma_2 = 0.020$ 倍的冲击影响;利空消息对原油期货持仓量波动带来 $\alpha_2 - \gamma_2 = 1.503$ 倍的冲击影响。

(4) 原油期货库存波动EGARCH模型中非对称系数为 -0.017,表明序列存在较弱负的非对称杠杆效应,利空消息的影响微大于利多消息的影响;利多消息对原油期货库存波动带来 $\alpha_2 + \gamma_2 = 0.049$ 倍的冲击影响;利空消息对原油期货库存波动带来 $\alpha_2 - \gamma_2 = 0.082$ 倍的冲击影响,多空因素对其影响较小。

二、原油期权推出前后EGARCH模型估计对比分析

为了进一步分析原油期权推出后原油期货市场变量波动非对称性杠杆效应改善的情况,我们分别对原油期权推出前、后原油期货市场变量波动EGARCH模型估计进行比较分析,由于新冠疫情的影响,我们分别考虑新冠疫情出现后原油期权推出前、后对原油期货市场相关变量波动的非对称性杠杆效应的影响以及不考虑疫情的情况下,原油期权推出后对原油期货市场相关变量波动的非对称性杠杆效应的影响。我们分别对疫情出现后原油期权推出前、后原油期货市场变量波动EGARCH模型估计进行比较分析(具体检验结果限于篇幅省略),具体模型采用上述新冠疫情后原油期权推出前、后各个变量的ARMA模型形式及EGARCH模型形式。不考虑疫情

影响，原油期权推出前、后对原油期货相关变量波动影响的 EGARCH（1，1）模型估计进行比较分析（具体检验结果限于篇幅省略），具体模型采用上述原油期权推出前、后时间区间的各个变量的 ARMA 模型形式及 EGARCH（1，1）模型形式。具体模型参数估计比较结果如表 6－11 所示：

表 6－11　　原油期权推出前、后 EGARCH（1，1）模型估计比较

模型	时间区间	α	γ	α＋γ	α－γ
原油期货价格收益波动 EGARCH（1，1）模型估计	原油期权上市前	0.317 (0.000)	－0.091 (0.000)	0.226	0.407
	疫情出现后原油期权上市前	0.276 (0.003)	－0.097 (0.035)	0.180	0.373
	原油期权上市后	0.165 (0.009)	0.069 (0.058)	0.233	0.097
原油期货成交量波动 EGARCH（1，1）模型估计	原油期权上市前	0.092 (0.000)	－0.304 (0.001)	－0.213	0.396
	疫情出现后原油期权上市前	0.400 (0.000)	0.192 (0.005)	0.592	0.208
	原油期权上市后	0.038 (0.002)	－0.175 (0.005)	－0.137	0.213
原油期货持仓量波动 EGARCH（1，1）模型估计	原油期权上市前	0.880 (0.000)	－0.576 (0.000)	0.304	1.456
	疫情出现后原油期权上市前	1.085 (0.000)	－0.899 (0.000)	0.186	1.984
	原油期权上市后	0.697 (0.000)	－0.656 (0.000)	0.041	1.353
原油期货库存波动 EGARCH（1，1）模型估计	原油期权上市前	－0.076 (0.026)	－0.162 (0.000)	－0.238	0.085
	疫情出现后原油期权上市前	0.529 (0.000)	－0.301 (0.001)	0.227	0.830
	原油期权上市后	－1.054 (0.000)	－0.151 (0.000)	－1.204	－0.903

由表 6－11 结果可以看到，原油期权上市前及上市后的各个 EGARCH（1，1）模型估计参数均在 10% 水平下显著，我们通过以上参数进行对比

分析如下：

（1）原油期权推出前和推出后原油期货价格收益波动非对称性杠杆效应比较。是否考虑新冠疫情影响的两种情况下，原油期权推出前均有 $\gamma<0$ 且 $\alpha+\gamma<\alpha-\gamma$，结果和全样本分析结果相同，利空消息影响大于利多消息的影响；而原油期权推出后 $\gamma>0$ 且 $\alpha+\gamma>\alpha-\gamma$，利多消息的影响大于利空消息的影响。说明无论是否考虑新冠疫情影响下原油期权推出前、后非对称性杠杆效应均发生了变化，均由负的非对称性转变为正的非对称性，由于 $|\gamma|$ 值无论是否考虑新冠疫情影响，原油期权推出前的数值都基本相同，而在原油期权上市后均略变小，说明原油期货价格收益波动非对称性杠杆效应在原油期权上市后均略变小。由于原油期权推出前、后的 $\alpha+\gamma$，$\alpha-\gamma$ 数值均较小，正负非对称性均不明显。

为了更加直观地观察信息冲击产生的非对称性杠杆效应，以下分别作出原油期权推出前、新冠疫情出现后原油期权推出前、原油期权推出后原油期货价格收益波动的信息冲击曲线（见图6-3）。

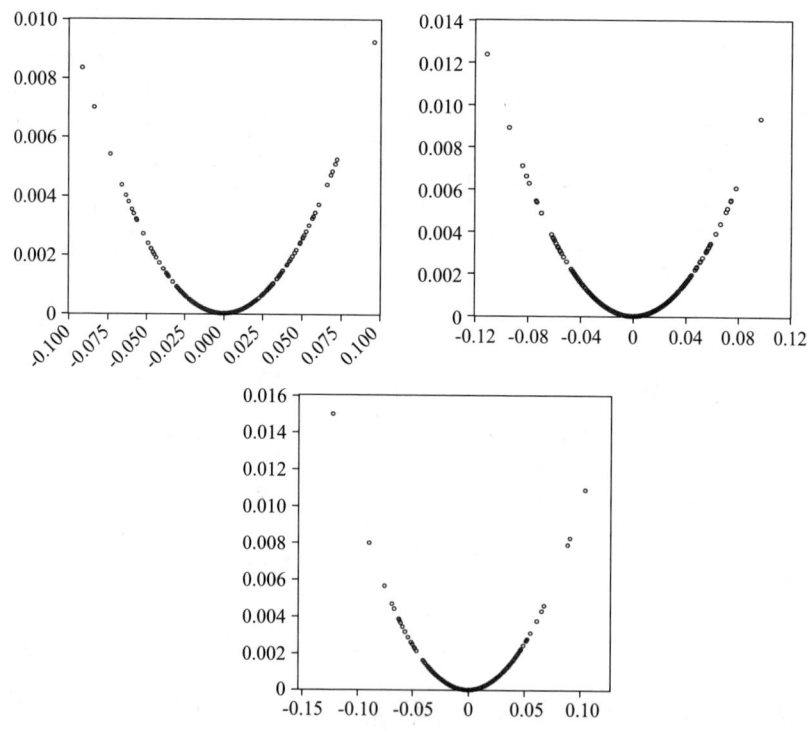

图6-3　原油期货价格信息冲击曲线图

第六章 原油期权对原油市场波动非对称性影响研究

从上述原油期权推出前、后原油期货价格信息冲击曲线可以看到,无论是否考虑新冠疫情影响,原油期权推出前、后均存在一定的非对称,非对称均由负转正,非对称性杠杆效应程度均不显著。从这里可以看到新冠疫情对原油期权推出前、后原油期货价格波动非对称性杠杆效应影响不够明显。

(2) 原油期权推出前、后原油期货成交量波动非对称性杠杆效应比较。在不考虑新冠疫情影响的情况下,原油期权推出前和推出后均有 $\gamma<0$ 且 $\alpha+\gamma<\alpha-\gamma$,结果和全样本分析结果相同,利空消息影响均大于利多消息的影响,原油期权推出前和推出后均为负的非对称性,对称性有所减弱。在考虑新冠疫情影响的情况下,新冠疫情出现后原油期权推出前 $\gamma>0$ 且 $\alpha+\gamma>\alpha-\gamma$,结果和全样本分析结果相反,利多消息影响大于利空消息的影响;而原油期权推出后 $\gamma<0$ 且 $\alpha+\gamma<\alpha-\gamma$,利空消息的影响大于利多消息的影响。说明在新冠疫情的影响下,新冠疫情出现后原油期权推出前和推出后非对称性杠杆效应发生了变化,由正的非对称性转变为负的非对称性。由于 $|\gamma|$ 值在原油期权上市后均变小,说明新冠疫情出现后原油期货成交量波动非对称性杠杆效应在原油期权上市后变小且减小的幅度小于不考虑新冠疫情影响下的杠杆效应。

为了更加直观地观察信息冲击产生的非对称性杠杆效应,以下分别作出原油期权推出前、疫情出现后原油期权推出前、原油期权推出后原油期货成交量波动的信息冲击曲线(见图6-4)。

从上述原油期权推出前、后原油期货成交量信息冲击曲线可以看到,在不考虑新冠疫情影响的情况下原油期权推出前、后均存在一定的负的非对称,原油期权推出后非对称性杠杆效应减弱。新冠疫情出现后原油期权推出前、后均存在一定的非对称,非对称由正转负,非对称性杠杆效应程度减弱。从这里可以看到新冠疫情对原油期权推出前原油期货成交量波动非对称性杠杆效应有一定的影响。

(3) 原油期权推出前、后原油期货持仓量波动非对称性杠杆效应比较。无论是否考虑新冠疫情影响,原油期权推出前、后均有 $\gamma<0$ 且 $\alpha+\gamma<\alpha-\gamma$,结果和全样本分析结果相同,利空消息影响均大于利多消息的影响。在不考虑新冠疫情影响的情况下,原油期权推出后的 $\alpha+\gamma$ 及 $\alpha-\gamma$ 数值均变小,说明利多消息的冲击及利空消息的冲击均变小;由于 $|\gamma|$ 值

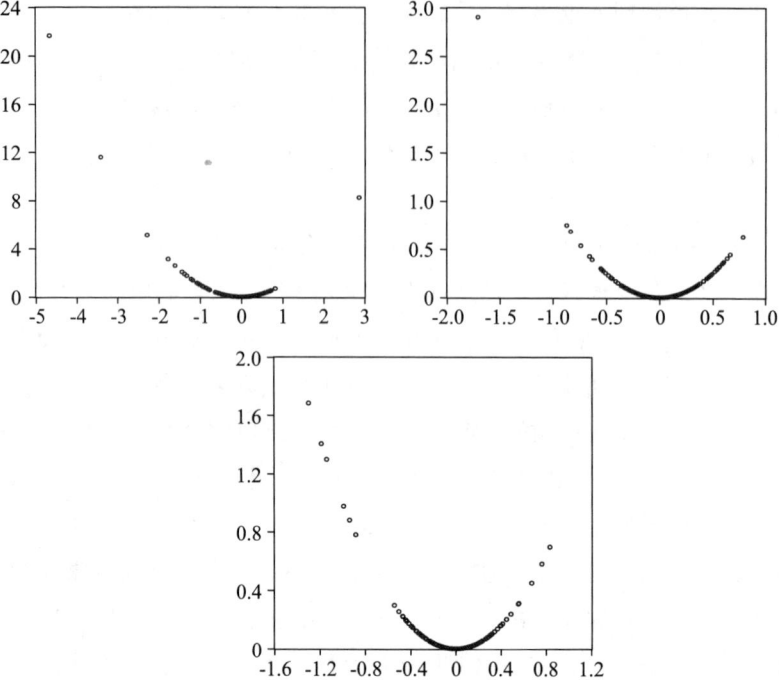

图6-4 原油期货成交量信息冲击曲线图

在原油期权上市后均变小,说明在不考虑新冠疫情影响的情况下,原油期货持仓量波动非对称性杠杆效应在原油期权上市后略变大。考虑在新冠疫情影响的情况下,利多消息的冲击及利空消息的冲击均变小,非对称性杠杆效应在原油期权上市后略变小。

为了更加直观地观察信息冲击产生的非对称性杠杆效应,以下分别作出原油期权推出前、新冠疫情出现后原油期权推出前、原油期权推出后原油期货库存波动的信息冲击曲线(见图6-5)。

从上述信息冲击曲线可以看到,无论是否考虑新冠疫情影响,原油期权推出前、后均存在一定的负的非对称,在不考虑新冠疫情影响的情况下,原油期权推出后非对称性杠杆效应略变大;在考虑新冠疫情影响的情况下,原油期权推出后原油期货持仓量波动的非对称性杠杆效应略变小。因此,新冠疫情对原油期权推出后原油期货持仓量波动的杠杆效应有一定的影响。

(4)原油期权推出前、后原油期货库存波动非对称性杠杆效应比较。无

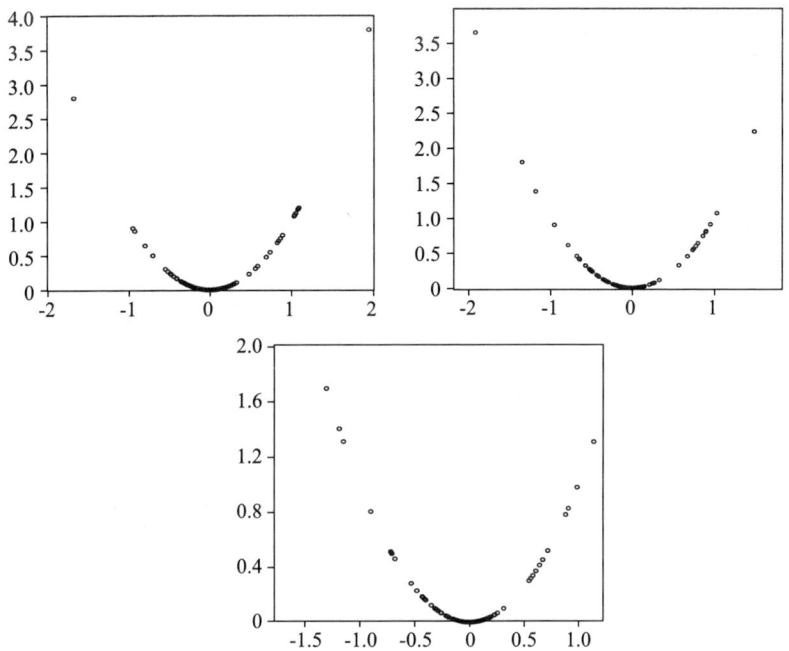

图 6-5 原油期货持仓量信息冲击曲线图

论是否考虑新冠疫情影响，原油期权推出前、后均有 $\gamma<0$ 且 $\alpha+\gamma<\alpha-\gamma$，结果和全样本分析结果相同，利空消息影响均大于利多消息的影响。无论是否考虑新冠疫情影响，原油期权推出后的 $\alpha+\gamma$ 及 $\alpha-\gamma$ 数值均变小，说明利多消息的冲击及利空消息的冲击均变小。$|\gamma|$ 值在原油期权上市后略变小，只是在考虑新冠疫情影响的情况下变小的程度稍大些，说明无论是否考虑新冠疫情的影响，原油期货库存波动非对称性杠杆效应在原油期权上市后变小。

为了更加直观地观察信息冲击产生的非对称性杠杆效应，以下分别作出原油期权推出前、疫情出现后原油期权推出前、原油期权推出后原油期货库存波动的信息冲击曲线（见图 6-6）。

从上述信息冲击曲线可以看到，无论是否考虑新冠疫情的影响，原油期权推出前、后均存在一定的负的非对称，原油期权推出后非对称性杠杆效应减弱。

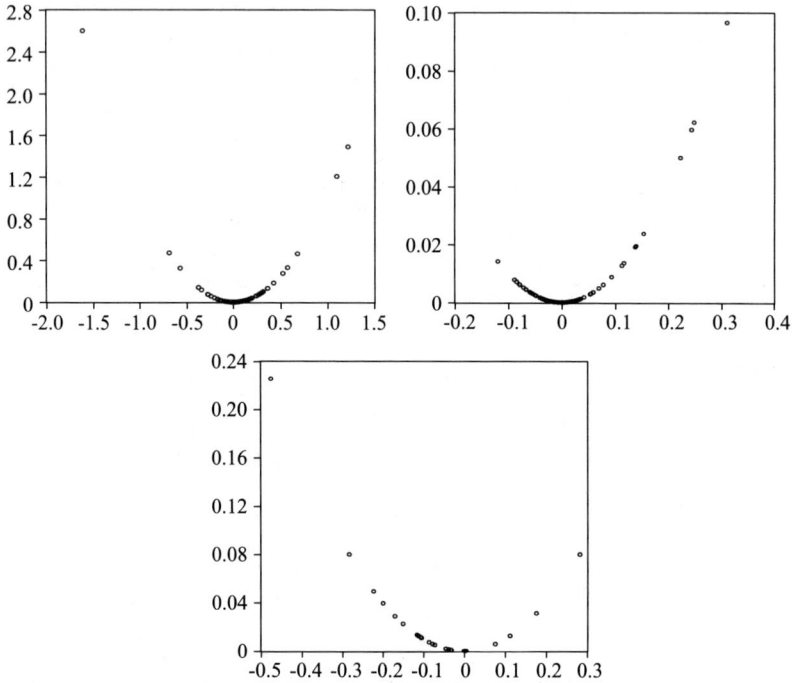

图 6-6　原油期货库存信息冲击曲线图

第八节　结论与建议

一、主要结论

本章采用 GARCH 类模型实证研究了原油期权推出对原油期货市场变量(价格、成交量、持仓量、库存)波动率及非对称杠杆效应的影响。得到如下结论:

第一,在不考虑新冠疫情影响的情况下,从全样本区间的角度来看,原油期权推出后信息冲击对原油期货价格收益率、持仓量、库存波动产生较长时间的波动性影响,而对成交量产生较短时间波动性影响;原油期权

第六章 原油期权对原油市场波动非对称性影响研究

推出加剧了原油期货价格收益波动性，降低了成交量、持仓量、库存波动性；原油期权推出后，原油期货价格市场处理信息速度有所下降，而对成交量、持仓量、库存市场处理信息速度有所上升。

第二，从考虑新冠疫情对原油期货市场的影响的角度来看，信息冲击对原油期货价格收益率、库存波动产生较长时间的波动性影响，而对成交量、持仓量产生较短时间波动性影响；新冠疫情出现提升了原油期货价格收益的波动性，降低了原油期货成交量、持仓量、库存波动的波动性，三者的降低的程度均有限。

第三，从考虑新冠疫情发生后原油期权推出对原油期货市场的影响来看，信息冲击对原油期货价格收益率产生较长时间的波动性影响，而对成交量、持仓量、库存均产生较短时间影响；在新冠疫情出现后原油期权推出对原油期货市场变量波动有一定的影响，在一定程度上增强了原油期货价格收益率波动，降低了原油期货成交量、持仓量及库存波动率。与原油期权推出前新冠疫情出现对原油期货市场变量波动相比，原油期货价格收益率波动增强程度减弱，成交量波动减弱程度降低，持仓量与库存波动率降低没有明显差异。

第四，针对非对称性杠杆效应来说，在不考虑新冠疫情影响的情况下，原油期货价格收益、成交量、持仓量、库存波动率均存在负的非对称杠杆效应，利空消息的影响均大于利多消息的影响，其中成交量与持仓量波动的负的杠杆效应较大。考虑新冠疫情影响的情况下，原油期权推出前、后原油期货价格收益波动非对称性杠杆效应均发生了变化，均由负的非对称性转变为正的非对称性杠杆效应。考虑新冠疫情影响下原油期权推出前、后成交量波动存在一定的负的非对称，新冠疫情出现后原油期货成交量波动非对称性杠杆效应在原油期权上市后变小且减小的幅度小于不考虑新冠疫情影响下的杠杆效应。无论是否考虑新冠疫情的影响，原油期权推出前、后持仓量波动均存在一定的负的非对称，不考虑新冠疫情影响下，原油期权推出后非对称性杠杆效应略变大；考虑新冠疫情影响的情况下，原油期权推出后原油期货持仓量波动的非对称性杠杆效应略减弱。无论是否考虑新冠疫情的影响，原油期权推出前、后库存波动均存在一定的负的非对称，原油期权推出后非对称性杠杆效应减弱。

二、相关建议

综上所述,原油期权的推出对原油期货市场微观变量的波动性及非对称性杠杆效应产生了一定的影响,为了更好地发挥原油等商品期权的作用,建议如下:

(一) 采取多种形式提升投资者教育

由于原油期权等商品期权推出的时间比较晚,作为期货市场新的交易品种,投资者对其了解有限,而且商品期权的定价更为复杂,需应用到复杂的期权定价模型,增加了投资者参与的交易难度,交易所等机构可以在线上或者线下开展形式多样的投资者教育,提升投资者的认知水平,不断扩大投资者参与的规模。

(二) 不断丰富商品期货期权品种

目前,国内商品市场已经推出了部分商品期权品种,但推出的品种数量仍然比较少,为了满足投资者的避险及投资需求,需尽可能推出更多的现有商品期货期权,确保期货市场健康发展。另外,针对单一品种的商品期权也可以考虑推出小合约的迷你期权等,以达到活跃市场,满足市场多样化需求的目的。

(三) 为满足国际化的需要应不断完善相关规则

国内商品期权作为一种创新品种,还在不断发展。有些品种比如原油期权参与的门槛相对过高,可以考虑随着市场的发展,适当降低投资者参与的门槛。另外,对一些已上市的商品期权品种来说,为适应市场发展及国际化的需要,应适当改进和完善相关的交易规则,比如目前商品期权的做市商制度应逐步放开管制,做到自我调价等,这样更有利于活跃市场,吸引更多的国际投资者进入国内市场。

(四) 不断改进和提升商品期权市场技术设施及水平

原油等商品期权的定价规则十分复杂,因而对期权交易的技术设施及技术水平要求较高，对期权的结算来说，对保证金管理的同时还要考虑市场价格波动及波动率，需要升级原有的清算系统。投资者需要的期权交易软件要能够提供期权定价模型的各种交易策略，并且需要操作简单，提高投资者参与期权的便利度，这些都要求交易所及经纪公司不断提升期权交易技术水平，不断改进技术设施。

（五）在期货法的监管框架内加强监管

《期货和衍生品法》的出台规范了中国期货市场的发展，由于期权定价及交易的复杂性，期权交易市场可能会出现一些风险，比如专业投资者利用专业优势可能会对期权交易市场产生过度投机，因此在期货法的框架内，加强对过度投机炒作等的市场行为进行监管，确保期货期权市场的稳健运行。

最后需要说明：由于原油期权推出的时间相对较短，随着时间的推移，研究样本时间长度扩大，且研究采用的数据频度不同，比如采用周度、月度等不同时间频度的样本数据研究结果可能有不同的结论。因此，针对原油市场的研究任重道远，不断改进研究方法，动态调整模型才能不断取得有价值的研究成果。

附 表

附表 1　国内原油期货价格影响因素及定价模型实证研究数据

日期	INE原油期货月度收盘价（元/桶）	INE原油期货月度成交量（手）	INE原油期货月度持仓量（手）	INE期货原油库存（桶）	原油现货价格（中国南海，美元/桶）	原油现货价格（中国胜利，环太平洋，美元/桶）	原油现货价格［英国布伦特（Dtd），美元/桶］	原油现货价格［美国西得克萨斯中级轻质原油（WTI），美元/桶］	原油现货价格（阿联酋迪拜，环太平洋，美元/桶）
2018年3月	420.3	273,686	7,058	0	65.5	62.1	67.3	64.9	65.4
2018年4月	444.2	1,242,992	16,256	0	69.5	65.7	74.4	68.1	70.8
2018年5月	472.5	3,752,178	33,824	0	72.8	68.7	76.5	67.0	75.4
2018年6月	494.8	4,589,746	36,364	500,000	73.3	69.3	77.9	74.2	75.8
2018年7月	513.2	5,556,008	30,572	100,000	70.9	66.3	74.4	68.8	73.6
2018年8月	524.0	5,608,472	33,620	601,000	73.9	67.8	77.4	69.8	75.7
2018年9月	563.6	5,473,198	44,052	801,000	77.8	71.2	82.6	73.3	80.0
2018年10月	535.1	6,143,084	33,890	801,000	73.2	69.8	74.2	65.3	76.7
2018年11月	418.1	8,212,218	36,168	2,724,000	56.9	50.9	57.2	50.9	58.8
2018年12月	379.1	9,405,504	43,220	2,724,000	51.1	45.1	50.3	45.3	53.1

续表

日期	INE原油期货月度收盘价（元/桶）	INE原油期货月度成交量（手）	INE原油期货月度持仓量（手）	INE期货原油库存（桶）	原油现货价格（中国南海，美元/桶）	原油现货价格（中国胜利，环太平洋，美元/桶）	原油现货价格[英国布伦特（Dtd），美元/桶]	原油现货价格[美国西得克萨斯中级轻质原油（WTI），美元/桶]	原油现货价格（阿联酋迪拜，环太平洋，美元/桶）
2019年1月	431.6	10,934,266	42,048	3,075,000	59.5	54.4	62.4	53.8	61.8
2019年2月	439.7	3,771,050	43,972	2,774,000	63.8	59.6	65.3	57.2	66.2
2019年3月	457.9	5,457,086	36,078	2,573,000	65.0	60.3	68.2	60.1	67.3
2019年4月	487.6	5,080,000	36,922	3,414,000	70.0	64.4	72.6	63.9	71.7
2019年5月	447.7	5,624,672	33,298	3,066,000	63.5	59.0	65.7	53.5	64.0
2019年6月	443.5	6,463,972	36,602	1,611,000	63.2	59.2	66.4	58.5	65.0
2019年7月	446.4	5,679,882	31,578	1,860,000	63.0	58.9	64.0	58.6	64.6
2019年8月	439.5	5,024,774	29,152	1,860,000	58.5	63.3	59.4	55.1	59.7
2019年9月	447.0	4,621,314	23,548	2,860,000	60.6	64.4	61.1	54.1	61.2
2019年10月	449.3	2,265,218	31,168	2,444,000	60.9	64.9	59.4	54.2	61.2
2019年11月	463.5	3,031,130	31,870	4,356,000	64.0	67.4	63.2	55.2	64.1
2019年12月	483.5	3,346,120	23,718	2,642,000	68.7	72.8	67.0	61.1	67.5
2020年1月	447.2	1,261,468	12,402	2,268,000	63.7	67.9	61.3	55.6	63.0
2020年2月	360.0	515,951	28,975	2,922,000	49.9	54.8	50.6	44.8	49.3
2020年3月	265.3	1,289,450	43,960	3,398,000	21.2	28.9	17.9	20.5	23.7

续表

日期	INE原油期货月度收盘价（元/桶）	INE原油期货月度成交量（手）	INE原油期货月度持仓量（手）	INE期货原油库存（桶）	原油现货价格（中国南海，美元/桶）	原油现货价格（中国胜利，环太平洋，美元/桶）	原油现货价格[英国布伦特（Dtd），美元/桶]	原油现货价格[美国西得克萨斯中级轻质原油（WTI），美元/桶]	原油现货价格（阿联酋迪拜，环太平洋，美元/桶）
2020年4月	248.7	2,366,290	50,433	8,164,000	13.0	24.5	19.9	18.8	20.9
2020年5月	275.2	3,674,573	51,200	20,398,000	28.6	35.0	34.6	35.5	35.1
2020年6月	292.4	3,024,476	42,889	34,670,000	37.5	42.4	41.9	39.3	42.1
2020年7月	286.1	2,321,666	54,559	45,290,000	39.3	46.1	43.2	40.3	43.3
2020年8月	298.0	1,716,669	52,152	44,158,000	38.6	47.6	45.0	42.6	46.0
2020年9月	254.7	2,170,152	30,004	36,625,000	33.8	40.4	40.9	40.2	40.4
2020年10月	223.7	1,738,259	45,499	34,473,000	31.1	38.5	36.3	35.8	37.4
2020年11月	281.6	2,879,403	47,247	32,214,000	41.3	48.4	46.6	45.3	47.1
2020年12月	301.7	3,278,813	31,114	29,257,000	45.7	52.7	50.7	48.5	51.2
2021年1月	335.0	2,544,943	36,018	24,392,000	48.7	56.6	55.2	52.2	54.9
2021年2月	405.9	1,693,521	38,669	22,822,000	59.4	67.9	66.1	61.5	64.4
2021年3月	399.7	3,812,487	30,560	18,642,000	57.9	65.5	64.0	59.2	63.5
2021年4月	420.1	2,732,432	33,686	17,052,000	60.7	68.3	67.3	63.6	65.5
2021年5月	428.8	2,104,110	33,549	18,939,000	62.9	69.9	71.8	66.9	68.1
2021年6月	459.0	2,463,965	39,989	14,022,000	67.6	74.1	76.3	73.5	73.0

续表

日期	INE 原油期货月度收盘价（元/桶）	INE 原油期货月度成交量（手）	INE 原油期货月度持仓量（手）	INE 期货原油库存（桶）	原油现货价格（中国南海，美元/桶）	原油现货价格（中国胜利，环太平洋，美元/桶）	原油现货价格[英国布伦特（Dtd），美元/桶]	原油现货价格[美国西得克萨斯中级轻质原油（WTI），美元/桶]	原油现货价格（阿联酋油菜，环太平洋，美元/桶）
2021年7月	452.2	2,490,198	32,083	13,415,000	68.7	74.2	76.3	74.0	73.9
2021年8月	440.8	2,568,951	32,426	10,174,000	64.8	70.7	72.6	68.5	71.2
2021年9月	494.6	2,005,600	22,563	6,981,000	73.0	79.2	79.1	75.0	76.1
2021年10月	525.5	1,714,804	29,943	6,981,000	78.9	84.3	83.7	83.6	82.7
2021年11月	447.8	2,858,753	30,848	6,287,000	68.4	71.8	71.0	66.2	72.0
2021年12月	499.0	3,818,483	32,206	6,287,000	74.5	79.7	77.3	75.2	77.3
2022年1月	534.5	2,543,776	26,406	6,287,000	86.2	91.3	92.7	88.2	88.6
2022年2月	621.2	2,617,601	38,230	6,287,000	95.9	100.4	103.3	95.7	96.9
2022年3月	675.1	4,890,522	25,559	6,287,000	106.5	109.9	110.3	100.3	107.7
2022年4月	673.4	3,515,313	22,387	5,617,000	105.5	109.9	108.3	104.7	105.6
2022年5月	757.2	3,471,947	36,732	8,071,000	120.8	122.6	124.5	114.7	116.4
2022年6月	720.6	4,161,412	29,260	6,083,000	118.0	119.6	120.5	105.8	113.6
2022年7月	686.6	4,837,983	41,643	1,970,000	109.1	110.4	114.3	98.6	107.5
2022年8月	716.5	3,632,562	37,870	1,970,000	96.5	98.2	96.7	89.6	98.0
2022年9月	634.4	2,901,976	23,436	4,251,000	87.8	89.2	88.0	79.5	89.7

续表

日期	INE 原油期货月度收盘价（元/桶）	INE 原油期货月度成交量（手）	INE 原油期货月度持仓量（手）	INE 期货原油库存（桶）	原油现货价格（中国南海，美元/桶）	原油现货价格（中国胜利，环太平洋，美元/桶）	原油现货价格[英国布伦特（Dtd），美元/桶]	原油现货价格[美国西得萨斯中级轻质原油（WTI），美元/桶]	原油现货价格（阿联酋迪拜，环太平洋，美元/桶）
2022年10月	679.8	1,749,429	27,186	4,251,000	92.3	94.2	93.0	86.5	90.8
2022年11月	570.6	2,662,768	36,550	6,172,000	83.6	86.2	86.6	80.6	80.6
2022年12月	562.8	3,089,953	24,285	10,166,000	80.5	82.4	81.4	80.3	78.8
2023年1月	540.5	1,700,169	22,771	10,166,000	81.1	83.5	84.3	78.9	81.1
2023年2月	548.2	2,400,056	29,050	10,163,000	78.4	82.2	83.3	77.1	82.2
2023年3月	527.4	3,630,856	32,585	11,701,000	73.4	77.6	79.2	75.7	78.3
2023年4月	531.7	2,111,169	25,645	13,014,000	73.2	78.5	82.0	76.8	79.9
2023年5月	503.9	2,530,620	29,466	11,001,000	68.2	73.4	73.0	68.1	72.3
2023年6月	546.1	2,538,607	26,528	11,900,000	70.3	75.0	75.2	70.6	76.8
2023年7月	610.8	2,760,735	40,135	10,398,000	81.2	84.4	85.9	81.8	85.8
2023年8月	643.4	3,464,646	30,727	3,800,000	83.6	88.0	87.6	83.6	87.6
2023年9月	717.0	2,802,562	28,001	5,118,000	91.9	95.0	96.4	90.8	96.3
2023年10月	653.8	2,691,876	29,626	5,118,000	85.0	87.2	88.8	81.0	88.2
2023年11月	589.4	4,334,176	33,714	5,118,000	80.8	85.1	80.6	76.0	85.5
2023年12月	542.7	4,205,275	31,942	5,118,000	71.0	79.1	77.8	71.7	77.3

续表

日期	原油现货价格(环太平洋,阿曼,美元/桶)	原油现货价格(阿尔及利亚撒哈拉原油,美元/桶)	原油现货价格(利比亚锡德尔原油,美元/桶)	原油现货价格(阿联酋穆尔班原油,美元/桶)	原油现货价格(科威特出口原油,美元/桶)	原油现货价格(安哥拉卡宾达原油,美元/桶)	原油现货价格(尼日利亚博尼轻质原油,美元/桶)	原油现货价格(伊拉克巴士拉轻质原油,美元/桶)	原油现货价格(沙特阿拉伯轻质原油,美元/桶)	原油现货价格(委内瑞拉BCF17原油,美元/桶)
2018年3月	65.5	66.7	64.9	66.3	62.2	66.9	67.1	62.3	64.4	56.9
2018年4月	70.8	72.1	70.4	71.0	67.0	71.8	72.8	67.1	68.9	60.2
2018年5月	75.4	77.3	75.3	76.7	72.6	76.8	77.7	72.8	74.7	68.3
2018年6月	75.8	73.4	72.3	76.2	72.4	73.5	74.9	71.9	74.3	69.3
2018年7月	73.7	73.9	72.4	76.0	72.3	74.4	75.1	72.0	74.2	70.4
2018年8月	75.4	72.6	70.7	74.9	71.8	73.2	73.3	71.1	73.4	67.4
2018年9月	79.9	79.6	77.1	78.8	76.8	79.5	79.5	76.2	78.2	69.3
2018年10月	75.9	81.1	79.6	81.3	78.6	82.2	82.1	78.3	80.0	75.3
2018年11月	58.9	65.0	63.1	68.1	65.2	65.7	65.9	64.1	66.4	65.9
2018年12月	53.3	56.4	55.7	59.3	57.1	57.5	57.8	56.1	58.2	49.9
2019年1月	62.0	59.3	58.3	60.8	58.7	60.0	60.5	58.2	59.6	50.9
2019年2月	66.3	64.3	63.2	65.6	63.9	65.3	65.2	63.3	64.9	55.9
2019年3月	67.3	66.4	65.4	68.0	66.8	67.2	67.7	66.1	67.4	57.8
2019年4月	72.3	71.2	70.5	71.5	71.2	72.9	72.8	70.5	71.9	59.0

续表

日期	原油现货价格（环太平洋，阿曼，美元/桶）	原油现货价格（阿尔及利亚，撒哈纳原油，美元/桶）	原油现货价格（利比亚锡德尔原油，美元/桶）	原油现货价格（阿联酋穆尔班原油，美元/桶）	原油现货价格（科威特出口原油，美元/桶）	原油现货价格（安哥拉吉拉索原油，美元/桶）	原油现货价格（尼日利亚博尼轻质原油，美元/桶）	原油现货价格（伊拉克巴士拉轻质原油，美元/桶）	原油现货价格（沙特阿拉伯轻质原油，美元/桶）	原油现货价格（委内瑞拉BCF17原油，美元/桶）
2019年5月	63.9	71.2	70.3	69.7	70.1	73.0	72.2	69.8	70.8	59.2
2019年6月	65.1	64.8	63.6	62.8	62.6	65.7	65.6	62.7	63.5	54.0
2019年7月	64.6	63.9	63.4	64.9	64.9	66.0	66.0	64.4	65.6	61.8
2019年8月	59.7	58.2	58.4	60.2	60.4	61.6	60.5	59.2	60.8	49.2
2019年9月	60.9	62.5	62.3	62.4	62.2	65.4	64.0	61.9	62.7	61.8
2019年10月	61.4	60.5	59.8	60.9	60.5	61.3	61.5	59.5	61.0	45.7
2019年11月	64.2	63.9	63.5	63.5	63.7	65.7	63.7	62.5	64.0	43.4
2019年12月	67.5	68.1	67.6	66.7	66.3	69.7	68.2	65.8	67.5	49.9
2020年1月	63.4	65.3	63.6	66.1	65.4	65.4	65.9	64.1	66.6	55.9
2020年2月	49.2	57.9	54.7	57.1	55.9	57.3	57.8	54.8	56.8	36.0
2020年3月	23.5	37.5	34.6	40.5	36.6	36.0	36.7	35.8	37.6	21.5
2020年4月	21.4	17.1	14.6	23.9	17.2	14.7	15.5	16.8	18.3	7.0
2020年5月	35.4	26.3	24.6	28.2	24.5	28.6	24.9	24.7	25.0	16.3
2020年6月	42.1	40.5	38.7	39.3	35.6	43.1	39.0	37.2	36.1	24.7

续表

日期	原油现货价格（环太平洋，阿曼原油，美元/桶）	原油现货价格（阿尔及利亚撒哈纳原油，美元/桶）	原油现货价格（利比亚赛德尔原油，美元/桶）	原油现货价格（阿联酋穆尔班原油，美元/桶）	原油现货价格（科威特出口原油，美元/桶）	原油现货价格（安哥拉卡宾达原油，美元/桶）	原油现货价格（尼日利亚博尼轻质原油，美元/桶）	原油现货价格（伊拉克巴士拉轻质原油，美元/桶）	原油现货价格（沙特阿拉伯轻质原油，美元/桶）	原油现货价格（委内瑞拉BCF17原油，美元/桶）
2020年7月	43.3	44.1	42.2	43.7	43.3	45.8	43.5	44.6	43.5	28.3
2020年8月	47.0	45.6	43.7	45.5	45.1	45.8	45.4	46.1	45.3	35.2
2020年9月	40.8	41.0	39.2	41.9	42.1	41.1	40.8	42.1	42.1	28.2
2020年10月	37.6	39.8	37.7	41.1	40.4	40.7	39.6	40.6	40.3	26.2
2020年11月	47.8	42.6	40.2	43.1	43.0	44.1	41.9	43.1	43.0	27.1
2020年12月	51.4	50.0	48.1	49.5	49.4	51.5	49.6	50.0	49.2	32.7
2021年1月	54.8	55.1	53.1	54.9	54.8	55.8	55.0	54.7	54.8	37.4
2021年2月	64.3	62.4	60.8	61.0	61.3	63.0	62.2	61.4	61.5	42.9
2021年3月	63.5	65.8	63.6	64.3	64.9	66.0	65.6	65.2	65.2	46.5
2021年4月	65.5	64.0	62.1	63.4	63.8	64.0	64.2	63.5	64.1	46.2
2021年5月	68.4	67.8	66.2	66.8	67.5	68.4	67.6	67.0	67.7	49.1
2021年6月	73.1	72.3	71.0	72.3	72.5	73.5	72.2	71.8	72.8	53.5
2021年7月	74.6	75.3	73.6	73.6	73.8	75.5	75.4	73.4	74.2	54.5
2021年8月	71.4	71.1	69.5	69.9	71.1	70.9	71.2	70.4	71.4	51.8

续表

日期	原油现货价格（环太平洋，阿曼原油，美元/桶）	原油现货价格（阿尔及利亚撒哈纳原油，美元/桶）	原油现货价格（利比亚锡德尔原油，美元/桶）	原油现货价格（阿联酋穆班原油，美元/桶）	原油现货价格（科威特出口原油，美元/桶）	原油现货价格（安哥拉拉索原油，美元/桶）	原油现货价格（尼日利亚博尼轻质原油，美元/桶）	原油现货价格（伊拉克巴士拉轻质原油，美元/桶）	原油现货价格（沙特阿拉伯轻质原油，美元/桶）	原油现货价格（委内瑞拉BCF17原油，美元/桶）
2021年9月	76.4	73.9	72.8	73.4	74.9	74.8	74.1	73.8	75.0	55.0
2021年10月	82.8	83.5	81.6	82.7	82.7	84.5	82.9	81.5	82.8	62.7
2021年11月	72.1	82.0	80.3	82.1	81.1	82.3	80.7	79.6	80.8	61.2
2021年12月	77.2	75.5	73.4	74.6	75.4	75.2	74.4	74.1	75.5	54.9
2022年1月	88.5	88.2	86.2	85.1	86.3	88.3	86.9	84.9	86.2	63.6
2022年2月	97.0	100.7	98.1	94.2	93.8	100.8	98.8	94.2	93.8	71.0
2022年3月	107.9	121.8	117.9	112.5	113.3	121.6	120.7	112.7	113.0	88.1
2022年4月	105.6	109.4	104.4	104.5	107.5	105.3	106.4	105.9	107.2	83.4
2022年5月	116.4	115.3	113.2	110.0	116.8	114.0	115.1	113.2	116.4	88.1
2022年6月	113.5	128.3	125.0	117.5	117.3	127.0	125.2	117.4	117.3	92.3
2022年7月	107.5	115.8	114.0	106.0	109.2	119.2	117.6	107.5	109.0	84.7
2022年8月	98.0	104.2	101.2	98.0	103.8	106.0	106.1	101.5	104.9	80.0
2022年9月	89.7	92.7	90.5	92.5	98.7	92.3	95.7	95.9	99.3	73.7
2022年10月	90.8	95.7	93.9	93.5	94.7	95.6	95.0	94.9	96.2	71.6

续表

日期	原油现货价格（环太平洋，阿曼，美元/桶）	原油现货价格（阿尔及利亚，撒哈纳原油，美元/桶）	原油现货价格（利比亚锡德尔原油，美元/桶）	原油现货价格（阿联酋穆尔班原油，美元/桶）	原油现货价格（科威特出口原油，美元/桶）	原油现货价格（安哥拉吉拉索原油，美元/桶）	原油现货价格（尼日利亚博尼轻质原油，美元/桶）	原油现货价格（伊拉克巴士拉轻质原油，美元/桶）	原油现货价格（沙特阿拉伯轻质原油，美元/桶）	原油现货价格（委内瑞拉BCF17原油，美元/桶）
2022年11月	80.7	93.6	91.3	90.9	90.1	92.8	92.8	91.2	91.6	66.9
2022年12月	78.9	83.0	77.5	80.2	80.5	78.7	80.7	81.3	82.4	58.2
2023年1月	81.1	83.8	81.0	82.5	82.9	82.1	82.4	83.2	83.8	61.7
2023年2月	82.8	84.1	81.5	83.4	83.2	84.1	82.9	83.5	83.6	62.0
2023年3月	78.1	80.3	77.4	79.6	79.9	80.3	79.2	79.9	80.3	57.3
2023年4月	79.9	85.4	84.0	84.1	85.5	87.0	85.9	84.9	85.7	62.6
2023年5月	72.5	76.4	75.3	75.7	77.4	77.2	75.6	76.7	77.7	56.2
2023年6月	76.8	75.2	74.2	75.5	76.4	76.3	74.2	76.4	77.2	57.4
2023年7月	85.8	80.3	79.7	80.8	82.4	82.1	79.9	82.1	83.5	63.3
2023年8月	88.0	86.7	86.4	87.2	88.8	89.1	86.5	88.4	89.6	68.5
2023年9月	96.2	95.2	94.3	93.9	95.7	97.5	95.5	95.2	96.5	75.5
2023年10月	88.3	93.3	92.1	91.0	92.9	95.7	94.0	92.2	93.4	72.5
2023年11月	85.6	84.8	83.4	83.3	86.3	83.2	86.2	85.3	87.3	70.7
2023年12月	77.1	78.8	77.8	77.7	80.1	78.9	79.8	79.5	81.3	65.2

续表

日期	ICE布油期货连续收盘价（美元/桶）	NYMEX轻质原油期货连续收盘价（美元/桶）	世界石油总产量当月值（千桶/日）	中国天然原油产量当月值（千桶/日）	原油加工产量（石油制品）当月值（吨）	原油进口数量当月值（万吨）	国内工业增加值（定基指数，2010年为100）	居民消费价格指数（去年同月=100）	PPI（去年同月=100）	上证指数月末收盘值（点）
2018年3月	70.2	64.9	99,620.8	1,595.6	51,513,000	3,917	192.0	102.1	103.1	3,168.9
2018年4月	74.4	68.0	99,639.9	1,551.0	49,584,000	3,946	176.9	101.8	103.4	3,082.2
2018年5月	77.6	67.1	99,591.5	1,597.3	50,660,000	3,905	184.8	101.8	104.1	3,095.5
2018年6月	79.4	74.3	100,447.9	1,584.6	49,779,000	3,435	207.6	101.9	104.7	2,847.4
2018年7月	74.3	68.4	101,224.1	1,585.5	50,750,000	3,602	186.6	102.1	104.6	2,876.4
2018年8月	77.5	69.9	101,826.6	1,599.7	50,315,000	3,838	187.3	102.3	104.1	2,725.3
2018年9月	82.7	73.6	101,639.5	1,517.6	51,341,000	3,721	201.8	102.5	103.6	2,821.4
2018年10月	75.5	64.9	102,466.9	1,608.9	52,784,000	4,080	195.6	102.5	103.3	2,602.8
2018年11月	58.7	50.7	102,586.0	1,553.4	50,457,000	4,287	204.3	102.2	102.7	2,588.2
2018年12月	52.2	45.1	101,978.8	1,633.3	51,169,000	4,378	220.2	101.9	100.9	2,493.9
2019年1月	61.9	54.0	100,433.1	1,598.5	51,470,000	4,260	190.1	101.7	100.1	2,584.6
2019年2月	66.0	57.3	100,223.3	1,595.1	51,032,000	3,923	138.4	101.5	100.1	2,941.0
2019年3月	68.4	60.2	100,349.4	1,654.2	53,037,000	3,934	208.3	102.3	100.4	3,090.8
2019年4月	72.8	63.5	100,533.8	1,571.1	52,103,000	4,373	186.5	102.5	100.9	3,078.3

续表

日期	ICE 布油期货连续收盘价（美元/桶）	NYMEX 轻质原油期货连续收盘价（美元/桶）	世界石油总产量当月值（千桶/日）	中国天然原油产量当月值（千桶/日）	原油加工产量（石油制品）当月值（吨）	原油进口数量当月值（万吨）	国内工业增加值（定基指数，2010年为100）	居民消费价格指数（去年同月=100）	PPI（去年同月=100）	上证指数月末收盘值（点）
2019年5月	64.5	53.4	100,292.5	1,623.0	51,899,000	4,023	194.1	102.7	100.6	2,898.7
2019年6月	66.5	58.2	100,605.0	1,610.0	53,695,000	3,958	220.7	102.7	100.0	2,978.9
2019年7月	65.2	57.9	99,969.0	1,628.7	52,595,000	4,104	195.6	102.8	99.7	2,932.5
2019年8月	60.4	55.2	101,210.2	1,618.2	54,003,000	4,217	195.5	102.8	99.2	2,886.2
2019年9月	60.8	54.2	99,262.9	1,564.3	56,486,000	4,124	213.5	103.0	98.8	2,905.2
2019年10月	60.2	54.1	101,299.6	1,611.3	57,835,000	4,551	204.8	103.8	98.4	2,929.1
2019年11月	62.4	55.4	101,980.0	1,570.4	56,080,000	4,574	217.0	104.5	98.6	2,872.0
2019年12月	66.0	61.2	101,702.3	1,606.5	58,509,000	4,548	235.4	104.5	99.5	3,050.1
2020年1月	62.1	55.7	101,392.2	1,596.1	57,474,667	4,610	181.9	105.4	100.1	2,976.5
2020年2月	50.5	45.3	100,254.1	1,591.0	57,354,556	3,998	102.6	105.2	99.6	2,880.3
2020年3月	22.7	20.1	100,487.2	1,656.3	50,037,000	4,110	206.0	104.3	98.5	2,750.3
2020年4月	25.4	19.1	100,303.8	1,587.5	53,850,000	4,043	193.8	103.3	96.9	2,860.1
2020年5月	35.3	35.3	88,553.9	1,645.6	57,904,000	4,797	202.6	102.4	96.3	2,852.4
2020年6月	41.1	39.8	88,542.6	1,624.2	57,872,000	5,318	231.3	102.5	97.0	2,984.7

续表

日期	ICE布油期货连续收盘价（美元/桶）	NYMEX轻质原油期货连续收盘价（美元/桶）	世界石油总产量当月值（千桶/日）	中国天然原油产量当月值（千桶/日）	原油加工产量（石油制品）当月值（吨）	原油进口数量当月值（万吨）	国内工业增加值（定基指数，2010年为100）	居民消费价格指数（去年同月=100）	PPI（去年同月=100）	上证指数月末收盘值（点）
2020年7月	43.3	40.4	90,269.8	1,646.3	59,561,000	5,129	205.0	102.7	97.6	3,310.0
2020年8月	45.6	42.8	91,268.2	1,665.1	59,474,000	4,748	206.4	102.4	98.0	3,395.7
2020年9月	41.0	39.9	91,212.0	1,609.6	57,351,000	4,848	228.2	101.7	97.9	3,218.1
2020年10月	37.5	35.7	91,490.7	1,641.2	59,817,000	4,256	218.9	100.5	97.9	3,224.5
2020年11月	47.6	45.1	93,386.4	1,596.5	58,350,000	4,536	232.2	99.5	98.5	3,391.8
2020年12月	51.7	48.4	92,438.5	1,626.8	60,000,000	3,847	252.6	100.2	99.6	3,473.1
2021年1月	55.9	52.1	93,886.4	1,621.5	59,389,000	4,459	228.1	99.7	100.3	3,483.1
2021年2月	66.0	61.7	90,514.7	1,614.9	59,246,333	4,498	156.3	99.8	101.7	3,509.1
2021年3月	63.6	59.4	93,829.3	1,709.4	59,791,000	4,966	235.0	100.4	104.4	3,441.9
2021年4月	67.3	63.5	94,009.1	1,640.7	57,904,000	4,036	212.8	100.9	106.8	3,446.9
2021年5月	69.5	66.6	94,994.1	1,702.8	60,501,000	4,097	220.4	101.3	109.0	3,615.5
2021年6月	75.1	73.5	95,540.7	1,666.8	60,820,000	4,013	250.5	101.1	108.8	3,591.2
2021年7月	76.3	73.8	97,079.4	1,687.0	59,060,000	4,124	218.1	101.0	109.0	3,397.4
2021年8月	73.0	68.5	96,524.9	1,702.8	58,345,000	4,453	217.3	100.8	109.5	3,543.9

续表

日期	ICE布油期货连续收盘价（美元/桶）	NYMEX轻质原油期货连续收盘价（美元/桶）	世界石油总产量当月值（千桶/日）	中国天然原油产量当月值（千桶/日）	原油加工产量（石油制品）当月值（吨）	原油进口数量当月值（万吨）	国内工业增加值（定基指数，2010年为100）	居民消费价格指数（去年同月=100）	PPI（去年同月=100）	上证指数月末收盘值（点）
2021年9月	78.5	75.1	96,772.3	1,661.0	56,072,000	4,105	235.3	100.7	110.7	3,568.2
2021年10月	84.4	83.2	98,103.0	1,682.6	58,399,000	3,780	226.6	101.5	113.5	3,547.3
2021年11月	70.6	67.0	98,822.2	1,631.1	59,643,000	4,179	241.0	102.3	112.9	3,563.9
2021年12月	77.9	75.5	98,291.9	1,646.8	58,732,000	4,614	265.3	101.5	110.3	3,639.8
2022年1月	91.3	88.2	98,365.6	1,653.5	58,924,667	4,880	236.9	100.9	109.1	3,361.4
2022年2月	101.1	95.8	99,108.9	1,643.8	59,099,889	3,634	176.3	100.9	108.8	3,462.3
2022年3月	107.3	101.2	99,736.7	1,771.3	58,585,000	4,271	246.8	101.5	108.3	3,252.2
2022年4月	109.4	104.1	98,933.1	1,699.6	51,810,000	4,303	206.6	102.1	108.0	3,047.1
2022年5月	122.8	115.3	98,944.1	1,756.7	53,917,000	4,582	221.9	102.1	106.4	3,186.4
2022年6月	114.9	106.0	99,345.4	1,719.5	54,939,000	3,582	260.3	102.5	106.1	3,398.6
2022年7月	110.0	98.3	100,573.5	1,712.6	53,210,000	3,733	226.4	102.7	104.2	3,253.2
2022年8月	96.5	88.9	101,174.0	1,694.1	53,659,000	4,035	226.4	102.5	102.3	3,202.1
2022年9月	87.9	79.7	101,684.2	1,680.9	56,807,000	4,024	250.1	102.8	100.9	3,024.4
2022年10月	94.9	86.2	101,793.6	1,722.2	58,616,000	4,314	237.9	102.1	98.7	2,893.5

续表

日期	ICE布油期货连续收盘价（美元/桶）	NYMEX轻质原油期货连续收盘价（美元/桶）	世界石油总产量当月值（千桶/日）	中国天然原油产量当月值（千桶/日）	原油加工产量（石油制品）当月值（吨）	原油进口数量当月值（万吨）	国内工业增加值（定基指数，2010年为100）	居民消费价格指数（去年同月=100）	PPI（去年同月=100）	上证指数月末收盘值（点）
2022年11月	85.4	80.5	101,926.7	1,678.3	59,612,000	4,674	246.3	101.6	98.7	3,151.3
2022年12月	86.0	80.5	100,414.9	1,686.9	59,879,000	4,807	266.9	101.8	99.3	3,089.3
2023年1月	84.5	79.0	100,861.0	1,695.8	59,369,000	4,333	213.7	102.1	99.2	3,255.7
2023年2月	83.9	76.8	101,402.9	1,687.0	59,620,000	4,074	209.4	101.0	98.6	3,279.6
2023年3月	79.7	75.7	101,706.8	1,818.3	63,291,188	5,231	256.4	100.7	97.5	3,272.9
2023年4月	79.5	76.6	101,461.1	1,727.7	61,136,000	4,241	218.2	100.1	96.4	3,323.3
2023年5月	72.7	67.6	100,786.8	1,807.4	62,002,000	5,144	229.7	100.2	95.4	3,204.6
2023年6月	74.9	70.5	102,203.1	1,752.5	60,954,966	5,206	271.8	100.0	94.6	3,202.1
2023年7月	85.6	81.8	101,557.5	1,731.3	63,133,000	4,369	234.8	99.7	95.6	3,291.0
2023年8月	86.8	83.6	101,257.2	1,747.1	64,694,263	5,280	236.6	100.1	97.0	3,119.9
2023年9月	95.3	90.8	102,310.8	1,687.2	63,621,000	4,574	261.4	100.0	97.5	3,110.5
2023年10月	87.4	81.4	102,431.6	1,732.5	63,927,000	4,897	248.8	99.8	97.4	3,018.8
2023年11月	82.9	75.6	101,999.9	1,720.0	59,530,000	4,245	262.6	99.5	97.0	3,029.7
2023年12月	77.1	71.3	102,247.4	1,764.7	60,114,795	4,836	285.0	99.7	97.3	2,974.9

附 表

续表

日期	M0（亿元）	M1（亿元）	M2（亿元）	国内银行同业拆借利率，1天（%）	国内银行同业拆借利率，1周（%）	国内银行同业拆借利率，1月（%）	国内银行同业拆借利率，3月（%）	国内银行同业拆借利率，6月（%）	国内银行同业拆借利率，1年（%）	汇率（美元/人民币）	美元指数（点）
2018年3月	72,693	523,540	1,739,859	2.69	2.92	4.29	4.46	4.57	4.65	6.29	90.1
2018年4月	71,476	525,448	1,737,684	2.82	2.97	3.90	4.01	4.18	4.38	6.34	90.0
2018年5月	69,775	526,277	1,743,064	2.83	2.90	3.91	4.33	4.30	4.39	6.41	91.5
2018年6月	69,589	543,945	1,770,178	2.63	2.86	4.03	4.16	4.22	4.33	6.62	94.0
2018年7月	69,531	536,624	1,776,196	2.07	2.65	2.97	3.17	3.38	3.71	6.82	94.6
2018年8月	69,775	538,325	1,788,670	2.31	2.63	2.72	2.89	3.21	3.50	6.82	94.6
2018年9月	71,254	538,574	1,801,666	2.65	2.77	2.80	2.85	3.29	3.52	6.88	95.2
2018年10月	70,107	540,128	1,795,562	2.37	2.72	2.69	2.96	3.30	3.55	6.96	95.6
2018年11月	70,563	543,499	1,813,175	2.64	2.67	2.70	3.11	3.28	3.53	6.94	97.1
2018年12月	73,208	551,686	1,826,744	2.55	2.90	3.47	3.35	3.30	3.52	6.86	97.0
2019年1月	87,471	545,638	1,865,935	2.24	2.76	2.84	2.90	3.02	3.25	6.70	96.5
2019年2月	79,485	527,190	1,867,427	2.58	2.66	2.69	2.75	2.85	3.06	6.69	95.6
2019年3月	74,942	547,576	1,889,412	2.49	2.70	2.82	2.80	2.84	3.05	6.73	96.2
2019年4月	73,966	540,615	1,884,670	2.09	2.68	2.86	2.93	2.96	3.16	6.73	97.2
2019年5月	72,798	544,356	1,891,154	2.19	2.65	2.82	2.91	2.96	3.21	6.90	97.4

续表

日期	M0（亿元）	M1（亿元）	M2（亿元）	国内银行同业拆借利率，1天（%）	国内银行同业拆借利率，1周（%）	国内银行同业拆借利率，1月（%）	国内银行同业拆借利率，3月（%）	国内银行同业拆借利率，6月（%）	国内银行同业拆借利率，1年（%）	汇率（美元/人民币）	美元指数（点）
2019年6月	72,581	567,696	1,921,360	1.37	2.60	2.68	2.71	2.80	3.10	6.87	97.8
2019年7月	72,689	553,043	1,919,411	2.64	2.67	2.61	2.64	2.71	3.10	6.88	96.3
2019年8月	73,153	556,798	1,935,492	2.57	2.67	2.66	2.70	2.75	3.05	7.09	98.6
2019年9月	74,130	557,138	1,952,250	2.64	2.84	2.76	2.73	2.82	3.05	7.07	98.8
2019年10月	73,395	558,144	1,945,601	2.59	2.69	2.78	2.89	2.90	3.08	7.05	99.0
2019年11月	73,974	562,487	1,961,430	2.36	2.61	2.78	3.02	3.05	3.12	7.03	97.3
2019年12月	77,189	576,009	1,986,489	1.69	2.74	2.98	3.02	3.05	3.10	6.98	98.3
2020年1月	93,249	545,532	2,023,066	2.44	2.55	2.82	2.86	2.91	3.00	6.89	96.5
2020年2月	88,187	552,701	2,030,830	1.63	2.37	2.30	2.43	2.56	2.74	7.01	97.4
2020年3月	83,022	575,050	2,080,923	1.61	2.15	1.83	1.93	2.03	2.25	7.09	98.0
2020年4月	81,485	570,150	2,093,534	1.89	1.92	1.31	1.40	1.49	1.68	7.06	99.0
2020年5月	79,707	581,111	2,100,184	2.10	2.15	1.43	1.45	1.55	1.77	7.13	99.0
2020年6月	79,459	604,318	2,134,949	1.54	2.17	2.10	2.12	2.16	2.34	7.08	98.3
2020年7月	79,867	591,193	2,125,458	1.79	2.24	2.30	2.59	2.71	2.83	6.98	97.4
2020年8月	80,043	601,289	2,136,837	1.77	2.23	2.37	2.64	2.84	2.93	6.86	93.5

续表

日期	M0 (亿元)	M1 (亿元)	M2 (亿元)	国内银行同业拆借利率, 1天 (%)	国内银行同业拆借利率, 1周 (%)	国内银行同业拆借利率, 1月 (%)	国内银行同业拆借利率, 3月 (%)	国内银行同业拆借利率, 6月 (%)	国内银行同业拆借利率, 1年 (%)	汇率 (美元/人民币)	美元指数 (点)
2020年9月	82,371	602,312	2,164,085	2.36	2.33	2.68	2.69	2.92	3.02	6.81	92.2
2020年10月	81,036	609,182	2,149,720	2.24	2.42	2.69	2.97	3.04	3.18	6.72	93.9
2020年11月	81,594	618,632	2,172,003	1.12	2.36	2.74	3.12	3.18	3.29	6.58	94.0
2020年12月	84,315	625,581	2,186,796	1.09	2.38	2.70	2.76	2.84	3.00	6.52	92.0
2021年1月	89,625	625,564	2,213,047	3.28	3.07	2.83	2.77	2.80	2.99	6.47	90.5
2021年2月	91,925	593,487	2,236,030	2.09	2.21	2.72	2.83	2.90	3.10	6.47	90.9
2021年3月	86,544	616,113	2,276,488	2.12	2.25	2.54	2.64	2.80	3.08	6.57	93.2
2021年4月	85,803	605,422	2,262,107	2.29	2.34	2.49	2.58	2.75	2.97	6.47	91.3
2021年5月	84,178	616,828	2,275,538	2.23	2.50	2.41	2.48	2.66	2.91	6.37	89.8
2021年6月	84,347	637,479	2,317,788	2.18	2.41	2.42	2.46	2.61	2.90	6.46	92.4
2021年7月	84,718	620,367	2,302,154	2.18	2.28	2.33	2.40	2.53	2.79	6.46	92.1
2021年8月	85,059	626,659	2,312,268	2.20	2.32	2.33	2.36	2.47	2.70	6.47	92.7
2021年9月	86,867	624,646	2,342,830	2.22	2.27	2.44	2.43	2.49	2.72	6.47	94.3
2021年10月	86,086	626,082	2,336,160	2.14	2.30	2.40	2.45	2.54	2.78	6.49	94.1
2021年11月	87,433	637,482	2,356,013	2.17	2.30	2.36	2.49	2.60	2.75	6.39	95.9

续表

日期	M0（亿元）	M1（亿元）	M2（亿元）	国内银行同业拆借利率，1天（%）	国内银行同业拆借利率，1周（%）	国内银行同业拆借利率，1月（%）	国内银行同业拆借利率，3月（%）	国内银行同业拆借利率，6月（%）	国内银行同业拆借利率，1年（%）	汇率（美元/人民币）	美元指数（点）
2021年12月	90,825	647,443	2,382,900	2.13	2.27	2.43	2.50	2.59	2.74	6.38	96.0
2022年1月	106,189	613,859	2,431,023	2.16	2.27	2.42	2.46	2.50	2.66	6.38	96.6
2022年2月	97,228	621,612	2,441,489	2.23	2.25	2.31	2.37	2.45	2.57	6.37	96.7
2022年3月	95,142	645,064	2,497,688	2.01	2.20	2.31	2.37	2.45	2.61	6.32	98.4
2022年4月	95,626	636,139	2,499,711	1.84	2.01	2.13	2.22	2.32	2.47	6.35	103.2
2022年5月	95,547	645,108	2,527,026	1.59	1.90	1.87	2.00	2.13	2.32	6.62	101.8
2022年6月	96,011	674,375	2,581,451	1.90	2.20	1.90	2.00	2.14	2.36	6.66	104.7
2022年7月	96,509	661,832	2,578,079	1.25	1.71	1.74	1.85	2.00	2.22	6.71	105.8
2022年8月	97,231	664,605	2,595,068	1.40	1.78	1.50	1.60	1.75	1.97	6.74	108.7
2022年9月	98,672	664,535	2,626,601	2.08	2.06	1.71	1.67	1.80	2.02	6.88	112.2
2022年10月	98,417	662,141	2,612,915	1.74	1.95	1.68	1.75	1.88	2.04	7.10	111.6
2022年11月	99,740	667,043	2,647,008	1.52	1.92	1.92	2.19	2.31	2.44	7.18	106.0
2022年12月	104,706	671,675	2,664,321	1.96	2.22	2.35	2.42	2.51	2.62	7.18	103.5
2023年1月	114,601	655,214	2,738,072	1.99	2.12	2.23	2.36	2.47	2.58	6.96	102.1
2023年2月	107,603	657,939	2,755,249	2.08	2.35	2.29	2.44	2.55	2.70	6.76	105.0

续表

日期	M0（亿元）	M1（亿元）	M2（亿元）	国内银行同业拆借利率，1天（%）	国内银行同业拆借利率，1周（%）	国内银行同业拆借利率，1月（%）	国内银行同业拆借利率，3月（%）	国内银行同业拆借利率，6月（%）	国内银行同业拆借利率，1年（%）	汇率（美元/人民币）	美元指数（点）
2023年3月	105,591	678,060	2,814,566	1.84	2.22	2.40	2.45	2.54	2.67	6.95	102.6
2023年4月	105,904	669,762	2,808,469	2.13	2.30	2.31	2.43	2.51	2.65	6.87	101.7
2023年5月	104,757	675,253	2,820,505	1.72	2.06	2.09	2.22	2.34	2.46	6.92	104.2
2023年6月	105,419	695,595	2,873,024	1.48	2.06	2.10	2.17	2.24	2.38	7.08	103.4
2023年7月	106,130	677,219	2,854,032	1.85	1.96	2.07	2.10	2.20	2.34	7.23	101.9
2023年8月	106,515	679,588	2,869,343	1.87	2.10	1.91	2.04	2.15	2.28	7.13	103.6
2023年9月	109,253	678,444	2,896,659	2.16	2.20	2.29	2.30	2.36	2.45	7.18	106.2
2023年10月	108,565	674,696	2,882,276	1.75	1.97	2.27	2.42	2.48	2.53	7.18	106.7
2023年11月	110,225	675,903	2,912,014	1.86	2.17	2.30	2.49	2.53	2.56	7.18	103.5
2023年12月	113,445	680,543	2,922,713	1.75	1.87	2.48	2.53	2.56	2.58	7.10	101.4

数据来源：国家统计局、中国人民银行、上海证券交易所、深圳证券交易所、美国能源署、IPE、NYMEX、OPPEC、Wind 数据库、巨灵数据库。

附表2　原油等国际化期货与人民币金融指标关系的实证数据

指标名称	官方储备资产（外汇储备，亿美元）	境外机构和个人持有境内人民币金融资产总额（股票、债券、存款，亿元）	外汇市场交易额合计（当月值，亿元）	外国投资者购买国内资产总额（国债、机构债券、公司债券、公司股票，百万美元）	跨境贸易人民币业务结算金额：合计（当月值，亿元）	人民币国际支付：全球市场份额（%）	央行人民币货币互换规模（亿元）	人民币直接投资结算业务（当月值，亿元）	人民币实际有效汇率指数
2018年3月	31,428.20	37,456.03	149,873.98	44,256	3,983.7	1.62	33,437	3,155.8	124.32
2018年4月	31,248.52	37,257.97	139,135.32	27,932	3,759.6	1.66	33,437	1,657.5	124.61
2018年5月	31,106.23	40,181.72	162,050.41	37,708	4,315.6	1.88	33,687	2,641.7	125.36
2018年6月	31,121.29	41,109.95	150,014.80	30,530	4,509.0	1.81	33,687	2,532.2	124.52
2018年7月	31,179.46	41,629.60	166,400.38	40,262	4,687.2	2.04	33,687	2,116.2	120.92
2018年8月	31,097.16	41,747.05	168,858.32	41,364	4,751.2	2.12	33,687	2,239.1	119.84
2018年9月	30,870.25	41,244.33	159,121.91	40,822	4,487.6	1.91	33,687	1,868.7	120.53
2018年10月	30,530.98	40,000.44	174,221.25	35,169	4,319.5	1.70	33,687	1,820.4	120.03
2018年11月	30,616.97	39,875.84	210,016.41	45,122	4,843.3	2.09	34,687	2,016.7	119.98
2018年12月	30,727.12	39,962.47	210,188.20	27,744	4,837.2	2.07	34,687	2,862.9	121.09
2019年1月	30,879.24	41,925.65	195,776.08	47,659	4,780.4	2.15	34,687	2,023.1	122.10
2019年2月	30,901.80	44,647.17	128,260.49	28,211	3,521.9	1.85	34,687	1,173.4	124.53

续表

指标名称	官方储备资产（外汇储备，亿美元）	境外机构和个人持有境内人民币金融资产总额（股票、债券、存款，亿元）	外汇市场交易额合计（当月值，亿元）	外国投资者购买国内资产总额（国债、机构债券、公司债券、公司股票，百万美元）	跨境贸易人民币业务结算金额：合计（当月值，亿元）	人民币国际支付：全球市场份额（%）	央行人民币货币互换规模（亿元）	人民币直接投资结算业务（当月值，亿元）	人民币：实际有效汇率指数
2019年3月	30,987.61	46,202.17	193,948.58	15,463	4,614.8	1.89	34,687	2,709.7	124.38
2019年4月	30,949.53	46,296.91	189,874.50	31,774	4,840.9	1.88	34,687	2,264.4	124.01
2019年5月	31,010.04	45,785.15	176,764.66	24,556	5,021.1	1.95	34,687	2,067.9	122.19
2019年6月	31,192.34	47,725.62	150,358.63	40,557	5,197.5	1.99	34,687	2,335.1	120.43
2019年7月	31,036.97	48,664.57	171,738.22	47,618	5,422.0	1.81	34,687	2,350.0	121.21
2019年8月	31,071.76	49,061.81	181,385.49	36,967	5,552.0	2.22	34,687	2,528.0	119.84
2019年9月	30,924.31	50,460.74	150,052.56	39,162	5,149.4	1.95	34,687	2,548.4	120.00
2019年10月	31,051.61	52,009.34	135,638.17	30,273	4,740.0	1.65	34,687	2,008.0	120.89
2019年11月	30,955.91	52,364.36	160,829.23	43,213	5,409.0	1.93	34,687	2,118.0	122.63
2019年12月	31,079.24	55,796.74	170,992.56	58,355	6,151.0	1.94	34,687	3,674.0	122.25
2020年1月	31,154.97	55,159.40	134,320.82	44,871	4,525.0	1.65	34,687	2,318.0	124.80
2020年2月	31,067.18	55,428.04	122,181.41	54,321	4,591.0	2.11	34,687	1,897.0	126.45

续表

指标名称	官方储备资产（外汇储备，亿美元）	境外机构和个人持有人民币境内资产总额（股票、债券、贷款、存款，亿元）	外汇市场交易额合计（当月值，亿元）	外国投资者购买国内资产总额（国债、机构债券、公司债券、公司股票，百万美元）	跨境贸易人民币业务结算金额合计（当月值，亿元）	人民币国际支付：全球市场份额（%）	央行人民币货币互换规模（亿元）	人民币直接投资结算业务（当月值，亿元）	人民币实际有效汇率指数
2020年3月	30,606.33	54,923.20	173,646.33	68,614	5,484.0	1.85	34,687	3,585.0	126.20
2020年4月	30,914.59	57,100.61	162,737.97	40,832	5,380.0	1.66	34,687	3,214.0	125.74
2020年5月	31,016.92	58,456.25	156,680.99	51,166	5,275.0	1.79	34,687	2,842.0	123.61
2020年6月	31,123.28	62,116.31	177,003.76	44,119	5,615.0	1.76	34,687	2,889.0	121.50
2020年7月	31,543.91	67,642.69	206,160.06	49,438	5,954.0	1.86	34,687	2,936.0	122.48
2020年8月	31,646.09	69,881.01	189,925.70	56,856	5,385.0	1.91	34,687	2,938.0	122.79
2020年9月	31,425.62	69,602.54	180,275.86	47,289	5,353.0	1.97	34,687	2,806.0	124.92
2020年10月	31,279.82	71,091.94	144,502.33	75,322	5,321.0	1.66	35,087	2,674.0	125.76
2020年11月	31,784.90	74,705.39	189,908.30	79,916	6,338.0	2.00	36,087	3,131.0	126.25
2020年12月	32,165.22	80,219.67	226,441.59	56,173	6,180.0	1.88	36,087	3,264.0	126.35
2021年1月	32,106.71	83,755.31	181,786.13	72,326	6,021.0	2.42	36,087	3,396.0	127.65
2021年2月	32,049.94	85,407.15	137,750.19	40,301	4,667.0	2.20	36,087	2,463.0	129.57

续表

指标名称	官方储备资产（外汇储备，亿美元）	境外机构和个人持有境内人民币金融资产总额（股票、债券、存款，亿元）	外汇市场交易额合计（当月值，亿元）	外国投资者购买国内资产总额（国债、机构债券、公司债券、公司股票，百万美元）	跨境贸易人民币业务结算金额：合计（当月值，亿元）	人民币国际支付：全球市场份额（%）	央行人民币货币互换规模（亿元）	人民币直接投资业务结算（当月值，亿元）	人民币实际有效汇率指数
2021年3月	31,700.29	82,950.71	224,273.50	84,998	6,312.0	2.49	36,087	5,841.0	128.80
2021年4月	31,981.80	85,789.43	199,468.45	78,814	5,779.0	1.95	36,087	4,225.0	127.20
2021年5月	32,218.03	89,792.08	179,687.10	67,182	6,022.0	1.90	36,087	3,749.0	126.98
2021年6月	32,140.10	90,906.81	203,111.23	81,904	7,199.0	2.46	36,087	5,726.0	126.86
2021年7月	32,358.90	88,495.71	212,871.78	69,094	6,962.0	2.19	36,087	4,979.0	127.72
2021年8月	32,321.16	88,609.59	204,217.74	78,869	6,669.0	2.15	36,087	5,534.0	127.74
2021年9月	32,006.26	90,184.81	198,644.79	70,947	7,669.0	2.19	36,087	5,787.0	127.80
2021年10月	32,176.14	91,787.25	173,049.79	84,095	6,175.0	1.85	36,087	4,075.0	129.71
2021年11月	32,223.86	92,371.45	221,886.05	83,731	7,417.0	2.14	36,087	5,219.0	131.04
2021年12月	32,501.66	96,924.59	241,134.73	68,968	8,508.0	2.70	36,087	7,006.0	131.95
2022年1月	32,216.32	94,648.02	194,473.29	98,935	7,212.0	3.20	36,587	4,786.0	131.10
2022年2月	32,138.27	95,786.35	160,184.38	83,952	5,389.0	2.23	36,587	3,507.0	132.21

续表

指标名称	期货收盘价（活跃合约）：INE原油（元/桶）	期货持仓量：INE原油（手）	期货成交额：INE原油（亿元）	期货收盘价（活跃合约）：铁矿石（元/吨）	期货成交额：铁矿石（万元）	期货持仓量：铁矿石（手）	期货收盘价（活跃合约）：精对苯二甲酸（PTA）（元/吨）	期货成交额：精对苯二甲酸（PTA）（万元）	期货持仓量：精对苯二甲酸（PTA）（手）
2018年3月	420.3	8,198	2,423,797.90	443.5	14,731,497.69	2,276,030	5,430	1,840,353.72	1,687,236
2018年4月	444.2	17,024	3,574,612.78	460.5	14,648,126.96	2,143,038	5,580	1,320,339.22	1,621,720
2018年5月	472.5	35,188	11,078,309.08	462.5	9,408,426.75	2,006,090	5,702	2,003,911.54	1,406,546
2018年6月	494.8	37,650	12,515,805.68	474.0	9,319,730.03	1,782,534	5,850	2,208,644.24	1,267,582
2018年7月	513.2	35,522	7,954,956.70	488.0	6,036,313.86	1,311,048	6,324	4,269,691.57	1,601,870
2018年8月	524.0	36,896	11,724,976.76	485.0	6,179,779.16	889,198	7,858	11,807,217.07	1,790,890
2018年9月	563.6	44,600	13,740,280.18	495.5	6,674,934.80	685,986	7,248	4,082,344.09	1,462,684
2018年10月	535.1	45,756	18,768,534.32	533.5	6,281,673.56	1,091,440	6,970	5,661,290.64	1,488,476
2018年11月	418.1	65,230	25,099,589.38	455.0	5,735,975.71	1,029,452	5,846	4,557,348.23	1,558,110
2018年12月	379.1	59,774	18,562,262.36	494.5	4,033,901.09	947,512	5,640	9,105,436.98	1,446,382
2019年1月	431.6	65,252	14,247,221.72	588.5	12,918,588.91	1,359,736	6,612	7,968,140.99	1,485,380
2019年2月	439.7	63,864	12,079,943.42	609.5	12,265,521.07	1,621,972	6,334	5,002,572.28	1,489,262
2019年3月	457.9	51,900	13,984,008.62	631.5	16,738,603.23	1,698,286	6,504	10,928,565.62	1,922,688

续表

指标名称	期货收盘价(活跃合约)：INE原油（元/桶）	期货持仓量：INE原油（手）	期货成交额：INE原油（亿元）	期货收盘价(活跃合约)：铁矿石（元/吨）	期货成交额：铁矿石（万元）	期货持仓量：铁矿石（手）	期货收盘价(活跃合约)：精对苯二甲酸（PTA）（元/吨）	期货成交额：精对苯二甲酸（PTA）（万元）	期货持仓量：精对苯二甲酸（PTA）（手）
2019年4月	487.6	50,066	12,100,526.30	639.0	14,053,398.44	1,543,110	5,988	4,963,939.97	2,298,524
2019年5月	447.7	61,420	18,629,280.22	727.0	15,281,526.73	2,122,242	5,352	3,917,972.13	2,531,960
2019年6月	443.5	59,050	13,109,362.62	838.5	24,377,634.36	2,342,580	5,920	17,634,913.87	2,925,484
2019年7月	446.4	55,830	9,648,076.58	763.0	20,538,308.10	2,271,482	5,408	8,600,893.04	3,089,884
2019年8月	439.5	48,514	11,999,120.00	607.5	18,737,658.58	2,071,678	5,102	5,248,368.15	2,237,638
2019年9月	447.0	42,328	9,433,608.10	655.5	14,897,800.54	1,854,128	5,116	5,073,326.65	1,873,282
2019年10月	449.3	48,574	8,259,744.54	620.5	9,655,295.91	2,128,880	4,842	2,119,214.78	2,339,870
2019年11月	463.5	49,904	5,066,696.54	646.0	9,409,556.04	1,982,782	4,772	3,588,591.37	2,391,538
2019年12月	483.5	58,820	9,965,062.38	648.5	8,353,192.95	1,405,654	4,972	6,082,741.10	1,837,792
2020年1月	447.2	26,952	3,547,523.80	649.5	5,011,291.35	652,055	4,796	1,388,366.82	954,442
2020年2月	360.0	70,547	2,860,400.94	616.5	9,611,553.07	1,059,725	4,252	1,715,140.48	1,366,390
2020年3月	265.3	126,905	4,742,781.45	574.5	5,597,346.89	927,372	3,342	2,580,490.98	2,009,265
2020年4月	248.7	177,989	7,794,416.24	610.0	4,814,726.03	715,885	3,418	1,763,158.53	1,869,465

续表

指标名称	期货收盘价（活跃合约）：INE原油（元/桶）	期货持仓量：INE原油（手）	期货成交额：INE原油（亿元）	期货收盘价（活跃合约）：铁矿石（元/吨）	期货成交额：铁矿石（万元）	期货持仓量：铁矿石（手）	期货收盘价（活跃合约）：精对苯二甲酸（PTA）（元/吨）	期货成交额：精对苯二甲酸（PTA）（万元）	期货持仓量：精对苯二甲酸（PTA）（手）
2020年5月	275.2	176,872	7,007,248.91	752.0	12,457,304.21	1,151,711	3,602	1,775,021.48	1,937,127
2020年6月	292.4	142,149	4,578,405.14	744.5	6,691,900.87	989,990	3,644	1,167,854.42	1,725,876
2020年7月	286.1	139,585	6,763,201.58	849.5	8,573,729.05	922,855	3,600	2,540,337.69	1,780,687
2020年8月	298.0	127,475	3,083,969.47	844.0	9,076,633.77	805,440	3,748	2,506,744.65	1,918,012
2020年9月	254.7	105,402	5,091,873.72	809.0	10,372,106.17	826,496	3,420	1,732,449.77	1,776,491
2020年10月	223.7	134,730	8,358,281.49	794.5	12,489,751.56	923,153	3,360	4,670,654.62	2,871,338
2020年11月	281.6	130,469	6,872,251.39	911.5	10,807,120.33	961,491	3,414	4,351,300.01	3,407,817
2020年12月	301.7	84,680	5,043,362.00	996.0	4,197,888.38	606,889	3,820	4,360,083.30	3,105,291
2021年1月	335.0	83,403	5,500,079.00	990.0	4,120,103.55	596,257	4,036	5,171,498.15	3,216,863
2021年2月	405.9	91,354	8,866,599.00	1,151.0	6,100,977.31	653,987	4,788	12,196,010.39	2,977,966
2021年3月	399.7	76,656	7,685,669.00	1,079.5	5,574,785.04	775,728	4,382	3,813,046.08	2,862,035
2021年4月	420.1	75,207	7,075,451.07	1,088.5	5,382,366.38	795,024	4,816	4,587,736.27	2,509,065
2021年5月	428.8	76,483	5,819,255.35	1,106.0	6,404,046.09	863,419	4,748	4,833,738.44	2,557,982

续表

指标名称	期货收盘价(活跃合约):INE原油(元/桶)	期货持仓量:INE原油(手)	期货成交额:INE原油(亿元)	期货收盘价(活跃合约):铁矿石(元/吨)	期货成交额:铁矿石(万元)	期货持仓量:铁矿石(手)	期货收盘价(活跃合约):精对苯二甲酸(PTA)(元/吨)	期货成交额:精对苯二甲酸(PTA)(万元)	期货持仓量:精对苯二甲酸(PTA)(手)
2021年6月	459.0	77,536	5,135,759.36	1,165.0	5,937,418.17	1,030,349	5,074	5,224,436.96	2,888,005
2021年7月	452.2	76,639	5,169,543.11	1,027.0	8,232,217.25	1,116,736	5,512	6,934,859.78	2,646,293
2021年8月	440.8	68,078	5,064,529.85	808.0	6,431,074.02	1,090,450	4,930	4,804,848.86	2,597,293
2021年9月	494.6	48,741	5,656,828.73	721.5	9,138,042.76	900,886	5,088	4,508,004.12	2,147,148
2021年10月	525.5	57,033	8,155,276.94	637.5	7,522,067.43	979,918	5,156	6,228,869.55	2,198,191
2021年11月	447.8	61,270	14,608,933.72	609.5	8,849,551.16	1,071,704	4,420	6,540,444.94	2,428,695
2021年12月	499.0	67,512	8,732,970.03	680.0	5,197,201.26	1,074,078	5,018	3,985,159.69	1,953,815
2022年1月	534.5	61,565	9,853,538.59	829.0	6,401,833.68	995,981	5,478	3,887,429.81	1,881,873
2022年2月	621.2	75,117	19,493,406.83	705.5	6,797,322.64	982,392	5,632	5,991,942.43	1,977,564

数据来源:中国人民银行、上海国际能源交易中心、大连商品交易所、郑州商品交易所。

参考文献

1. 巴曙松,王珂.中美贸易战引致全球经贸不确定性预期下的人民币国际化——基于大宗商品推动路径的分析[J].武汉大学学报(社会科学版),2019(6):90-98.

2. 程方正.石油价格预测方法研究[D].上海华东理工大学博士论文,2018.

3. 曹剑涛.上海原油期货价格变动传导效应研究[J].价格理论与实践,2019(6):107-111.

4. 常清,颜林蔚.原油期货与人民币国际化[J].中国金融,2018(7):58-59.

5. 陈诗敏,郝玉柱.我国原油期货价格与股票价格指数的相关性分析[J].中国证券期货,2021(6):36-55.

6. 陈晓春,黄媛.国际原油市场与股票市场的联动关系研究——基于分位数回归的经验证据[J].财经理论与实践,2017(5):53-58.

7. 崔良媚.基于VAR模型对国际化背景下中国原油价格影响力研究[D].广东暨南大学硕士毕业论文,2017.

8. 丁绪辉,王柳元,贺菊花.国际石油价格与我国股票市场的联动效应——基于VAR模型的实证分析[J].企业经济,2017(7):167-173.

9. 董秀良,张屹山.国内外原油市场波动溢出效应的多元分析[J].中国软科学,2006(12):120-125.

10. 杜春泽.原油期货定价视角下的人民币国际化研究[J].西部金融,2019(8):33-35.

11. 杜慧滨,顾培亮,张保银.国际石油价格分析与预测[J].价格理论与实践,2003,(10):48-49.

12. 方胜,卢新生.国际原油价格的波动对中国A股市场的影响——基于变系数分位数模型的实证研究[J].系统工程,2018,(4):1-11.

13. 高辉. 国内外燃料油价格关联度及动态滚动预测的模型研究——基于日数据的实证分析 [J]. 国际石油经济, 2005 (12): 24–31.

14. 高辉, 高天辰. 国内原油期货推进了人民币国际化?——基于2018—2021年月度数据的协整模型实证研究 [J]. 中国证券期货, 2022 (1): 23–43.

15. 高辉, 高天辰. 国内原油期货价格影响力及定价模型研究 [J]. 中国证券期货, 2021 (4): 16–35.

16. 高辉, 高天辰. 原油市场波动非对称性及风险溢出效应研究——基于日数据的国内外四个主要原油期货市场实证 [J]. 中国证券期货, 2022 (4): 9–28.

17. 高天辰, 高辉. 原油期货与股市波动——基于非线性模型研究 [J]. 中国软科学, 2022: 304–315.

18. 高天辰, 高辉. 原油期权对原油市场波动非对称性影响的实证研究 [J]. 中国证券期货, 2023 (3): 24–36.

19. 郭城. 股指期权交易对股票市场的影响 [J]. 经济研究导刊, 2014 (26): 198–199.

20. 郭晨光, 崔二涛, 熊学萍. 期权上市对期货市场波动性的影响研究——以白糖期权为例 [J]. 华北金融, 2021 (5): 1–7.

21. 韩冬炎, 陈蕊, 崔立瑶. 对石油价格走势预测的数理研究 [J]. 价格理论与实践, 2004 (5): 51–52.

22. 胡秋灵, 丁美月. 国际原油价格对我国新能源行业股票价格的波动溢出效应研究 [J]. 财务与金融, 2016 (3): 78–84.

23. 黄书培, 安海忠, 高湘昀, 闻少博. 供给与需求驱动型原油价格变动对股票市场的多时间尺度影响研究 [J]. 中国管理科学, 2018 (11): 63–73.

24. 樊文俊. 我国现有期权及其波动率指数与股票市场的相关关系研究 [D]. 杭州浙江财经大学硕士毕业论文, 2015.

25. 贾晓亮. 基于时间序列关联网络模型的原油市场联动关系研究 [D]. 北京中国地质大学博士毕业论文, 2016, 10–26.

26. 江春, 陶丹. 国际原油价格波动对股市影响的板块效应和规模效应研究. 湖南财政经济学院学报 [J], 2013 (4): 94–98.

27. 缴建巍. 豆粕和白糖期货期权对标的市场波动性的影响研究 [D]. 石家庄河北大学硕士毕业论文,2018.

28. 李建峰,卢新生,蒋伟. 货币政策、人民币汇率与国际原油市场关系的实证分析 [J]. 统计与决策,2018,34(18):154-157.

29. 李晓波,何康. 以大宗商品交易为突破口加快推进人民币国际化进程的路径研究 [J]. 西南金融,2018(8):57-62.

30. 李优树. 国际石油价格波动分析 [J]. 财经科学,2000,183(6):1-6.

31. 李竹芸. 国际原油价格波动对我国股市的影响研究——基于不同行业的分析 [J]. 金融经济 2020(4):54-66.

32. 李邢军. 上证 50 ETF 期权对我国股票市场波动性影响的实证研究 [J]. 时代金融,2016(11):145-146.

33. 郦博文,巴曙松,韦伟. 石油价格与股票市场的动态相关性分析 [J]. 大连理工大学学报(社会科学版),2017(10):40-45.

34. 刘国耀. 原油期货市场的推出与人民币国际化 [J]. 经济研究,2018(3):78-79.

35. 刘庞庞. 期权市场对现货市场波动率影响的实证分析——基于上证 50ETF 期权上市前后的比较 [J]. 统计与信息论坛,2017,32(10):50-58.

36. 刘亚明,樊鹏英,陈敏. 我国股指期权对现货市场的波动性影响研究 [J]. 数学的实践与认识,2017(4):45-51.

37. 刘奇扬,左敏. 棉花期权推出对标的期货波动性的影响研究 [J]. 科技和产业,2022,22(7):51-56.

38. 罗亮. 商品期权对标的期货市场波动的影响研究——以天然橡胶期权为例 [J]. 新经济,2022(5):98-102.

39. 马郑玮,张家玮,曹高航. 国际原油期货价格波动及其影响因素研究 [J]. 价格理论与实践,2019(4):87-91.

40. 毛杰. 指数 ETF 期权上市对标的指数成份股市场质量的影响——来自上证 50ETF 期权上市的经验证据 [J]. 证券市场导报,2017(3):65-74.

41. 梅冠群. 当前中美能源领域的博弈与合作 [J]. 国际经济合作,

2018 (9): 45-53.

42. 卜林, 李晓艳, 朱明皓. 上海原油期货的价格发现功能及其国际比较研究 [J]. 国际贸易问题, 2020 (9): 160-174.

43. 潘宏胜, 武佳薇. 畅通"大宗商品贸易——期货市场——人民币国际使用"循环体系的思考 [J]. 国际经济评论, 2021 (11): 9-21.

44. 潘慧峰, 张金水. 国内外石油市场的极端风险溢出检验 [J]. 中国管理科学, 2007 (3): 25-30.

45. 任宪汝. 国际油价与世界主要股市间的相依性特征——基于 GMC 方法的研究 [J]. 证券与上市公司, 2020 (1): 44-52.

46. 任仙玲, 肖毓琨, 孙文岳. 国际能源市场与中国股市之间的波动溢出效应研究 [J]. 中国海洋大学学报: 社会科学版, 2017 (6): 65-71.

47. 盛积良, 冯玉兰. 上证 50ETF 期权推出对现货市场质量的影响——基于 STAR 模型和 GARCH 模型的实证分析 [J]. 金融与经济, 2018 (7): 40-46.

48. 苏志伟, 王小青. 股票期权推出对股票市场波动性影响研究 [J]. 价格理论与实践, 2016 (11): 118-121.

49. 田洪志. 国际原油价格下跌的深层次因素研究——基于 2008—2019 年和 2014—2015 年两次国际油价下跌比较 [J]. 价格理论与实践, 2016 (1): 112-115.

50. 涂腾. 中国豆粕商品期货和期权市场的关系研究 [D], 黑龙江哈尔滨工业大学硕士毕业论文, 2018.

51. 王金成. 我国原油期货国际定价权研究 [D]. 四川成都西南财经大学硕士毕业论文, 2019.

52. 王一如. 我国商品期货期权对标的市场波动性的影响研究 [D]. 江苏苏州大学硕士毕业论文, 2020.

53. 王琦. 股指期权对标的指数波动性影响研究——以韩国为例 [D]. 大连辽宁大学硕士毕业论文, 2013.

54. 闻少博. 基于价差的原油市场基本面与原油价格传导关系研究 [D]. 北京中国地质大学博士毕业论文, 2019.

55. 吴国维. 股票指数 ETF 期权推出对中国股票市场波动性的影响——基于上证 50ETF 期权高频数据的实证分析 [J]. 中国经贸导刊, 2015

(14): 37-38.

56. 徐照宜, 蒋文倩, 杨胜刚. 国际黄金和原油价格波动与上证指数的相关性——基于小波分析方法的研究 [J]. 金融论坛, 2019 (6): 54-61.

57. 熊熊, 张宇, 张维等. 股指期权推出对股票市场和股指期货市场波动性影响: 以 KOSPI200 股指期权为例 [J]. 系统工程理论与实践, 2011, 31 (5): 785-791.

58. 余慧. 上海原油期货对石油相关行业股指的风险溢出效应研究 [D]. 山东大学硕士毕业论文, 2020.5.

59. 杨志华. 国际原油价格走势对中国经济的影响及对策分析 [J]. 财经理论与实践 (双月刊), 2003, 24 (126): 96-99.

60. 姚小剑, 扈文秀. 国际金融市场与国际原油期货市场溢出效应实证检验——基于 VAR-BEKK 模型的分析 [J]. 金融教育研究, 2011, 24 (3): 28-35.

61. 于天娇. 国际石油价格波动对我国对外贸易的影响研究 [D]. 黑龙江哈尔滨商业大学硕士毕业论文, 2015, 5-15.

62. 余炜彬, 范英, 魏一鸣, 焦建玲. Brent 原油期货市场的协整性分析 [J]. 数理统计与管理, 2004, 23 (5): 26-33.

63. 詹旭. 国际原油价格波动的原因分析及对策建议 [D]. 甘肃兰州财经大学硕士毕业论文, 2016.2-20.

64. 赵尚梅, 孙桂平, 杨海军. 股票期权对股票市场的波动性分析: 基于 agent 的计算实验金融仿真角度 [J]. 管理工程学报, 2015, 29 (1): 207-215.

65. 张明, 高卓琼. 原油期货交易计价与人民币国际化 [J]. 上海金融, 2019 (6): 44-49.

66. 张大永, 姬强. 中国原油期货动态风险溢出研究 [J]. 中国管理科学, 2018, 26 (11): 42-49.

67. 张庆豪. 商品金融化背景下对原油价格波动的影响因素研究 [D]. 广东财经大学硕士毕业论文, 2016.

68. 张支南. 金融市场因素对全球石油价格波动的影响研究 [D]. 湖北华中科技大学博士毕业论文, 2017.

69. 张志敏, 周工. 货币政策对我国能源价格波动冲击效应研究 [J].

现代管理科学，2016（3）：12-14.

70. 张静，宋福铁. 上证50ETF期权上市对标的股票的影响——基于流动性和波动性的视角［J］. 金融发展研究，2016（3）：59-65.

71. 张元芳. 50ETF期权与上证50股指期货推出对50ETF影响的实证研究［J］. 时代金融，2018（8）：211-213.

72. 张文慧. 上证50ETF期权对现货市场影响的实证研究［D］. 乌鲁木齐新疆财经大学硕士毕业论文，2016.

73. 赵梦楠，张意翔，章佩英. 石油价格波动对中国股市影响的实证分析——基于近似单整时间序列的Bonferroni检验［J］. 武汉纺织大学学报，2014（4）：40-42.

74. 郑步高，刘硕. 铁矿石期货国际化对人民币国际化的影响分析［J］. 中国证券期货，2018（3）：24-27.

75. 钟红."石油人民币"助力我国石油安全和人民币国际化［J］. 国际金融，2018（3）：8-12.

76. 钟婉玲，李海奇，杨胜刚. 国际油价、宏观经济变量与中国股市的尾部风险溢出效应研究. 中国管理科学［J］，2020（8）：1-13.

77. 邹方霞. 原油期货国际化对人民币国际化影响的实证研究［D］. 山东曲阜师范大学硕士毕业论文，2019.6.

78. Akoum, I., M. Graham, J. Kivihaho, J. Nikkinen, and M. Omran. Co-movement of oil and stock prices in the GCC region: A wavelet analysis［J］. The Quarterly Review of Economics and Finance, 2012（52）: 385-394.

79. Alessandro Lanza, Matteo Manera, Margherita Grasso, Massimo Giovannini. Long-run Models of Oil Stock Prices［J］. IEM-International Energy Markets, 2003, 10.

80. Allen D E and Cruickshank S N. Empirical Testing of the Samuelson hypothesis: An Application to Futures Markets in Australia, Singapore and the UK. School of Finance and Business Economics, Edith Cowan University, Working Paper, 2000.

81. AlMaadid, A., F. Spagnolo, and N. Spagnolo. Stock Prices and Crude Oil Shocks: The Case of GCC Countries［R］. Handbook of Frontier Markets, 2016, 33-47.

82. Andrews, D. W. K., & Ploberger, W. Optimal Tests When a Nuisance Parameter Is Present Only under the Alternative [J]. Econometrica, 1994, (62): 1383 – 1414.

83. Angelidis. T, Degiannakis. S, Filis. G. US stock market regimes and oil price shocks [J]. Global Finance Journal, 2015, (28): 132 – 146.

84. Antonakakis, N., Chatziantoniou, I., Filis, G. Oil shocks and stock markets: Dynamic connectedness uander the prism of recent geopolitical and economic unrest [J]. International Review of Financial Aalysis, 2017, (50): 1 – 26.

85. Antonio Antoniou, Gregory Koutmos. Momentum trading: Evidence From Future Markets [J]. Papers. ssnr. com, 2004, 6 – 9.

86. Arouri, M. E. H., Rault, C. Oil prices and stock markets in GCC countries: empirical evidence from panel analysis [J]. International Journal of Finance & Economics, 2012, 17 (3): 242 – 253.

87. Baille, R. T., Myers, R. J. Bivariate GARCH Estimation of the Optimal Commodity Futures Hedge [J]. Journal of Applied Econometrics, 1991, (6): 109 – 124.

88. Balcilar, M., Demirer, R., Ulussever, T. Does Speculation in the Oil Market Drive Investor Herding emerging Stock Markets? [J]. Energy Economics, 2017, (65): 50 – 63.

89. Balcilar, M., R. Gupta, and S. M. Miller. Regime switching model of US crude oil and stock market prices: 1859 to 2013 [J]. Energy Economics, 2015, (49): 317 – 327.

90. Barrero, J. M., Bloom, N., Wright, I. Short and Long Run Uncertainty [R]. National Bureau of Economic Research, 2017.

91. Basher, S. A., Sadorsky, P. Oil price risk and emerging stock markets [J]. Global finance journal, 2006, 17 (2): 224 – 251.

92. Basher. S. A, Haug. A. A, Sadorsky. P. Oil prices exchange rates and emerging stock markets [J]. Energy Economics, 2012, 34 (1): 227 – 240.

93. Basher, S. A., Sadorsky, P. Hedging emerging market stock prices with oil, gold, VIX, and bonds: A comparison beween DCC, ADCC and

Go – GARCH [J]. Energy Economics, 2016, (54): 235 – 247.

94. Bhaumik, S. K. and Bose, S. Impact of derivatives trading on emerging stock markets: some evidence from India [J]. Comparative Economic Studies, 2009, 51 (1): 118 – 137.

95. Bittlingmayer, G. Oil and stocks: Is it war risk? [C]. University of Kansas manuscript, December 29, 2005.

96. Bollerslev, Tim. Generalized Autoregressive Conditional Heteroskedasticity [J]. Journal of Econometrics. 1986, 31 (3): 307 – 327. doi: 10. 1016/ 0304 – 4076 (86) 90063 – 1.

97. Boubaker, H., Raza, S. A. A wavelet analysis of mean and volatility spillovers between oil and BRICS stock markets [J]. Energy Economics, 2017, (64): 105 – 117.

98. Bouri, E., Jain, A., Biswal, P. C., Roubaud, D. Cointegration and nonlinear causality amongst gold, oil, and the Indian stock market: Evidence from implied volatility indices [J]. Resources Policy, 2017, 52 (c): 201 – 206.

99. Broadstock. D. C, Filis. G. Oil price shocks and stock market returns: New evidence from the United States and China [J]. Journal of International Financial Markets Institutions & Money, 2014, 33, 417 – 433.

100. Brown, R. L. Durbin. J. And Evans. J. M. Techniques for Testing the Constancy of Regression Relationships Over Time (with discussion) [J]. Journal of the Royal Statistical Society, Ser, 1975, B. 37, 149 – 192.

101. Brunetti, Celso., Gilbert, Christopher, L. Bivariate FIGARCH and Fractional Cointegration [J]. Journal of Empirical Finance, Elsevier, 2000, 7 (5): 509 – 53.

102. Caporale, G. M., Ali, F. M., Spagnolo, N., et al. Oil Price Uncertainty and Sectoral Stock Returns in China: A Time – Varying Approach [J]. China Economic Review, 2015, 311 – 321.

103. Cecchetti, Stephen G & Cumby, Robert E & Figlewski, Stephen. Estimation of the Optimal Futures Hedge. The Review of Economics and Statistics, MIT Press, 1988, 70 (4): 623 – 630.

104. Cologni. A, Manera. M. Oil prices, inflation and interest rates in a

structural cointegrated VAR model for the G – 7 countries [J]. Energy economics, 2008, 30 (3): 856 – 888.

105. Cong. R. G, Wei. Y. M, Jiao. J. L, et al. Relationships between oil price shocks and stock market: An empirical analysis from China [J]. Energy Policy, 2008, 36 (9): 3544 – 3553.

106. Damodaran, Aswath, Marti G. Subrahmanyam. The Effects of Derivative Securities on the Markets for the Underlying Assets in the United States: A Survey [J]. Financial Markets, Institutions, and Instruments. 1992, (5): 1 – 22.

107. D. E. Allen, S. N. Cruickshank. Empirical Testing of the Samuelson Hypothesis: An Application to Futures Markets in Australia, Singapore and the UK [R]. Working Paper, School of Finance and Business Economicss, Oct, 2002.

108. Dickey AD, Fuller W. A. Distribution AutoregressiveTime Series UnitRoot [J]. Journal AmericanStatistical Association, 1979, 74, 427 – 431.

109. Dickey AD, Fuller W. A. Likelihood ratio statistics for autoregressive time series with unit root [J] Econometrica, 1981, 49, 1057 – 1072.

110. Doko Tchatoka, Firmin & Masson, Virginie & Parry, Sean. Linkages between oil price shocks and stock returns revisited [J]. Energy Economics, Elsevier, 2019, vol. 82 (C): 42 – 61.

111. Dreger, C., Kholodilin, K. A., Ulbricht, D., Fidrmuc, J. Between the hammer and the anvil: The impact of economic sanctions and oil prices on Russia's ruble [J]. Journal of Comparative Economics, 2016 (44): 295 – 308.

112. Engle, Lilien, Robins. Estimating Time Varying Risk Premia in the Term Structure: The ARCH – M Model [J]. Econometrica, 1987, 55 (2): 391 – 407.

113. Engle, R. F. Autoregressive Conditional Heteroscedasticity with Estimates of the Variance of United Kingdom Inflation [J]. Econometrica, 1982, (50): 987 – 1007.

114. Engle, R. F., Granger, C. W. J. Cointegration and Error Correction Representation Estimation and Testing [J]. Econometrica, 1987, (55): 251 – 276.

115. Elyas Elyasiani, Iqbal Mansur, Babatunde Odusami. Oil price shocks and industry stock returns [J]. Energy Economics, 2011, 33 (5): 966 – 974.

116. Fang, S., Egan, P. Measuring contagion effects between crude oil and Chinese stock market sectors [J]. The Quarterly Review of Economics and Finance, 2018, (68): 31 – 38.

117. Fayyad, A., Daly, K. The Impact of Oil Price Shocks on Stock Market Returns: Comparing GCC Countries with the UK and USA [J]. Emerging markets Review, 2011, 12 (1): 61 – 78.

118. Feldstein, M. and Stock, J. M. The Use of a Monetary Aggregate to Target Nominal GDP, in G. N. Mankiw, ed., Monetary Policy [C]. Chicago: Chicago University Press, 1994.

119. Feldstein, Martin, and James H. Stock. Measuring Money Growth When Finan – cial Markets Are Changing [J]. Journal of Monetary Economics 37 (February), 1996, 3 – 27.

120. Filis, G. Stock options trading, returns and volatility [R]. University of Winchester Working Paper, 2007.

121. Filis, G., Floros, C. and Eeckels, B. Option listing, returns and volatility: evidence from Greece [J]. Applied Financial Economics, 2011, 21 (19 – 21): 1423 – 1435.

122. Floros C, Vougas D V. Samuelson's Hypothesis in Greek Stock Index Futures Market [J]. Investment Management and Financial Innovations, 2006 (3): 154 – 170.

123. Galloway T M, Miller J M. Index Futures Trading and Stock Return Volatility: Evidence from the Introduction of Mid Cap 400 Index Futures [J]. Financial Review, 2010, 32 (4): 845 – 866.

124. Geweke J, Meese, R and Dent, W. Comparing alternative tests of causality in temporal systems: analytical and experimental evidence [J]. Journal of Econometrics, 1983, 21, 161 – 196.

125. Granger, C. W. J. Investigating causal relations by econometric models and cross – spectral methods [J]. Econometrica, 1969 (37): 424 – 438.

126. Granger, C. W. J., T. Teräsvirta. Modelling nonlinear economic relationships [M]. Oxford University Press, New York, 1993, 187.

127. Glosten, L. R., Jagannathan, R., Runkle, D. E. On the Relation

Between the Expected Value and the Volatility of the Nominal Excess Return on Stocks [J]. Journal of Finance, 1993 (48): 1779 - 1801.

128. Hakansson, Nils H & Kunkel, J Gregory & Ohlson, James A. Sufficient and Necessary Conditions for Information to Have Social Value in Pure Exchange [J]. Journal of Finance, American Finance Association, 1982, 37 (5): 1169 - 1181.

129. Hansen, L. P. Large Sample Properties of Generalized Method of Moments Estimators [J]. Econometrica, 1982, 50: 1029 - 1054.

130. Hansen, B. E. Effcient estimation and testing of cointegrating vectors in the presence of deterministic trends [J]. Journal of Econometrics, 1992, 53: 87 - 121.

131. Han C. Impacts of derivative markets on spot market volatility and their persistence [J]. Ssrn Electronic Joural, 2014, 1 - 9.

132. Harmo, Y., Masulis, R, W. Correlations in Prices Changes and Volatility Across International Stock Markets [J]. Reviews of Financial Studies, 1990 (3): 281 - 307.

133. Hashmi, S. M., Chang, B. H. & Bhutto, N. A. Asymmetric effect of oil prices on stock market prices: New evidence from oil - exporting and oil - importing countries [J]. Resources Policy, 2021, 70, 101946.

134. Hotelling, H. The economics of exhaustible resources [J]. Journal of Political Economy, 1931, 39 (4): 137 - 175.

135. Hsiao, C. Autoregressive model ling and money - income causality detection [J]. Journal of Monetary Economics, 1981, 7 (1): 85 - 106.

136. Ivanovski, Kris, Hailemariam, & Abebe. (2021). Forecasting the dynamic relationship between crude oil and stock prices since the 19th century, Journal of Commodity Markets, Elsevier, 24 (C). Handle: RePEc: eee: jocoma: v: 24: y: 2021: i: c: s2405851321000039. DOI: 10.1016/j.jcomm. 2021.100169.

137. Jain, A., Biswal, P. C. Dynamic linkages among oil price, gold price, exchange rate, and stock market in India [J]. Resources Policy, 2016, (49): 179 - 185.

138. J. D. Hamilton. Oil price and Macroeconomy since World two [J]. Journal of Political economy, 1983, (91): 228-248.

139. Ji, Qiang & Liu, Bing-Yue & Zhao, Wan-Li & Fan, Ying. Modelling dynamic dependence and risk spillover between all oil price shocks and stock market returns in the BRICS [J]. International Review of Financial Analysis, Elsevier, 2020, 68, 101238.

140. Johansen, S. Statistical Analysis of Cointergration Vectors [J]. Journal of Economic Dynamics and Control1, 1988, (2): 231-254.

141. Johansen S and Juselius K: Likelihood Estimation and Inference on Cointegration with Application to the Demand for Money [J]. Oxford Bulletin of Economic and Statistic, 1990, 52, 169-210.

142. Johansen S. Estimation and Hypothesis Testing of Cointegration Vectors in Gauss Vector Autoregressive Models. Economitrica [J]. 1991, 59, 1551-1580.

143. Jouini, J., Harrathi, N. Revisiting the shock and volatility transmissions among GCC stock and oilmarkets: A further investigation [J]. Economic Modelling, 2014 (38): 486-494.

144. Kabir, R. The price and volatility effects of stock option introductions: a reexamination [R]. Tilburg University Working Paper, 1999.

145. Kaufmann, Robert, K., Ullman, Ben. Oil Prices, Speculation, and Fundamentals: Interpreting Causal Relations among Spot and Futures Prices [J]. Energy Economics, Elsevier, 2009, 31 (4): 550-558.

146. Khalifa, A. A. A., Hammoudeh, S., Otranto, E. Patterns of Volatility Transmissions within Regime Switching across GCC and Global Markets [J]. International Review of Economics and Finance, 2014, (29): 512-524.

147. Krzysztof Drachal. Forecasting spot oil price in a dynamic model averaging framework—Have the determinats changed over time? [J]. Energy Economics, 2016, 60 (c): 35-46.

148. Kumar R, Sarin A, Shastri K. The impact of index options on the underlying stocks: The evidence from the listing of Nikkei Stock Average options [J]. Pacific-Basin Finance Journal, 1995, 3 (2-3): 0-31.

149. Kumar, R., Sarin, A., and Shastri, K. The Impact of Options

Trading on the Market Quality of the Underlying Security: An empirical Analy [J]. Journal of Finance, 1998, 53 (2): 717 – 732.

150. Lin, Sharon Xiaowen., Tamvakis, Michael, N. Spillover Effects in Energy Futures Markets [J]. Energy Economics, Elsevier, 2001, 23 (1): 43 – 56.

151. Liu S. The impacts of index options on the underlying stocks: The case of the S&P 100 [J]. Quarterly Review of Economics & Finance, 2009, 49 (3): 1034 – 1046.

152. Ma C K, Rao R P. Information Asymmetry and Options Trading. [J]. Financial Review, 1988, 23 (1): 39 – 51.

153. Ma Y, Zhang Y, Ji Q. Do oil shocks affect Chinese bank risk? [J]. Energy Economics, 2021, 105166.

154. Mazouz. K. The Effect of CBOE Option Listingon the Volatility of NYSE Traded Stocks: a Time – varying Variance Approach [J]. Journal of Empirical Finance, 2004, 11 (5): 695 – 708.

155. Mensi, W., Hammoudeh, S., Shahzad, S. J. H, Shahbaz, M. Modeling systemic risk and dependence structure between oil and stock markets using a variational mode decomposition – based copula method [J]. Journal of Banking and Finance, 2017, (75): 258 – 279.

156. Michael, D., Mackenzie, Heather Mitchell. Power ARCH Modeling of Commodity Futures Data on the London Metal Exchange [J]. The European Journal of Finance, Rout ledge, part of the Taylor & Francis Group, March 1, 2001, (7): 22 – 38.

157. Mo N, Nie H, Jiang Y H. Dynamic linkages among the gold market, US dollar and crudeoil market [J]. Physica a – Statistical Mechanics and Its Applications, 2018, (491): 984 – 994.

158. Mohanty, S. K., M. Nandha, A. Q. Turkistani, and M. Y. Alaitani. Oil price movements and stock market returns: Evidence from Gulf Cooperation Council (GCC) countries [J]. Global Finance Journal, 2011 (1): 42 – 55.

159. Mukherjee, Dr. Kedarnath & Mishra, Dr. R. K. Stock Market Integration and Volatility Spillover: India and its Major Asian Counterparts. MPRA Paper, University Library of Munich, Germany. 2008, 12788.

160. Mutawakil M. Zankawah, & Chris Stewart. Measuring the volatility spill-over effects of crude oil prices on the exchange rate and stock market in Ghana. The Journal of International Trade & Economic Development, Taylor & Francis Journals, 2020, 29 (4): 420-439, May. Handle: RePEc: taf: jitecd: v: 29: y: 2020: i: 4: p: 420-439. DOI: 10. 1080/09638199. 2019. 1692895.

161. Nelson, D. B. Conditional Heteroscedasticity in Asset Returns: A New Approach [J]. Econometrica, 1991, (59): 347-370.

162. Nidhaleddine Ben Cheikh., Sami Ben Naceur., Oussama Kanaan., and Christophe Rault. Oil Prices and GCC Stock Markets: New Evidence from Smooth Transition Models [R]. IMF Working papers, May 2018.

163. Noureddine Krichene1. A Simultaneous Equations Model for World Crude Oil and Natural Gas Markets [R]. IMF Working Paper, African Department. International Monetary Fund, 2005, 2.

164. Park, J., and R. A. Ratti. Oil price shocks and stock markets in the U. S. and 13 European countries [J]. Energy Economics, 2008 (5): 2587-2608.

165. Phillips, P. C. B., and P. Perron. Testing for a unit root in time series regression. Biometrika, 1988, 75, 335-346.

166. Pierru A, Smith J L, Zamrik T. OPEC's Impact on Oil Price Volatility: The Role of Spare Capacity [J]. Energy Journal, 2018, 39 (2): 173-196.

167. Pindyck, R. S. The optimal exploration and production of nonrenewable resources [J]. The Journal of Political Economy, 1978, 86 (5): 841-861.

168. Quandt, R. E. Test soft the hypothesis that a linear regression system obey two separate regimes [J]. Journal of the American Statistical Association, 1960, 55, 324-330.

169. Ramsey J. Tests for Specification Errors in Classical Linear Least-Squares Regression Analysis [J]. Journal of the Royal Statistical Society: Series B (Methodological), 1969, 31 (2): 350-371. DOI: 10. 1111/j. 2517-6161. 1969. tb00796. x.

170. Raza, N., Shahzad, S. J. H., Tiwari, A. K., Shahbaz, M. Asymmetric impact of gold, oil prices and their volatilities on stock prices of emerging markets [J]. Resources Policy, 2016, (49): 290-301.

171. Reboredo J. C. , and A. , Ugolini. Quantile dependence of oil price movements and stock returns [J]. Energy Economics, 2016 (1): 33 - 49.

172. Rita Madarassy Akin. Maturity Effects in Futures Markets: Evidence from Eleven Financial Futures Markets [R]. Santa Cruz Center for International Economics, Working Paper Series, 2003.

173. Robbani M G, Bhuyan R. Introduction of futures and options on a stock index and their impact on the trading volume and volatility: Empirical evidence from the DJIA components [J]. Derivatives Use Trading & Regulation, 2005, 11 (5): 246 - 260.

174. Robert. K. Kaufmann. Price differences among crude oils: The private costs of supply disruptions [J] Energy Economics, 2016, (56): 1 - 8.

175. Roll R. An analytic valuation formula for unprotected American call options on stocks with known dividends [J]. Journal of Financial Economics, 1977, 7 (4): 375 - 380.

176. Ronald. A. Ratti, Joaquin. L. Vespignani. OPEC and non - OPEC oil production and the global economy [J]. Energy Economics, 2015, (50): 364 - 378.

177. Ronel E. Welfare Effects of Financial Innovation in Incomplete Markets Economies with Several Consumption Goods [J]. Journal of Economic Theory, 2004, 65 (1): 43 - 78.

178. Sims, C, and A. Money, Income and Causality [J]. Americon Economic Review, 1972, 62, 540 - 552.

179. Sims, C, A. Macroeconomics and Reality [J]. Econometrica, 1980, (48): 1 - 48.

180. Sim, N. , and H. Zho. Oil prices, US stock return, and the dependence between their quantiles [J]. Journal of Banking and Finance, 2015 (55): 1 - 8.

181. Stelios, D. , Bekiros, Cees, G. H. Diks. The Relationship Between Crude Oil Spot and Futures Prices: Cointegration, Linear and Nonlinear Causality [J]. Energy Economics, 2008, 30 (5): 2673 - 2685.

182. Teräsvirta. T. Specification, Estimation, and Evaluation of Smooth Transition Autoregressive Models [J]. Journal of the American Statistical Asso-

ciation, 1994 (29): 208 -218.

183. Teräsvirta, T. Modelling economic relationships with smooth transition regressions [R]. Handbook of Applied Economic Statistics, 1998, by A. Ullah and D. E. A. Giles, (New York: Marcel Dekker).

184. Theodossiou. P., Lee. U. Mean and Volatility Spillovers Across Major National Stock Markets: Further Empirical Evidence [J]. Journal of Financial Research, 1993, 16 (4): 337 -350.

185. Vasiliki, D. Skintzi, Apostolos, N. Refenes. Volatility Spillovers and Dynamic Correlation in European Bond Markets [J]. Journal of International Financial Markets, Institutions and Money, 2006, (16): 23 -40.

186. Van Dijk, D., T. Teräsvirta, and P. Franses. Smooth Transition Autoregressive Models: A Survey of Recent Developments [J]. Econometric Reviews, 2002 (1): 1 -47.

187. Wang, S. S., Li, W. and Cheng, L. T. W. The impact of H - share derivatives on the underlying equity market [J]. Review of Quantitative Finance and Accounting, 2009, (3): 235 -267.

188. Wang, Y., Wu, C., Yang, L. Oil price shocks and agricultural commodity Prices [J]. Energy Economics, 2014, (44): 22 -35.

189. Xu, X. E., Fung, H. G. Cross - Markets Linkages Between U. S. and Japanese Precious Metals Futures Trading [J]. Journal of International Financial Markets, Institutions and Money, 2005, 15 (2): 107 -124.

190. Yang, L., Cai, X. J., Hamori, S. Does the crude oil price influence the exchange rates of oil importing and oil - exporting countries differently? A wavelet coherence analysis [J]. International Review of Economics and Finance, 2017, (49): 536 -547.

191. Zakoian, J. M. Threshold Heteroscedasticity Models [J]. Journal of Economic Dynamics and Control, 1994 (15): 931 -955.

192. Zhu. H., Guo. Y., You, W., et al. The Heterogeneity Dependence Between Crude Oil Price Changes and Industry Stock Market Returns in China: Evidence from a quantile Regression Approach [J]. Energy Economics, 2016, (55): 30 -41.

后　记

　　中国期货市场经过30多年的发展，无论是期货市场规模，还是在国际影响力及服务实体经济方面，期货市场均取得了长足的进展。近年来国际市场大宗商品价格波动巨大，给企业带来巨大的经营风险，大量的实体企业借助于国内期货市场有效地管理了企业面临的经营风险。期货市场的发展不仅关系到微观企业的生产经营安全而且关系到宏观的国家经济安全，如何更好地发展国内期货市场具有重要的经济政治意义。

　　进一步研究期货市场的运行规律有助于更好的发展期货市场，目前系统化定量研究期货市场品种的书籍较为匮乏。原油期货作为期货市场龙头品种，原油期货品种的推出有力地推动了国内期货市场国际化进程。我国原油期货上市后，市场缺乏对原油期货系统化定量研究的书籍，为了填补空白，笔者前后花费三年时间对原油期货的定价、波动规律及相关的作用与影响作了系统化的模型定量研究。由于本书的成稿时间跨度比较长，出版过程中对部分章节的数据进行了更新，特别是对第一章、第二章作了全面修改。数据周期及频率、长度对定量模型有一定的影响，因此不同的时间周期及数据频率产生的结果会有一定的差异。希望通过对原油期货品种的研究，可以探索建立商品期货品种的研究框架，丰富商品期货的实证研究方法。

　　本书的出版要感谢上海期货交易所领导的关心与支持，感谢中海油研究院王震院长的建议以及上海期货交易所三部总监张宏民博士的修改意见，感谢悉尼大学经济学硕士高天辰对本书资料和数据的搜集与处理及其他相关工作，感谢同事及行业内外朋友的关心与鼓励，最后还要感谢家人对本人写作的关心与支持。

　　由于时间及水平所限，书中难免有不足及错误之处，希望得到各位读者的批评与指正。

高辉

2024年6月